발음과 스펠링을
한 번에 잡는
하루 딱! 영단어

발음과 스펠링을
한 번에 잡는

하루 딱!
영단어

이근철 지음

ONE POINT A DAY

로그인

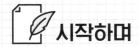

시작하며

제가 처음 영어를 시작했을 때 가장 힘들었던 것이 바로 수많은 단어를 공부하는 거였죠. 단어 수가 많기도 했지만 '왜 쓰여 있는 글자와 실제 발음이 다른지' 처음에는 이해가 되지 않았어요. 그런데 계속 공부하다 보니 '철자가 비슷하면 발음도 비슷하게 나고, 이걸 알면 철자를 외우기도 쉽구나!'라는 것을 알게 되었죠.

《하루 딱 영단어》는 제가 느꼈던 어려움을 여러분은 조금 더 수월하게 풀어가기를 바라는 마음에서 시작되었습니다. 동영상 강의와 함께 쭉 따라오시면 생각보다 수월하게 발음규칙, 철자규칙 그리고 단어의 용법까지 한꺼번에 정리할 수 있을 것입니다.

이 책으로 공부를 시작하기 전에 몇 가지를 꼭 기억해주세요!

첫째, 같은 글자와 발음으로 끝나는 단어를 모아놓았습니다. 발음과 철자 익히기가 쉬울 것입니다.

둘째, 발음도 한글로 표기해두었습니다. 먼저 혼자서 부담 없이 발음해볼 수 있고, 동영상 강의를 보면서 내가 옳게 발음했는지 확인하며 정리하면 됩니다. 이후 자투리 시간에 책으로 복습하면 강의 때 들었던 발음이 자연스레 생각나게 됩니다.

셋째, 어떤 단어를 먼저 익혀야 할지, 각 단어를 설명할 때 '초급, 중급, 고급'의 난이도(중요도)를 구분해드렸어요.

넷째, 그래도 부담되면 하루에 10개 단어 중에 50%(5개)만 혹은 30%(3단어)만 정리하면서 먼저 책을 한 번 끝내보세요. 이렇게 하는 게 천천히 모든 단어를 다 외우려고 하는 것보다 훨씬 효과가 좋습니다.

마지막으로 한 가지 더! 우리는 보통 어른이 되어 하는 공부가 더 힘들다고 생각합니다. 하지만 사실은 그 반대입니다. 어릴 때는 호기심과 에너지를 주체하기 힘들어 한곳에 집중하기 어려운 경우가 많습니다. 반면 어른이 되면 어렸을 때는 연결되지 않았던

뇌신경들이 더 유기적으로 연결되어 이해가 빨라집니다. '뇌는 연령과 상관없이, 심지어 일부 손상이 되더라도, 무조건 쓰는 만큼 더 좋아지고 효율성이 높아진다'는 뇌의 가소성은 의학계의 최근 연구결과이기도 합니다!

따라서 어른이 되어 다시 시작하는 공부는 재미를 느끼고 흐름을 타기 시작하면 상상 이상의 폭발적인 결과를 가져오게 됩니다. 동료들과 매일 함께하며 서로를 격려하면 그 효과는 더욱더 좋을 테고요. 그러니 유튜브의 강의 동영상을 보며 댓글로 많은 분과 든든한 에너지를 나누면 좋은 습관이 자리 잡을 때까지 지치지 않고 더 즐겁게 나아갈 수 있습니다!

이 책을 완성하는 데에 많은 분이 함께해주셨습니다. 먼저 책의 처음부터 끝까지 세세하게 챙기며 좋은 아이디어를 불어넣어주신 양선우 편집장님께 감사드립니다. 꼼꼼한 원고 검토와 피드백으로 마무리를 잘해주신 조창원 에디터님과 반복되는 피드백에도 열정과 발군의 감각으로 함께해주신 박정실 디자이너님께 감사드립니다. 또한 이 책이 나올 수 있도록 배려해주신 로그인&이퍼블릭의 유성권 대표님과 직원분들, 좋은 아이디어로 강연 동영상을 늘 고품질로 유지해주는 이찬형 부장과 편집팀에도 고마운 마음을 전합니다.

무엇보다 저의 강연 동영상을 꾸준히 함께해주시는 이근철 TV 가족 여러분의 응원이 바로 이 책의 가장 커다란 원동력이 되었습니다. 늘 진심으로, 많이 감사드립니다. 다들 계속 몸과 마음의 건강 잘 챙기세요.

Stay healthy and happy all the time!

2020년 가을

이근철

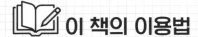 이 책의 이용법

Step 1.
같은 철자와 발음으로 끝나는 10개 단어

- 오늘 배울 10개 단어의 뜻과 발음을 확인하세요. 발음을 한글로도 표기해두어 혼자서도 쉽게 발음해볼 수 있습니다.

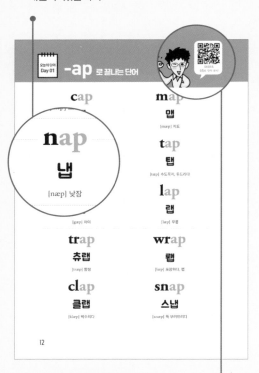

- QR코드를 스마트폰으로 스캔하면 강의 영상으로 연결됩니다. 영상을 통해 실제 발음을 확인하세요.

Step 2.
각 단어는 스토리를 통해 설명

- 각 단어의 발음과 뜻을 자세히 설명합니다. 스토리를 통해 머릿속에서 착착 연결되어 쉽게 외워집니다.

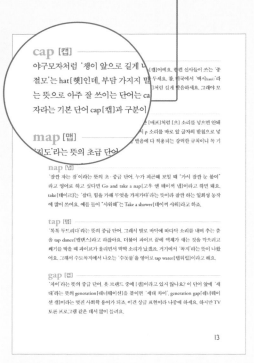

Step 3.
발음규칙 정리

- 오늘 배운 10개 단어에 적용되는 발음규칙을 정리합니다. 비슷한 철자의 다른 단어를 봤을 때도 더 쉽게 읽을 수 있게 됩니다.

Step 4.
셀프 테스트

- 한글 발음과 뜻을 읽고 영어 스펠링을 적어보세요. 오늘 배운 단어들을 더 잘 기억할 수 있습니다.

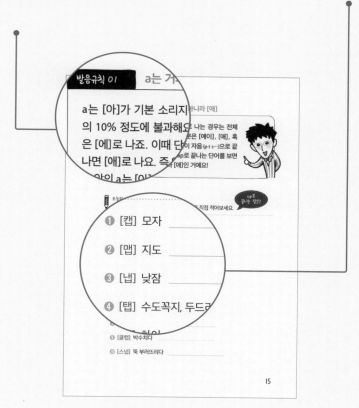

발음규칙 01   a는 거

a는 [아]가 기본 소리지 아니라 [애]
의 10% 정도에 불과해요 나는 경우는 전체
은 [에]로 나죠. 이때 단어 자음(p t s…)으로 끝
나면 [애]로 나요. 즉 ap로 끝나는 단어를 보면
앞의 a는 [아] [애]인 거예요!

ap로
끝나는 많은?

오늘 직접 적어보세요

❶ [캡] 모자

❷ [맵] 지도

❸ [냅] 낮잠

❹ [탭] 수도꼭지, 두드리

❺ [클랩] 박수치다

❻ [스냅] 뚝 부러뜨리다

15

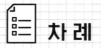

차 례

CONTENTS

PART 2 　Day 41-80

PART 1

PART 1

Day 01-40

ONE POINT A DAY

cap
캡

[kæp] 모자

lap
랩

[læp] 무릎

map
맵

[mæp] 지도

trap
츄랩

[træp] 함정

nap
냅

[næp] 낮잠

wrap/rap
뢥

[læp] 포장하다 / 랩

tap
탭

[tæp] 수도꼭지, 두드리다

clap
클랩

[klæp] 박수치다

gap
갭

[gæp] 차이

snap
스냅

[snæp] 뚝 부러뜨리다

cap [캡]

야구모자처럼 '챙이 앞으로 길게 나온 모자'가 cap[캡]이에요. 한편 신사들이 쓰는 '중절모'는 hat[햇]인데, 부담 가지지 말고 슬쩍 들어만 두세요. 참, 미국에서 '택시(taxi)'라는 뜻으로 아주 잘 쓰이는 단어는 cab인데 cab[캐앱]처럼 길게 발음하세요. 그래야 모자라는 기본 단어 cap[캡]과 구분이 되니까요.

map [맵]

'지도'라는 뜻의 초급 단어. 끝에 p가 있긴 하지만 [매프]처럼 [으] 소리를 넣으면 안 돼요. 정확하고 세련되게 발음하고 싶으면 반드시 p 소리를 바로 앞 글자의 받침으로 넣어야 해요. [맵]처럼 말이죠. 이것은 오늘 발음에 다 적용되는 강력한 규칙이니 꼭 기억하세요!

nap [냅]

'잠깐 자는 잠'이라는 뜻의 초·중급 단어. 누가 피곤해 보일 때 "가서 잠깐 눈 붙여"라고 영어로 하고 싶다면 Go and take a nap[고우 앤 테이꺼 냅]이라고 하면 돼요. take[테이크]는 '잡다, 힘을 가해 무엇을 가져가다'라는 뜻이라 잠깐 하는 일회성 동작에 많이 쓰여요. 예를 들어 "샤워해"는 Take a shower[테이꺼 샤워]라고 하죠.

tap [탭]

'톡톡 두드리다'라는 뜻의 중급 단어. 그래서 발로 바닥에 따다닥 소리를 내며 추는 춤을 tap dance[탭댄스]라고 하잖아요. 더불어 물을 잠그고 여는 밸브가 탭이에요. 돌리는 형태가 아니라 가스밸브처럼 돌리면 딱딱 소리가 나는 예전 밸브에서 유래한 거죠. 그래서 수도꼭지에서 나오는 '수돗물'을 영어로 tap water[탭워럴]이라고 해요.

gap [갭]

'차이'라는 뜻의 중급 단어. 옷 브랜드 중에 [갭]이라고 있지 않나요? 이 단어 앞에 '세대'라는 뜻의 generation[줴너뤠이션]을 붙이면 '세대 차이', generation gap[줴너뤠이션 갭]이라는 멋진 사회학 용어가 되죠. 이건 상급 표현이라 나중에 하세요. 하지만 TV 토론 프로그램 같은 데서 많이 들려요.

lap [랩]

'무릎'이라는 뜻의 중급 단어. 앉았을 때 무릎 뼈에서 골반 전까지의 윗부분이 lap[랩]이고 무릎뼈 부분이 knee[니이]예요. 그래서 예전에 무릎 부분에 올려놓고 쓰는 컴퓨터를 laptop computer[랩탑 컴퓨럴]이라고 많이 불렀어요. 지금은 대부분 컴퓨터를 노트(공책)처럼 쓴다고 해서 notebook[노웃북]이라고 하고요.

trap [츄랩]

'함정'이라는 뜻의 중급 단어. 이때 발음에 주의하세요. [트랩]이 아니라 [츄랩]처럼 발음해야 원어민이 딱 알아들을 테고, 영화에서도 그렇게 들릴 거예요.

wrap/rap [랩]

'포장하다'라는 뜻의 중급 단어. 여기서 w를 뺀 rap은 상급 단어예요. 둘 다 발음은 [랩]인데 이런 글자가 없어서 이상하게 보이겠지만 [뢔+앱]의 두 글자를 한꺼번에 붙여서 발음한다고 생각하면 돼요. rap은 흑인들이 발전시킨 우리의 창과 같은 넋두리 음악을 말하죠.

clap [클랩]

'박수치다'라는 뜻의 초·중급 단어. 발음이 절대로 [크랩]이 아니죠. [클랩]처럼 [클]의 [ㄹ] 받침을 꼭 발음해줘야 해요. crap[크랩]이라고 하면 '허튼소리'라는 뜻의 상급 표현이 돼요. 혹시 '게'라는 단어의 발음이 어떻게 되는지 궁금한가요? crab은 [크래앱]처럼 길게 발음하면 됩니다.

snap [스냅]

'뚝 부러뜨리다'라는 뜻의 중·상급 단어. 그런데 무언가가 뚝 부러질 때 소리가 나죠. 그래서 "손가락으로 딱딱 소리를 낼 수 있어?"를 영어로 Can you snap your fingers?[캔 유 스냅 유얼 핑걸즈]라고 해요. 중요한 기본 단어는 아니니 나중에 시간 될 때 하세요.

a는 거의 [아]가 아니라 [애]

a는 [아]가 기본 소리지만 [아]로 나는 경우는 전체의 10% 정도에 불과해요. 대부분은 [에이], [애], 혹은 [에]로 나죠. 이때 단어의 끝이 자음(p t s…)으로 끝나면 [애]로 나요. 그래서 ap로 끝나는 단어를 보면 그 앞의 a는 [아]가 아니라 [애]인 거예요!

 오늘의 미션!
다음 한글 발음과 뜻을 읽고 영어 스펠링을 직접 적어보세요.

ap로
끝나는 말은?

❶ [캡] 모자 _____

❷ [맵] 지도 _____

❸ [냅] 낮잠 _____

❹ [탭] 수도꼭지, 두드리다 _____

❺ [갭] 차이 _____

❻ [랩] 무릎 _____

❼ [츄랩] 함정 _____

❽ [뢥] 포장하다, 랩 _____

❾ [클랩] 박수치다 _____

❿ [스냅] 뚝 부러뜨리다 _____

same

쎄임

[seɪm] 똑같은

frame

프레임

[freɪm] 틀, 뼈대

name

네임

[neɪm] 이름, 이름을 짓다

blame

블레임

[bleɪm] 비난하다, 비난

game

게임

[geɪm] 게임, 경기, 사냥감

shame

쉐임

[ʃeɪm] 창피함

fame

페임

[feɪm] 명성

flame

플레임

[fleɪm] 불꽃

came

케임

[keɪm] 왔다

became

비케임

[bɪˈkeɪm] 되었다

same [쎄임]

'똑같은'이라는 뜻의 초급 단어. 누가 피곤하다고 할 때 "나도 그래!"라는 뜻으로 Same here[쎄임 히얼]이라고 하면 돼요. 이 표현은 앞 사람이 주문한 음식과 똑같은 것을 시킬 때 써도 되고요. 발음은 [세임]이나 [쉐임]이 아니라 [쎄임]처럼 [쎄]를 강하게 하면 딱 좋아요.

name [네임]

'이름'이라는 뜻의 초급 단어. 이름이 뭐냐고 물어보고 싶다면? What's your name? [왓츠 유얼 네임]이라고 해요. 더불어 이 단어는 '이름을 짓다'라는 뜻도 있어요. "나는 내 고양이 이름을 우유라고 지었어"는 영어로 I named my cat milk[아이 네임드 마이 캣 밀크]라고 쉽게 쓸 수 있어요. 문장이 부담되면 나중에 정리하세요.

game [게임]

'경기'를 뜻하는 초급 단어. 발음을 [께임]으로 하면 안 돼요. [게임]처럼 해야 알아들어요. 참고로 예전에는 사냥이 귀족들의 중요한 경기였죠. 그 경기가 가능하려면 사냥감이 있어야 해서, 사냥감도 game[게임]이라고 해요. 이런 뜻으로 쓰는 건 상급이니까 쓱 듣고 흘리세요. 하지만 나도 모르게 기억은 날 걸요~!

fame [페임]

'명성'이라는 뜻의 중급 단어. f 발음은 윗치아를 아랫입술 안쪽에 대고 소리가 새어 나가도록 발음하면 돼요. 한글로 표기가 되지 않으니 꼭 영상을 보고 f 발음을 연습하세요! 한때 정말 유명했던 노래 〈Fame〉을 들어보면 귀에 무척 익숙할 거예요. Irene Cara[아이륀 카라]가 불렀어요.

came [케임]

'왔다'라는 뜻의 중급 단어. '오다'라는 뜻의 come[컴]은 반드시 먼저 외워야 할 기본 단어예요. "난 여기에 너를 보러 왔어"를 영어로 하면 I came here to see you[아이 케임 히얼 투 씨이 유우]예요.

frame [프레임]

'틀, 뼈대'라는 뜻의 중급 단어. 창문틀, 액자틀, 문틀, 심지어 안경이나 자전거의 뼈대도 모두 frame[프레임]이라고 하면 돼요. 그래서 '그 틀에 넣다'라는 동사로도 쓰이고요. 사람을 일부러 틀에 넣으면 모함하는 거죠? "톰이 나를 모함했어"는 Tom framed me[탐 프레임드 미이]가 되죠. 비슷한 제목의 영화도 있어요.

blame [블레임]

'비난하다' 혹은 '비난'이라는 뜻의 중급 단어. 발음은 절대로 [브레임]이 아니라 [브] 밑에 [ㄹ]을 살려서 [블레임]이라고 해야 해요! 누가 [불]을 내면 비난받겠죠. 그렇게 기억하면 끝! 계속 남탓을 하는 사람에게는 "다른 이를 비난하지 마!", Don't blame others[도운 블레임 아덜즈]라고 하면 되겠죠.

shame [쉐임]

'창피함'이라는 뜻의 중급 단어. 이 단어의 발음인 [쉐임]과 앞서 보았던 same[쎄임]을 꼭 제대로 구분해야 해요! 참고로 누가 못된 짓을 하고도 낯 두껍게 있다면 이렇게 말해주면 딱이에요. "사람이 창피한 줄 알아야지!", Shame on you[쉐임 언 유우=쉐이먼 유우]. 이때 on은 '위'라는 뜻이 아니고 '붙어 있다'는 뜻이에요. 창피함이 너에게 붙어 있다! 이해 바로 되죠~.

flame [플레임]

'불꽃'이라는 뜻의 중·상급 단어. 이 단어의 발음인 [플레임]과 frame[프레임]은 꼭 구분해주세요. 윗치아와 아랫입술이 만나는 f 발음을 꼭 살려서 동영상과 함께 연습하고요.

became [비케임]

'되었다'라는 뜻의 중급 단어. '되다'라는 뜻의 become[비컴]은 초급 단어예요. "나는 가수가 되었다"는 I became a singer[아이 비케임 어 싱얼]이라고 하면 되고요. "난 초조해졌어"는 I became nervous[아이 비케임 널버스]라고 하면 됩니다. "너를 보면 초조해진다. 널봤어[널버스]"로 기억하면 끝!

단어 끝이 e면 앞의 a는 [아]가 아니라 [에이]

영어에서 a의 기본 소리는 [아]이지만 [아]로 나는 경우는 10% 정도에 불과하다는 것, 이제 다들 알고 있죠? [에이], [애] 혹은 [에]로 나는데, 오늘처럼 단어가 e로 끝나면 그 앞의 a는 거의 [에이]로 발음이 돼요. 앞으로 a__e를 보면 여기의 a는 [에이] 발음인 거예요.

 오늘의 미션!
다음 한글 발음과 뜻을 읽고 영어 스펠링을 직접 적어보세요.

❶ [쎄임] 똑같은 _____

❷ [네임] 이름, 이름을 짓다 _____

❸ [게임] 게임, 경기, 사냥감 _____

❹ [페임] 명성 _____

❺ [케임] 왔다 _____

❻ [프레임] 틀, 뼈대 _____

❼ [블레임] 비난하다, 비난 _____

❽ [쉐임] 창피함 _____

❾ [플레임] 불꽃 _____

❿ [비케임] 되었다 _____

say

쎄이

[seɪ] 말하다

lay

레이

[leɪ] 두다, 누웠다

pay

페이

[peɪ] 지불하다, 월급

bay

베이

[beɪ] 만, 구역

day

데이

[deɪ] 하루

ray

뤠이

[reɪ] 빛 한 줄기, 가오리

may

메이

[meɪ] 5월, 허락하다

gay

게이

[geɪ] 활기찬, 게이, 동성애의

way

웨이

[weɪ] 길, 방법

hay

헤이

[heɪ] 건초

say [쎄이]

'말하다'라는 뜻의 초급 단어. 생긴 것은 [싸이]처럼 생겼지만 발음은 [쎄이]죠. 오늘 정리할 발음은 모두 [에이]가 돼요. "원하는 것을 말해"를 영어로는? Say what you want[쎄이 왓 유 원트]라고 합니다.

pay [페이]

'지불하다'라는 뜻의 초급 단어. "나에게 돈을 갚아"라고 할 때는 Pay me back[페이 미 백]처럼 쓰면 돼요. 돈이 다시 돌아오는 거니까 '뒤'라는 뜻의 back[백]을 쓰면 되고요. '돈을 주다'라는 뜻에서 '급여'라는 뜻도 생겨났어요.

day [데이]

'하루'라는 뜻의 초급 단어. 한국어의 '월요일~일요일'과 같이 영어에서도 Monday[먼데이: 월요일]~Sunday[썬데이: 일요일]처럼 day라는 단어로 끝나요. 참, 요일의 첫 글자는 모두 대문자로만 써야 해요! 참고로 Mon은 달이라는 단어 moon[무운]과 비슷하죠. 그래서 한국어에서도 월(月)요일이에요. 마찬가지로 일요일의 Sun은 태양 같은 날로 일(日)요일로 번역되었어요. 원래 한국은 음력, 서양은 양력을 썼잖아요.

may [메이]

대문자(May)로 쓰면 '5월'이라는 뜻의 초급 단어. 소문자(may)로 쓰면 '허락하다'라는 뜻의 중급 단어예요. 이럴 수도 있고 저럴 수도 있다는 추측을 다 허락한다고 생각하면 may가 '~일지도 모른다'라는 약한 추측의 뜻이 있다는 것이 이해가 되죠. 그래서 may + be(이다) = maybe[메이비: 아마도]라는 뜻이 생겨난 것이고요.

way [웨이]

'길, 방법'이라는 뜻의 초급 단어. Frank Sinatra[프랭크 씨내츄라]의 〈My Way[마이 웨이]〉라는 곡도 있어요. "난 내 길을 갈 거야(내 방식대로 갈 거야)"를 영어로는 I will go my way[아이 윌 고우 마이 웨이]라고 하면 돼요.

lay [레이]

'두다'라는 뜻의 중급 단어. '눕다'라는 뜻의 lie[라이]의 과거형도 lay[레이 : 누웠다]인데, 중급 수준의 단어예요. 참고로 '눕다'의 동사변화형은 lie[라이]-lay[레이]-lain[레인]이에요. 뜻은 '눕다-누웠다-누웠었다'가 되고요.

bay [베이]

바다가 땅쪽으로 쑥 들어온 '만'을 뜻하는 중급 단어! 영화 〈아바타〉 있죠? Avatar[애버탈]의 감독이 바로 Michael Bay[마이클 베이]인데요. 마이클 베이의 조상이 바닷가 만에서 태어났을 가능성이 있어요.

ray [뤠이]

'빛 한 줄기'를 뜻하는 중급 단어. X-ray[엑스뤠이]가 바로 떠오르죠. 더불어 한 줄기 빛처럼 납작하게 일자로 가는 물고기인 '가오리'라는 뜻도 있어요. 물론 전기 가오리가 내뿜는 전기도 빛처럼 느껴질 수 있고요.

gay [게이]

'동성애의'라는 뜻의 상급 단어. 원래는 '쾌활한, 즐거운'이라는 뜻이 기본이었는데 현대 영어에서 '동성애의'라는 뜻이 추가된 거죠. 그러다 보니 원래 뜻인 '쾌활한'의 뜻으로는 이제 잘 안 쓰여요.

hay [헤이]

'건초'라는 뜻의 중·상급 단어. "이봐요"라고 누군가를 부를 때 쓰는 hey[헤이]와 발음이 똑같아요. 그래서 '이봐(hey) 건초(hay)를 만들어'처럼 기억하면 두 단어를 동시에 정리 끝! 참고로 '기회를 놓치지 말라'는 뜻의 영어 속담은? Make hay while the sun shines[메익 헤이 와일 더 썬 샤인즈]. '해가 비칠 때 건초를 말리라'는 건데, 중·상급 표현이니 나중에 천천히 해도 돼요.

y가 맨 끝에 오면 [이]

영어에서 y는 [여]가 기본 소리지만 단어의 맨 끝에
오면 [이]라고 소리가 나요! 더불어 a도 뒤에 y가 오면
[아]가 아니라 [에]가 되고요.
앞으로 ay로 끝나는 단어를 처음 보더라도 [에이]로
발음된다는 것을 알 수 있겠죠!

 오늘의 미션!
다음 한글 발음과 뜻을 읽고 영어 스펠링을 직접 적어보세요.

❶ [세이] 말하다 _____

❷ [페이] 지불하다, 월급 _____

❸ [데이] 하루 _____

❹ [메이] 5월, 허락하다 _____

❺ [웨이] 길, 방법 _____

❻ [레이] 두다, 누웠다 _____

❼ [베이] 만, 구역 _____

❽ [뤠이] 빛 한 줄기, 가오리 _____

❾ [게이] 활기찬, 게이, 동성애의 _____

❿ [헤이] 건초 _____

ace
에이스

[eɪs] 명수, 최고의

place
플레이스

[pleɪs] 장소, 두다

face
페이스

[feɪs] 얼굴, 직면하다

trace
츄뤠이스

[treɪs] 흔적, 흔적을 쫓다

race
뤠이스

[reɪs] 경주, 종족

space
스뻬이스

[speɪs] 공간, 우주

pace
페이스

[peɪs] (일, 걸음) 속도

grace
그뤠이스

[greɪs] 은총

lace
레이스

[leɪs] 레이스(자수), 끈으로 묶다

embrace
임브뤠이스

[ɪmˈbreɪs] 포옹하다

ace [에이스]

'최고의, 명수'를 뜻하는 중급 단어. 과자 이름과 침대 이름으로 이미 귀에 익숙하죠. A 는 영어의 알파벳 중에 맨 앞에 위치하니 '최고'라는 뜻이 쉽게 이해될 거예요. 그래서 '최고의 선수'를 ace player[에이스 플레이어]라고 해요.

face [페이스]

'얼굴'이라는 뜻의 초급 단어. 그래서 얼굴을 맞대는 것을 face to face[페이스 투 페이스]라고 하고요. 여기서 나아가 '얼굴을 어디에 대다', 즉 '직면하다'라는 뜻으로는 중급 단어예요. "문제를 직시해!"를 영어로는 Face the problem[페이스 더 프라블럼]이라고 하고요.

race [뤠이스]

'경주'라는 뜻의 초·중급 단어. 그래서 자동차 경주를 car race[카알 뤠이스], 경마를 horse race[호올스 뤠이스]라고 하죠. 동사로는 '경쟁하다'라는 뜻이고요. 서로 경쟁하는 관계가 바로 종족이겠죠? 그래서 '인간 종족'을 영어로는 human race[휴먼 뤠이스]라고 해요.

pace [페이스]

'일이나 걸음의 속도'를 뜻하는 중급 단어. "페이스를 유지하라"라고 할 때의 단어가 바로 이 pace[페이스]죠. 빨리 가면 fast pace[패스트 페이스], 천천히 가면 slow pace[슬로우 페이스]가 됩니다.

lace [레이스]

'자수(레이스)'를 뜻하는 중급 단어. 보통 '레이스가 예쁘다'라고 할 때의 그 단어예요. '신발의 끈'도 레이스라고 하죠. shoelaces[슈레이씨즈]처럼 쓰고요. 이때 race[뤠이스]와 혼동되지 않도록 발음에 주의하세요!

place [플레이스]

'장소'를 의미하는 초·중급 단어. 발음이 절대로 [프레이스]가 아니라 [플레이스]니까 주의하세요! 그리고 '집'이나 '매장'을 가리킬 때도 쓰인다는 것을 기억하세요. 참고로 '어디에 ~을 두다'라는 뜻의 동사로는 중급 단어예요.

trace [츄뤠이스]

'흔적'이라는 뜻의 중급 단어. 발음이 [트레이스]가 아니고 [츄뤠이스]처럼 발음해야 정확해요. "흔적이 없어"를 영어로는 No trace[노우 츄뤠이스]라고 해요. 동사로는 '추적하다'라는 뜻이 있어요.

space [스뻬이스]

'공간'이라는 뜻의 초·중급 단어. '주차 공간'은 parking space[파알킹 스뻬이스], '충분한 공간'은 enough space[이너프 스뻬이스]라고 하면 돼요. 사실 우주는 모두 공간으로 되어 있죠. 그래서 '우주'라는 뜻도 있는데, 이때는 중급 단어예요.

grace [그뤠이스]

'은총'이라는 뜻의 중·상급 단어. 찬송가 중에 〈놀라운 신의 은총〉, Amazing Grace[어메이징 그뤠이스]는 들으면 귀에 익숙할 거예요.

embrace [임브뤠이스]

'포옹' 혹은 '포옹하다'라는 뜻의 중·상급 단어. 같은 뜻의 기본 단어가 hug[허그]니까 이 단어를 먼저 정리해도 돼요. 참고로 치아를 포옹해주면 그게 '치아 교정기'겠죠. 이때는 꼭 하나가 아니라 여러 개니까 braces[브뤠이씨즈]처럼 끝에 s를 붙여서 쓰세요.

a__e의 형태에서 a는 [아]가 아니라 [에이]

발음규칙 2에서 보았던 규칙이 여기서도 똑같이 적용돼요. a__e로 끝나면 a는 거의 [에이]로 발음되죠. 그래서 오늘 공부한 단어 10개의 발음은 예외없이 [에이스]로 똑같아요. 10번 연습해보세요.

 오늘의 미션!
다음 한글 발음과 뜻을 읽고 영어 스펠링을 직접 적어보세요.

❶ [에이스] 명수, 최고의 _____

❷ [페이스] 얼굴, 직면하다 _____

❸ [뤠이스] 경주, 종족 _____

❹ [페이스] (일, 걸음) 속도 _____

❺ [레이스] 레이스(자수), 끈으로 묶다 _____

❻ [플레이스] 장소, 두다 _____

❼ [츄뤠이스] 흔적, 흔적을 쫓다 _____

❽ [스뻬이스] 공간, 우주 _____

❾ [그뤠이스] 은총 _____

❿ [임브뤠이스] 포옹하다 _____

-ink 로 끝나는 단어

ink
잉크
[ɪŋk] 잉크, 먹물

drink
쥬륑크
[drɪŋk] 마시다, 음료

link / rink
링크/륑크
[lɪŋk] 연결하다, 연결고리 / [rɪŋk] 평평한 장소

think
씽크
[θɪŋk] 생각하다

sink
씽크
[sɪŋk] 가라앉다, 세수대, 개수대

stink
스띵크
[stɪŋk] 악취, 냄새나다

wink
윙크
[wɪŋk] 눈짓, 윙크하다

blink
블링크
[blɪŋk] 깜박이다

pink
핑크
[pɪŋk] 분홍색

shrink
슈륑크
[ʃrɪŋk] 줄어들다

ink [잉크]

'잉크, 먹물'이라는 뜻의 중급 단어. 우리도 잉크라는 말을 쓰니까 철자만 기억하면 돼요. 그럼 이탈리아 음식 중에 '오징어먹물 파스타'는 영어로 뭐라고 할까요? squid ink pasta[스퀴드 잉크 파스타]라고 하면 됩니다.

link/rink [링크/륑크]

'연결하다' 혹은 '연결'이라는 뜻의 중급 단어. 인터넷에서 '링크를 타고 들어간다'라고 할 때 그 링크 맞고요. ℓ 대신 r로 바꾸면 rink[륑크]가 되는데, 스케이트를 타는 장소인 ice rink[아이스 륑크]를 말하죠. 발음이 [아이스링크]가 아니라 [아이스륑크]인 거예요.

sink [씽크]

'가라앉다'라는 뜻의 초·중급 단어. 부엌에서 설거지를 하는 곳을 '싱크대'라고 하잖아요? 영어로는 kitchen sink[키친 씽크]라고 해요. '화장실의 세면대'는 bathroom sink[배스룸 씽크]라고 하고요. 물론 둘 다 물이 가라앉아서 빠지기 때문에 붙여진 이름이겠죠.

wink [윙크]

누군가에게 의도적으로 눈을 깜빡이는 것을 말하는 중급 단어. "톰이 나에게 윙크를 했어?"는 Tom winked at me[탐 윙크트 앳 미]처럼 at[앳]을 쓴다는 것에 주의하세요. to가 '~에게'라는 뜻이지만 윙크할 때는 to[투]를 쓰지 않아요. at이 하나의 점을 의미하는데, 여러 사람 중에 나를 점처럼 콕 찍어 윙크했다는 뜻이라서 그래요.

pink [핑크]

'분홍색' 혹은 '분홍색의'라는 뜻의 초·중급 단어. 그럼 '밝은 분홍색'은 뭐라고 할까요? bright pink[브라잇 핑크]라고 하고요. 반대로 '어두운 분홍색'은 dark pink[다알크 핑크]라고 하면 돼요. '밝은'이라는 뜻의 bright[브라잇]과 '어두운'을 뜻하는 dark[다알크]는 모든 색깔에 붙일 수 있는 유용한 단어니까 꼭 기억하세요!

drink [쥬륑크]

'마시다'라는 뜻의 초급 단어. 그런데 실제 발음은 절대로 [드링크]라 들리지 않아요. [쥬륑크]처럼 들리니까 꼭 이렇게 연습하세요. 또 마시는 음료나 술은 모두 [쥬륑크]라고 해요. "한잔하자"는 Let's have a drink[렛츠 해브 어 쥬륑크]라고 하면 되고요. "음주운전은 안 돼"는 Don't drink and drive[도운 쥬륑크 앤 쥬롸이브]가 되죠.

think [씽크]

'생각하다'라는 뜻의 초급 단어. th[θ] 발음은 혀끝을 위아래 치아 사이에 넣고 뒤로 당기면서 하는 발음이에요. 동영상을 보고 꼭 연습하세요. 문장을 하나 만들어볼까요? "한 번 더 생각해"는 영어로? Think again[씽크 어겐] 혹은 '두 번'이라는 뜻의 twice를 써서 Think twice[씽크 트와이스]라고 해도 됩니다.

stink [스띵크]

'악취' 혹은 '악취가 나다'라는 뜻의 중급 단어. "악취가 나네"는 It stinks[잇 스팅크쓰]라고 하면 돼요. 이때 it[잇]은 '그것'이라는 뜻도 되지만 냄새, 소리, 모양, 상황, 날씨 등을 말할 때 쓰는 단어예요. stink에 s가 붙은 이유는 it이 3인칭(너와 나를 제외한 모든 것) 단수(여러 개가 아니라 한 개)이기 때문이에요. 간단한 약속이니까 알아두세요.

blink [블링크]

'깜박이다'라는 뜻의 중급 단어. 눈, 불빛 등 깜박일 수 있는 모든 것에 [블링크]를 쓰면 돼요. 발음이 [브링크]가 아니라 [블링크]니까 주의! 문장을 하나 만들어볼까요? "빛이 깜박거리고 있어"는 The light is blinking[더 라잇 이즈 블링킹]이에요. is(이다) blinking(깜박이는 중)처럼 ing는 동사에 붙어서 '~하는 중'이라는 뜻이 돼요.

shrink [슈륑크]

'줄어들다'라는 뜻의 중급 단어. "네 셔츠는 줄어들 거야"는 Your shirt will shrink[유얼 셜트 윌 슈륑크]라고 해요. 이때 shirt는 [쉬일트]처럼 생겼지만 발음이 [셜트]예요. 앞으로 ir은 대부분 이렇게 [얼]처럼 발음되니까 알아두세요.

32

n 다음에 k가 오면 [ㄴ]이 아니라 [ㅇ]

n은 한국어의 [ㄴ] 소리지만, n 다음에 k가 올 때는 [ㅇ] 소리로 바뀌죠. 앞으로 nk로 끝나는 단어를 보면 거의 [ㅇ]인 거예요.
오늘 정리한 단어들은 모두 ink로 끝나니까 [잉크]라는 발음이 되겠네요.

 오늘의 미션!
다음 한글 발음과 뜻을 읽고 영어 스펠링을 직접 적어보세요.

ink로 끝나는 말은?

❶ [잉크] 잉크, 먹물 _____

❷ [링크/링크] 연결하다/ 연결고리 _____

❸ [씽크] 가라앉다, 세수대, 개수대 _____

❹ [윙크] 눈짓, 윙크하다 _____

❺ [핑크] 분홍색 _____

❻ [쥬링크] 마시다, 음료 _____

❼ [씽크] 생각하다 _____

❽ [스띵크] 악취, 냄새나다 _____

❾ [블링크] 깜박이다 _____

❿ [슈링크] 줄어들다 _____

-ing 로 끝나는 단어

sing
씽

[sɪŋ] 노래하다

swing
스윙

[swɪŋ] 그네, (앞뒤로) 흔들다

ring
링

[rɪŋ] 고리, 울리다

spring
스쁘링

[sprɪŋ] 봄, 튀어오르다

king
킹

[kɪŋ] 왕

during
듀륑/쥬륑

[ˈdʊrɪŋ] (기간) 동안

wing
윙

[wɪŋ] 날개

everything
에브뤼씽

[ˈevriθɪŋ] 모든 것, 중요한 것

bring
브륑

[brɪŋ] 가져오다

nothing
넛씽

[ˈnʌθɪŋ] 아무것도, 하찮은 것

sing [씽]

'노래하다'라는 뜻의 초급 단어. "나에게 노래를 불러줘"를 영어로는? Sing me a song [씽 미 어 쏭]이 돼요. 참고로 노래라는 단어 song은 [쏭]이 아니라 [쌩]처럼 [아]와 [어]의 중간 발음이에요.

ring [링]

'고리'를 뜻하는 중급 단어. 그래서 '결혼 반지'를 영어로는 wedding ring[웨딩 링]이라고 하죠. 그럼 '금반지'는? gold ring[고울드 링]. '은반지'는 silver ring[씰버 링]이라고 하면 돼요. 동그란 고리를 치면 소리가 나겠죠? 그래서 ring[링]은 '울리다'라는 뜻도 있어요.

king [킹]

'왕'을 뜻하는 초·중급 단어. 영화 〈킹콩〉 아시죠? kong은 사실 [콩]이 아니라 [캉]이라 발음하고 '고릴라'를 뜻해요. 고릴라 중에 왕이라 '킹캉'이 되었겠죠. 참고로 '왕비'나 '여왕'은 queen[퀴인]이라고 해요.

wing [윙]

'날개'라는 뜻의 초·중급 단어. 당연히 '새나 곤충의 날개'라는 뜻으로 쓰여요. 이때 날개는 양쪽이 있어야 날 수 있죠? 그래서 보통은 wings[윙즈]처럼 s가 붙어서 복수임을 말해줘요. 더 나아가서 건물의 본관 옆에 날개처럼 길쭉하게 생긴 건물이 붙어 있다면 그것도 역시 wing[윙]이라고 하면 돼요.

bring [브링]

'가져오다'라는 뜻의 초급 단어. bring[브링]이 가져오는 것을 말한다면, 반대로 가져가는 것은 take[테이크＝테익]이라고 해요. 그래서 "거기로 가져가"는 Take it there[테이크 잇 데얼＝테이낏 데얼], "여기로 가져와"는 Bring it here[브링잇 히얼]이라고 하면 돼요.

swing [스윙]

'일정한 궤도로 흔드는 것'을 뜻하는 중급 단어. 앞뒤로 흔들면 왔다 갔다 할 테니 여기에서 '그네'라는 뜻이 나왔어요. 골프에서는 골프채가 좌우로 왔다 갔다 하겠죠. 그래서 이것도 '스윙'이라고 하고요. 손과 발을 왔다 갔다 한다 해서 '스윙'이라고 부르는 춤도 있어요.

spring [스쁘링]

'봄'이라는 뜻의 초급 단어! 봄에 만물이 소생하죠? 그래서 '튀어오르다'라는 뜻이 있고, 여기에서 나온 '용수철'이란 뜻도 금방 이해가 돼요. 더불어 '옹달샘'도 물이 튀어오르듯 나오는 것이라 확장되어 생겨난 뜻이고요. 이렇게 기억하면 한꺼번에 여러 뜻이 정리되니까 좋아요.

during [듀링/쥬링]

'~기간 동안'이라는 뜻의 중급 단어. 한 가지 주의할 것은 '음악회 동안'이라고 할 때 한국어에서는 '동안'이 '음악회' 뒤에 오지만 영어에서는 '음악회' 앞에 '동안'이 와요. 즉 during the concert [듀링 더 칸설트]라고 해야지, the concert during이라고 하면 절대 안 돼요. 참, 발음은 [듀링]이나 [쥬링] 둘 다 좋아요.

everything [에브뤼씽]

'모든 것'이라는 뜻의 초·중급 단어. "너는 나에게는 모든 것이야. 정말 다야. 중요해"라는 뜻의 〈You mean everything to me[유우 미인 에브뤼씽 투 미이]〉라는 노래도 있죠. 발음은 동영상을 보면서 더 자세히 확인하세요.

nothing [넛씽]

'아무것도 아닌 것'이라는 뜻의 중급 단어. 바로 앞에 나왔던 everything[에브뤼씽]의 반대말이에요. "난 아무것도 몰라"라고 하려면 I know nothing[아이 노우 넛씽]이라고 하면 되고, "난 다 알아"라고 하고 싶으면 I know everything[아이 노우 에브뤼씽]이라고 하면 되죠.

ng는 [ㅇ], ing는 [잉]

발음규칙 5처럼 n은 한국어의 [ㄴ] 소리지만, 다음에 g가 올 때는 [ㅇ] 소리로 바뀌어요. 즉 ng로 끝나는 단어는 앞으로 거의 모두 [ㅇ]인 거예요.
오늘의 10개 단어에는 모두 ing니까 [잉] 소리가 나겠네요.

 오늘의 미션!
다음 한글 발음과 뜻을 읽고 영어 스펠링을 직접 적어보세요.

❶ [씽] 노래하다 _____

❷ [륑] 고리, 울리다 _____

❸ [킹] 왕 _____

❹ [윙] 날개 _____

❺ [브륑] 가져오다 _____

❻ [스윙] 그네, (앞뒤로) 흔들다 _____

❼ [스쁘륑] 봄, 튀어오르다 _____

❽ [듀륑/쥬륑] (기간) 동안 _____

❾ [에브뤼씽] 모든 것, 중요한 것 _____

❿ [넛씽] 아무것도, 하찮은 것 _____

old
오울드

[oold] 나이든, 오래된

sold
쏘울드

[soold] 팔았다

cold
코울드

[koold] 차가운, 감기

told
토울드

[toold] 말했다

hold
호울드

[hoold] 쥐다

bold
보울드

[boold] 대담한, 굵은체

gold
고울드

[goold] 금(의)

scold
스꼬울드

[skoold] 꾸짖다

fold/unfold
포울드/언포울드

[foold] 접다 / [ʌnˈfoold] 펼치다

twofold
투포울드

[ˈtuːfoold] 두 배의

old [오울드]

'오래된, 나이든'이라는 뜻의 초급 단어. '오래된 책'은 old book[오울드 부욱], '오래된 집'은 old house[오울드 하우스]이고 '나이든 남자'는 old man[오울드 맨]이라고 하면 돼요. 이렇게 여러분이 아는 단어를 뒤에 붙여나가면 더 만들 수 있을 테니 생각나는 단어를 계속 넣어보세요.

cold [코울드]

'추운'이라는 뜻의 초급 단어. "나 추워"는 I am cold[아이 앰 코울드]라고 하면 돼요. 나아가서 몸이 추우면 걸리는 것이 감기죠? 그래서 '감기'라는 뜻도 있어요. 예를 들어 "나 감기에 걸렸어"는 I have a cold[아이 해브 어 코울드]가 돼요. 이때 감기에 한 번 걸린 거니까 하나를 뜻하는 a[어]가 쓰였어요.

hold [호울드]

'쥐다'라는 뜻의 초급 단어. "그것을 잡고 있어"는 Hold it[호울드 잇 = 호울딧]이 되고요. "네 손을 잡고 싶어"는 I want to hold your hand[아이 원투 호울드 유얼 핸드 = 아이 워나 홀쥬월 핸드]라고 하면 돼요. 이때 want to는 편하게 발음하고 싶어서 want to = wanna[워나]로 바뀌고요. 같은 제목의 비틀스(The Beatles) 노래도 있으니 들어보세요.

gold [고울드]

'금'이라는 뜻의 초·중급 단어. 예전에 배웠던 '금반지' 기억나세요? gold ring[고울드 링]. 발음 하나만 주의! gold는 절대로 [골드]가 아니라 [고울드]예요. o는 대부분 [오우]로 발음 난다고 보면 되니까 꼭 기억하세요.

fold/unfold [포울드/언포울드]

'접다'라는 뜻의 초·중급 단어. "신문(종이)을 접어"는 Fold the paper[포울드 더 페이뻴]이라고 하면 돼요. 이 단어 앞에 un[언]만 붙이면 반대말이 되죠. unfold[언포울드] 하면 '접다'의 반의어니까 '펼치다'가 된다는 것도 함께 정리하자고요.

sold [쏘울드]

'팔았다'라는 뜻의 초·중급 단어. sell[쎌: 팔다]의 과거형이 sold[쏘울드]예요. 다 팔리면 남아 있는 것 없이 다 나갔겠죠? 그래서 매진은 영어로 sold out[쏘울드 아웃]이에요. 같은 제목의 영화와 팝송도 있어요.

told [토울드]

'말했다'라는 뜻의 초·중급 단어. tell[텔: 말하다]의 과거형이 told[토울드]예요. "내가 말했잖아. 내 말이 맞지?"라는 의미의 영어 표현은 Told you[토울드 유 = 토울쥬]예요. 글자 그대로 "너에게 말했지"라는 뜻이고요.

bold [보울드]

'대담한'이라는 뜻의 중급 단어. 발음은 [볼드]가 아니라 [보울드]예요. 글자가 대담하면 눈에 띄겠죠? 그래서 '굵고 명확한 글자'에도 bold[보울드]라는 단어를 써요.

scold [스꼬울드]

'꾸짖다'라는 뜻의 초·중급 단어. 발음이 절대로 [스콜드]가 아니라 [스꼬울드]라는 것을 꼭 기억하세요. s 다음에 나오는 k 발음은 [ㅋ]가 아니라 [ㄲ]처럼 강한 소리가 되니까요. 더불어 오늘의 발음규칙, o는 대부분 [오우]가 된다는 규칙을 적용하면 결국 [스꼬울드]가 되는 거죠.

twofold [투포울드]

'두 배의'라는 뜻의 중·상급 단어. '접다'라는 뜻의 fold[포울드]는 앞에서 보았죠. 두 번(two) 접은(fold) 것이니까 twofold[투포울드], 두 배가 되겠죠. 같은 뜻의 쉬운 단어가 two times[투우 타임즈]예요. 이때 time은 시간이 아니라 '횟수'를 의미하고요.

o는 [오]가 아니라 [오우]

o를 보통 [오]라고 알고 있지만 잘못 알고 있는 거예요. o는 [오우]라고 읽어야 하고 [오우]라고 발음되는 경우가 많아요.
특히 단어 안에 모음이 o밖에 없으면 거의 [오우]가 되죠.

 오늘의 미션!
다음 한글 발음과 뜻을 읽고 영어 스펠링을 직접 적어보세요.

ld로
끝나는 말은?

❶ [오울드] 나이든, 오래된 _____

❷ [코울드] 차가운, 감기 _____

❸ [호울드] 쥐다 _____

❹ [고울드] 금(의) _____

❺ [포울드/언포울드] 접다/펼치다 _____

❻ [쏘울드] 팔았다 _____

❼ [토울드] 말했다 _____

❽ [보울드] 대담한, 굵은체 _____

❾ [스꼬울드] 꾸짖다 _____

❿ [투포울드] 두 배의 _____

circle
썰끄을
['sɜːrkəl] 동그라미, 동아리

recycle
뤼싸이끄을
[riˈsaɪkəl] 재활용(하다)

uncle
엉끄을
['ʌŋkəl] 아저씨, 삼촌

article
아리끄을
['ɑːrtɪkəl] 품목, (신문) 기사

cycle
싸이끄을
['saɪkəl] 순환, 주기

popsicle
팝씨끄을
['pɑːpsɪkəl] 하드

bicycle
바이씨끄을
['baɪsɪkəl] 자전거

motorcycle
모우러싸이끄을
['məʊtərˌsaɪkəl] 오토바이

miracle
미뤄끄을
['mɪrəkəl] 기적

muscle
머쓰을
['mʌsəl] 근육

circle [썰끄을]

'동그라미'라는 뜻의 중급 단어. "동그라미를 그려봐!"를 영어로는 Draw a circle[쥬러어 썰끄을]이라고 하면 돼요. 동그랗게 사람들이 모여서 같은 취미를 공유하면 그것을 '서클'이라고 하죠. circle의 우리말인 '동아리'도 동그란 울타리에서 나온 거고요.

uncle [엉끄을]

'삼촌, 아저씨'라는 뜻의 초급 단어. 발음은 [엉클]이 아니라 [엉끄을]이에요. ℓ을 명확하게 발음하지 말고 [끄으으]처럼 발음하면 원어민이 딱 알아듣습니다. 꼭 동영상에서 확인하세요. 참, 우리말의 아저씨, 삼촌, 이모부, 고모부 모두 그냥 uncle[엉끄을]이라고 하니까 번역할 때 고민하지 마세요.

cycle [싸이끄을]

'순환'이나 '주기'라는 뜻의 중급 단어. 생긴 것은 [씨클레]지만 발음이 [싸이끄을]이에요. c 다음에 ℓ이 오면 c의 발음이 [ㅋ]가 되고 이게 더 강해져서 [ㄲ]처럼 들리거든요. 참고로 '인생'이라는 뜻의 life[라이프]를 앞에 쓰면 life cycle[라이프 싸이끄을]처럼 생명체나 물건의 수명을 말하는 상급 단어가 됩니다. 부담되면 나중에 정리하세요.

bicycle [바이씨끄을]

'자전거'라는 뜻의 초·중급 단어. 앞서 나온 cycle이 동그랗게 순환되는 것을 말하죠. 동그랗게 순환되는 바퀴가 두 개(bi)면? 바로 자전거가 됩니다. bi[바이 : 둘] + cycle[씨끄을 : 바퀴] = bicycle[바이씨끄을: 자전거]처럼 기억하면 돼요. 대신 발음을 [바이싸이끄을]로 하면 힘드니까 [바이씨끄을]로 바뀌었다는 것만 주의하면 끝!

miracle [미뤄끄을]

'기적'이라는 뜻의 중급 단어. "그건 기적이야"를 영어로는? It's a miracle[잇츠 어 미뤄끄을 = 잇써 미뤄끄을]처럼 하면 원어민이 바로 알아들어요. 우리가 흔히 '미라클'이라고 한글로 써놓지만 정확한 발음은 [미뤄끄을]이니까 꼭 여러 번 연습해서 입에 붙이자고요.

recycle [뤼싸이끄을]

'재활용'이나 '재활용하다'라는 뜻의 중급 단어. cycle[싸이끄을]이 '순환'이라는 뜻인 것을 앞서 배웠죠. re[뤼]는 '다시'라는 뜻이에요. '다시 순환시키다 = 재활용하다'가 되는 것이죠. 지구를 아끼자는 마음에서 이 표현을 꼭 기억하세요. reduce[뤼듀스: 줄이세요], reuse[뤼유즈: 재사용하세요], recycle[뤼싸이끄을: 재활용하세요].

article [아리끄을]

'품목'이라는 뜻의 중급 단어. art[알트]가 '예술'이니까 예술에서 나온 품목이라고 기억하면 돼요. 그리고 중·고급 단어로 '신문이나 잡지의 기사'를 뜻하기도 해요. 이 표현까지 알고 있으면 뿌듯할 거예요. 물론 부담되지 않을 때 익히면 되고요.

popsicle [팝씨끄을]

'하드(딱딱한 아이스크림 바)'라는 뜻의 중급 단어. 예전에는 나무 막대기에 붙어 있는 딱딱한 얼음 형태의 아이스크림을 '하드'라고 불렀죠. 이것을 영어로는 Popsicle[팝씨끄을]이라 해요. 이 단어는 원래 상표명이라 p를 대문자로 쓰기도 해요. 참고로 ice[아이스: 얼음] + cle[끄을: 막대 형태] = icicle[아이씨끄을]은 '고드름'이에요.

motorcycle [모우러싸이끄을]

'오토바이'라는 뜻의 중·상급 단어. 원동기인 모터(motor)가 달린 바퀴(cycle)라고 기억하면 돼요. 발음만 주의해요! [모터]가 아니라 [모우터=모우러]예요. 거기에 [싸이끄을] 발음을 붙이면 결국 [모우러싸이끄을]이 되겠죠. 다른 말로는 motorbike[모우러바이크]라고도 해요. bike[바이크]는 bicycle[바이씨끄을]의 줄임말이에요.

muscle [머쓰을]

'근육'이라는 뜻의 중·상급 단어. 오늘 나온 발음규칙의 예외 단어예요. c는 소리가 나지 않아요. 그래서 발음이 [머스끄을]이 아니라 그냥 [머쓰을]이 되죠. '근육통'을 영어로는? muscle pain[머쓰을 페인]이에요. '근육이 아파서 페인이 되었다'로 기억하면 금방 머리에 들어오겠죠.

c 다음에 ℓ이 나오면 c는 대부분 [ㅋ] 발음!

c 는 한국어의 [ㅅ] 혹은 [ㅋ]으로 두 가지 소리가 나죠. c 다음에 어떤 글자가 오는가에 따라 c의 발음이 달라지는데 c+ℓ은 거의 [ㅋ] 발음이 돼요. 그래서 cle는 [클] 이에요. 그런데 ℓ은 단어 끝에 오면 거의 [으을]처럼 소리가 바뀌죠. 결국 cle는 [클]이 아니라 [끄으을]이 더 정확한 발음!

 오늘의 미션!
다음 한글 발음과 뜻을 읽고 영어 스펠링을 직접 적어보세요.

cle로 끝나는 말은?

❶ [썰끄을] 동그라미, 동아리 _____

❷ [엉끄을] 아저씨, 삼촌 _____

❸ [싸이끄을] 순환, 주기 _____

❹ [바이씨끄을] 자전거 _____

❺ [미뤄끄을] 기적 _____

❻ [뤼싸이끄을] 재활용(하다) _____

❼ [아리끄을] 품목, (신문) 기사 _____

❽ [팝씨끄을] 하드 _____

❾ [모우러싸이끄을] 오토바이 _____

❿ [머쓰을] 근육 _____

-ean/een 으로 끝나는 단어

clean
클리인

[kli:n] 깨끗한, 청소하다

green
그뤼인

[gri:n] 초록

mean
미인

[mi:n] 의미하다, 야비한

queen
퀴인

[kwi:n] 여왕

jeans/gene
쥐인즈/쥐인

[dʒiːnz] (면)바지 / [dʒiːn] 유전자

screen
스크뤼인

[skri:n] 화면, 가려내다

bean/been
비인

[bi:n] 콩/된(be)

between
빗트위인

[bɪˈtwiːn] ~사이에

dean
디인

[di:n] 학장, 주임사제

seventeen
세븐티인

[sevənˈtiːn] 17

clean [클리인]

'깨끗한' 혹은 '청소하다'라는 뜻의 초급 단어. '깨끗한 물'은? clean water[클리인 워럴]. 깨끗한 공기는? clean air[클리인 에얼]이라고 하면 되죠. 그럼 "네 방을 청소해"처럼 동사로 쓰고 싶을 때는? Clean your room[클리인 유얼 루움]이라고 하면 됩니다. [크린]이 아니고 [클리인]이니까 발음에 주의하세요!

mean [미인]

'의미하다'라는 뜻의 초·중급 단어. "진심이야"를 영어로는? I mean it[아이 미인 잇 = 아이 미이닛]이 돼요. '내가 그것을 의미한다, 그래서 진심이다'라는 의미로 아주 간단하지만 많이 쓰이는 표현이에요. 발음은 [민]이 아니라 [미인]처럼 발음하세요.

jeans/gene [쥐인즈/쥐인]

'바지'라는 뜻의 중급 단어. 앞에 '파란'이라는 단어를 붙이면 blue jeans[블루우 쥔즈], 즉 청바지가 되죠. 이때 주의할 점! 바지는 다리 부분이 두 개로 되어 있잖아요? 그래서 항상 jeans처럼 반드시 s가 붙어야 해요. jean으로 쓰면 틀립니다! 참고로 '유전자'라는 뜻의 상급 단어도 발음은 똑같아요. 바로 gene[쥐인]이거든요. 이건 어려운 단어니까 필요할 때 공부하세요.

bean/been [비인]

'콩'이라는 뜻의 중급 단어. '커피콩(커피원두)'을 영어로는 coffee bean[커피 비인]이 되고, 이건 커피전문점의 상호명이기도 하죠. '적두(수수)'는 영어로? red beans[레드 비인즈]라고 해요. 콩은 보통 한 알을 요리하지는 않으니까 끝에 s를 붙이고 [즈] 발음을 해요. 같은 발음의 been은 '~이다'라는 뜻의 am[앰], are[알], is[이즈]의 과거분사형(~이었었다)이에요.

dean [디인]

'학장'을 뜻하는 중·상급 단어. 물론 반항아의 아이콘인 영화배우 제임스 딘(James Dean)의 성도 Dean[디인]이에요. 제임스 딘의 조상이 학장이었을 가능성이 당연히 있고요.

green [그뤼인]

'초록색' 혹은 '초록색의'라는 뜻의 초급 단어. '초록색 잔디'는 green grass[그뤼인 그래쓰]가 되고 〈Green Green Grass of Home[그뤼인 그뤼인 그래쓰 오브 호움]〉이라는 유명한 팝송 제목이 있죠. 뜻은 '고향의 푸른 푸른 잔디'이고요. 참고로 grin[그륀]처럼 짧게 발음하면 '활짝 웃다'라는 중급 단어가 됩니다.

queen [퀴인]

'여왕'이나 '왕비'를 뜻하는 초·중급 단어. [퀸]이 아니라 [퀴인]처럼 길게 발음하는 것을 잊지 마세요. 벌 중에도 '여왕벌'이 있죠? 영어로는 the queen bee[더 퀴인 비이]라고 합니다. 골프 여제 박인비 선수를 미국 언론에서 '인비 = 퀴인비'처럼 운율을 맞춰 부르기도 해요.

screen [스끄뤼인]

'화면'이라는 뜻의 중급 단어. 참고로 s + k 발음은 [스 ㅋ]가 아니라 [스 ㄲ]로 바뀌니까, 발음이 [스크린]이 아니라 [스끄뤼인]이 된다는 것을 꼭 확인! 화면에는 많은 주사선이 들어가 있죠? 가로 세로 엮여 있는 것은 모두 screen이 돼요. '방충망이 있는 가벼운 현관문'을 영어로는? screen door[스끄뤼인 도얼]이에요.

between [빗트위인]

'~의 사이에'라는 뜻의 초·중급 단어. 단어의 생김새는 [베트웨엔]처럼 보이지만 [빗트위인]이라는 것에 주의하세요! 그리고 "너 하고 나 사이에 하는 말인데 말이야"를 영어로 만들어볼까요? Between you and me[빗트위인 유앤미]라고 간단하게 정리돼요.

seventeen [세븐티인]

'17'이라는 뜻의 초급 단어. 일곱이라는 단어가 seven[세븐]이죠. 거기에 '10'을 의미하는 teen[티인]이 붙어 seventeen[세븐티인]이 된 것이죠. 영어에서 13부터 19까지 모두 teen이 붙어 단어가 만들어져요. 참고로 10대를 teenage[티인에이쥐]라고 하고, 줄여서 teen[티인]이라고도 씁니다.

ea는 [에아]가 아니라 [이이]

ea는 [에아]처럼, ee는 [에에]처럼 쓰여 있지만 실제 발음은 둘 다 [이이]처럼 [이~]를 길게 하는 발음이에요. 이런 철자로 되어 있는 단어가 영어에 꽤 있으니까 오늘 정리한 발음규칙은 꼭 기억하세요!

 오늘의 미션!
다음 한글 발음과 뜻을 읽고 영어 스펠링을 직접 적어보세요.

ean/een으로
끝나는 말은?

❶ [클리인] 깨끗한, 청소하다 _____

❷ [미인] 의미하다, 야비한 _____

❸ [쥐인즈/쥐인] (면)바지/유전자 _____

❹ [비인] 콩/된(be) _____

❺ [디인] 학장, 주임사제 _____

❻ [그뤼인] 초록 _____

❼ [퀴인] 여왕 _____

❽ [스크뤼인] 화면, 가려내다 _____

❾ [빗트위인] ~사이에 _____

❿ [세븐티인] 17 _____

-ast 로 끝나는 단어

last
래스트
[læst] 마지막의 (것), 지속하다

past
패스트
[pæst] 지난, 과거

fast
패스트
[fæst] 빠른, 빠르게, 굶다

vast
베스트
[væst] 광활한, 어마어마한

cast
캐스트
[kæst] 던지다, 배역을 정하다

breakfast
브뤡퍼스트
[ˈbrekfəst] 아침식사

forecast
포얼캐스트
[ˈfɔːrkæst] 예보하다

contrast
칸츄래스트
[ˈkɑːntræst] 대조, 대조하다

broadcast
브롸드캐스트
[ˈbrɔːdkæst] 방송, 방송하다

blast
블래스트
[blæst] 폭발, 신나는 일

last [래스트]

'마지막의' 혹은 '지난번'이라는 뜻의 초급 단어. '지난주'는 last week[래스트 위익크], '지난 달'은 last month[래스트 먼스], '지난 성탄절'은 last Christmas [래스트 크뤼스마스]. 이렇게 계속 연습하면 회화가 쉬워져요. 한걸음 더 나아가서 만일 무언가가 마지막까지 있다면 지속하는 것이겠죠? 그래서 last는 동사로 '지속하다'라는 뜻이 있어요. 이때는 중급 단어!

past [패스트]

'과거'라는 뜻의 초·중급 단어. 만일 과거에 연연해하는 친구에게 "지난 일은 잊어!"라고 영어로 말해주고 싶다면? Forget the past[폴겟 더 패스트]라고 하면 돼요.

fast [패스트]

'빠른' 혹은 '빠르게'라는 뜻의 초급 단어. 윗치아를 아랫입술 안쪽에 대고 공기가 새는 소리를 내면 f죠. 동영상에서 꼭 확인! 앞서 배운 past는 우리말의 [패스트]와 거의 동일하니까 fast만 연습하면 돼요. 더불어 fast는 '단식하다'라는 뜻도 있어요. 단식할 때는 생각이 빨리빨리 돌아가서 그렇다고 정리하면 암기에 도움이 되겠죠.

vast [배스트]

'광활한, 어마어마한'이라는 뜻의 중급 단어. '광활한 지역'을 영어로는? vast area[배스트 에뤼아]라고 하면 돼요. 윗치아를 아랫입술에 대고 성대가 울리도록 내는 소리가 v니까 꼭 동영상을 보고 연습하세요.

cast [캐스트]

'던지다, 배역을 정하다'라는 뜻의 중·상급 단어. 원래 '던지다'라는 뜻에서 '역할을 맡으라고 던진다'고 해서 '배역을 정하다(캐스팅하다)'라는 뜻이 생겨났죠. 참고로 cast는 현재, 과거, 과거분사가 생긴 모양이 다 똑같아요. 던지다(cast), 던졌다(cast), 던져진(cast)처럼 말이죠. 그래서 무인도에서 탈출을 시도하는 톰 행크스가 나온 영화 제목이 '멀리 던져진'이라는 뜻의 〈Cast Away[캐스트 어웨이]〉예요.

breakfast [브뤡퍼스트]

'아침식사'라는 뜻의 초급 단어. 그런데 단어를 들여다보면 break[브레이크: 깨다] + fast[패스트: 단식]로 '조식'이 되었어요. 저녁을 보통 7시쯤 먹고 아침은 대략 12시간 후에 먹으니 그런 말이 생겨났겠죠. 이때 발음이 [브레이크패스트]가 아니라 [브뤡퍼스트]처럼 된다는 것에 주의하세요!

forecast [포얼캐스트]

'예보하다' 혹은 '예보'라는 뜻의 중급 단어. fore[포얼: 미리] + cast[캐스트: 던지다] = forecast[포얼캐스트: 예보하다]가 돼요. '일기예보'를 영어로는? '날씨'라는 단어인 weather(웨덜)을 앞에 붙이면 되겠죠. weather forecast[웨덜 포얼캐스트]처럼 말이에요.

contrast [칸츄래스트]

'대조, 대비를 이루다'라는 뜻의 중급 단어. 영어에서 contra[칸츄라]에는 '반대, 대항하여'라는 뜻이 있어요. st는 stand[스탠드: 서다]의 줄임말이고요. 결국 '서로 반대해서 서 있다'는 뜻이니 대조나 대비가 되겠죠. 어려운 단어니까 나중에 해도 됩니다.

broadcast [브롸드캐스트]

'방송, 방송하다'라는 뜻의 중·상급 단어. broad[브롸드: 넓게] + cast[캐스트: 던지다]. 많은 사람을 대상으로 전파를 던지는 게 방송이니까요. KBS, MBC, SBS, EBS처럼 방송사의 약자에 들어가는 B는 바로 이 단어의 약자예요. 참고로 미국 뉴욕의 극장 거리로 유명한 브로드웨이도 broad[브롸드: 넓은] + way[웨이: 길] = Broadway[브롸드웨이: 대로]로 같은 어원에서 나왔죠.

blast [블래스트]

'폭발'을 의미하는 중·상급 단어. 발음이 [브래스트]가 아니고 [블래스트]니까 꼭 [ㄹ] 받침을 살려서 발음하세요. 모임이나 파티 등에서 어떤 경험의 즐거움이 폭발했다고 생각하면? 신나는 경험이었던 거죠? 영어로는 It was a blast[이트 워즈 어 블래스트 = 잇 워저 블래스트]라고 하면 딱 맞아요.

연이은 자음 앞의 a는 [아]가 아니라 [애]

발음규칙 1에서도 보았죠. a가 [아]보다는 [애]나 [에이]로 발음되는 경우가 훨씬 많다는 것.
특히 ast처럼 끝이 그냥 자음(a e i o u를 제외한 나머지 글자들)으로 끝나면 거의 [애]가 돼요.

 오늘의 미션!
다음 한글 발음과 뜻을 읽고 영어 스펠링을 직접 적어보세요.

ast로
끝나는 말은?

❶ [래스트] 마지막의 (것), 지속하다 _____

❷ [패스트] 지난, 과거 _____

❸ [패스트] 빠른, 빠르게, 굶다 _____

❹ [베스트] 광활한, 어마어마한 _____

❺ [캐스트] 던지다, 배역을 정하다 _____

❻ [브뤡퍼스트] 아침식사 _____

❼ [포얼캐스트] 예보하다 _____

❽ [칸츄래스트] 대조, 대조하다 _____

❾ [브롸드캐스트] 방송, 방송하다 _____

❿ [블래스트] 폭발, 신나는 일 _____

53

-ine 로 끝나는 단어

fine
파인
[faɪn] 좋은, 미세한, 벌금

wine/whine
와인
[waɪn] 포도주/징징대다

line
라인
[laɪn] 선, 대사, 전화, (전쟁) 전선

dine
다인
[daɪn] 식사하다

nine
나인
[naɪn] 9

pine
파인
[paɪn] 소나무, 슬퍼하다

mine
마인
[maɪn] 나의 것, 광산

vine
바인
[vaɪn] 포도나무, 덩굴식물

shine
샤인
[ʃaɪn] 빛나다, 윤기

online/offline
언라인/어프라인
[ˈɑːnlaɪn] 온라인 / [ɒːfˈlaɪn] 오프라인

fine [파인]

'좋은'이라는 뜻의 초급 단어. 하지만 반드시 주의할 '벌금'이라는 뜻도 있어요. 그래서 음주운전에 대한 무거운 벌금이 영어로 Heavy fines for drunk driving[해비 파인즈 폴 쥬렁크 쥬롸이빙]이에요. 이 뜻을 모르면 벌금을 좋다고 생각하는 큰 오해가 생기겠죠. 더불어 '미세한(순수한)'이라는 뜻도 있어서 fine gold[파인 고울드]가 '순금'이고요.

line [라인]

'줄, 선'이라는 뜻의 초급 단어. 사람이 늘어선 것도 줄이죠? 그래서 "줄 서세요"를 영어로 하면 Line up, please[라인 업 플리즈]가 됩니다. 그 줄이 책이나 대본 속에 있다고 생각하면 책의 행, 대본의 대사가 되고요. 유선전화에 붙어 있는 줄이 바로 전화선이니까 "그는 통화 중이에요"는 영어로 He's on the line[히즈 언더라인]이 됩니다.

nine [나인]

'9, 아홉'이라는 뜻의 정말 초급 단어! 발음이 [나인]이지만 [나]를 더 크게 발음한다고 생각하면 딱 좋습니다. 참고로, 구름 위에 있으면 신선 같고 좋겠죠. 그래서 I'm on cloud nine[아임 언 클라우드 나인]이라고 하면 '천상의 기분이다'라는 뜻이에요.

mine [마인]

'내 것'이라는 뜻일 때는 중급에 가까운 단어예요. 그래서 "그 책은 내 것이야"를 영어로 하면 The book is mine[더 북 이즈 마인]이 되죠. 여러분, 눈 앞에 금이 있다고 생각해보세요. 서로 자기 것이라고 '찜'하겠죠. 그래서 mine은 '광산'이라는 뜻도 있고요. 그 광산에서 폭약으로 채굴을 하니까 '지뢰'라는 중·상급 뜻도 있어요.

shine [샤인]

'빛나다'라는 뜻의 초·중급 단어. "태양이 빛나고 있네"를 영어로 하면 The sun is shining[더 썬 이즈 샤이닝]이 되죠. 그러면 계속 빛나서 눈에 띄는 것이 '윤기'가 되고, 모발의 윤기나 구두의 광에 이 단어를 쓰면 돼요. 단 이런 뜻일 때는 중·상급에 가까운 더 어려운 단어예요.

wine/whine [와인]

'포도주'라는 뜻의 중급 단어. 우리말에서도 흔히 '와인'이라고 하잖아요. 그래서 포도주를 파는 전문 '와인점'은 wine shop[와인 샵]이 되고요. 그런데 철자만 다르고 발음이 동일한 단어가 있어요. '징징대다'라는 뜻의 whine[와인]이에요. 누가 계속 징징대거나 강아지가 낑낑댄다면 Stop whining[스땁 와이닝]이라고 말하면 됩니다.

dine [다인]

'식사하다'라는 뜻의 중급 단어. 아마 이 단어에서 나온 '저녁식사'라는 뜻의 dinner[디널]이 더 익숙할 겁니다. 참고로 식사를 하는 장소라는 의미로 diner[다이너]는 '식당'이에요. 이때는 n이 딱 한 개만 있으니까 주의! 식사할 때 와인이 어울리죠. 그래서 Wine and dine her[와인앤 다인 헐]이라고 하면 "그녀를 잘 대접해"라는 뜻이 됩니다.

pine [파인]

'소나무'라는 뜻의 중급 단어. 길게 쓰면 pine tree[파인 츄리]가 되고 줄여서 pine[파인]만 써도 되죠. 참고로 견과류를 nut이라고 하니까 pine nut[파인 넛]은 잣이 됩니다. 솔잎은 pine needle[파인 니들]로 '소나무의 바늘'처럼 기억하면 돼요. 보통 솔잎이 여러 개니 needles[니들즈]처럼 끝에 s를 붙이고 [즈]로 발음하면 복수의 뜻이 됩니다.

vine [바인]

'포도나무'나 '덩굴식물'을 [바인]이라고 하죠. 앞에 '포도'라는 뜻의 grape[그뤠입]을 붙여 grapevine[그뤠입바인]처럼 쓰면 '포도덩굴'이 됩니다. 참고로 "내가 풍문으로 들었어"를 I heard it through the grapevine[아이 헐딧 쓰루더 그뤠입바인]이라고 해요.

online/offline [언라인/어프라인]

'언라인'은 글자 그대로 line[라인: 선]에 붙은 on[언]이 한 단어가 된 거예요. 현실에서 직접 보이는 것이 offline[어프라인]이고, 반대로 전자상으로 존재하는 것이 online[온라인]이죠. 그 어떤 경우에도 online을 [올라인]이나 [온나인]처럼 발음하면 안 됩니다. 원어민은 [언라인]이라고 해야 100% 이해합니다.

발음규칙 11   i는 [이]가 아니라 [아이]

i 는 [이]가 기본 소리지만 i_e처럼 끝나는 단어에서
는 거의 [아이]처럼 발음이 나요.
오늘 확인한 단어들도 ine로 끝났으니 발음은 [인]이
아니라 [아인]인 거예요. [아인] 앞의 소리만 바꿔주면
나머지 발음은 모두 똑같아요!

 오늘의 미션!
다음 한글 발음과 뜻을 읽고 영어 스펠링을 직접 적어보세요.

❶ [파인] 좋은, 미세한, 벌금 _____

❷ [라인] 선, 대사, 전화, (전쟁) 전선 _____

❸ [나인] 9 _____

❹ [마인] 나의 것, 광산 _____

❺ [샤인] 빛나다, 윤기 _____

❻ [와인] 포도주/징징대다 _____

❼ [다인] 식사하다 _____

❽ [파인] 소나무, 슬퍼하다 _____

❾ [바인] 포도나무, 덩굴식물 _____

❿ [언라인/어프라인] 온라인/오프라인 _____

-ook 로 끝나는 단어

cook
쿠욱
[kʊk] 요리하다, 요리사

book
부욱
[bʊk] 책, 예약하다

look
루욱
[lʊk] 보다, 보인다, 표정

took
투욱
[tʊk] 잡았다, 가져갔다

shook
슈욱
[ʃʊk] 흔들었다

brook
브루욱
[brʊk] 개울

spook
스뿌욱
[spuːk] 유령, 놀라게 하다

overlook
오우벌루욱
[oʊvərˈlʊk] 간과하다, 못 본 체하다

textbook
텍스트부욱
[tekstbʊk] 교과서

notebook
노웃부욱
[noʊtbʊk] 공책, 작은 컴퓨터

cook [쿠욱]

'요리하다' 혹은 '요리사'라는 뜻의 초·중급 단어. 발음을 [쿡]이 아니라 [쿠욱] 하고 길게 발음해줘야 해요. "나 평소 집에서 밥해 먹어"를 영어로는? I cook at home[아이 쿠욱 앳 호움]으로 간단해요. 주의할 것은 보통 teach[티이치: 가르치다] + er[얼: 사람] = teacher[티이철: 교사]이 되지만, cooker는 요리사가 아니라 '요리기구(솥)'를 말하고, cook 자체가 '요리사'라는 뜻이에요.

book [부욱]

'책'이라는 뜻의 초급 단어. [북]이 아니라 [부욱]처럼 길게 발음하는 것, 이제 알고 계 시죠? 이름을 책에 써 넣으면 예약하는 것이겠죠? 그래서 '예약하다'라는 뜻으로는 중 급 단어예요. "예약이 꽉 찼어요"를 영어로 It's fully booked[잇츠 풀리 북트]라고 하면 돼요. "저희가 예약이 꽉 찼어요"는 We're fully booked[위얼 풀리 북트]가 되고요.

look [루욱]

'보다'라는 뜻의 초급 단어. "나를 봐"는 영어로 Look at me[룩엣 미이]가 됩니다. 더불 어 '~로 보이다'라는 뜻도 있어요. "너 멋져 보여"를 영어로는? You look great[유 루욱 그뤠잇]이 되고요. 얼굴 위에 보이는 것이 뭘까요? 표정이겠죠! 그래서 '표정'이라는 뜻도 있어요.

took [투욱]

'가져갔다'라는 뜻의 초·중급 단어. take[테익크: 가져가다]의 과거형이에요. 예를 들 어 "톰이 내 돈을 가져갔어"를 영어로는 Tom took my money[탐 투욱 마이 머니]가 되 죠. 발음할 때 [투크]처럼 [키] 다음에 한국어의 [으]를 집어넣지 않도록 주의하세요!

shook [슈욱]

'흔들었다'라는 뜻의 초·중급 단어. shake[쉐이크: 흔들다]의 과거형이에요. 예를 들어 "집이 흔들렸다"는 영어로? The house shook[더 하우스 슈욱]이 됩니다. "내 차가 흔들 렸다"는 My car shook[마이 카알 슈욱]이라고 하면 됩니다.

brook [브루욱]

'개울'이라는 뜻의 중·상급 단어. 단어 자체는 문학작품에 자주 등장하는데요. 사람 이름으로도 쓰이죠. Brook Shields[브룩 쉴즈]라고 한때 유명한 영화배우의 이름이 바로 '브룩'입니다.

spook [스뿌욱]

'유령, 놀라게 하다'라는 뜻의 중·상급 단어. 중·상급 단어지만 여기에 y만 붙이면 '으스스한, 귀신 나올 것 같은'이라는 의미의 더 쉬운 단어가 돼요. spooky[스뿌욱끼]는 아이들의 무서운 이야기 책에서 흔히 볼 수 있는 단어니까 인터넷에서 이 단어를 한번 검색해보세요. 바로 확인됩니다.

overlook [오우벌루욱]

'간과하다, 못 본 체하다'라는 뜻의 중급 단어. over[오우벌: 위에] + look[루욱: 보다]으로 자세히 보지 않고 위에서 대충 본다, 그래서 '간과하다'라는 뜻으로 기억하면 됩니다. "내가 네 실수를 눈 감아줄게"를 영어로는? I'll overlook your mistake[아일 오우벌루욱 유얼 미스떼익]이라고 하면 됩니다.

textbook [텍스트부욱]

'교과서'라는 뜻의 중급 단어. text[텍스트: 문자] + book[부욱: 책]으로, 글자가 있는 책, 그래서 '교과서'가 된 것이죠. 예를 들어 '역사 교과서'를 영어로 하면? history textbook[히스토리 텍스트부욱]이라고 하면 됩니다.

notebook [노웃부욱]

'공책'을 뜻하는 중급 단어. note[노우트: 메모] + book[부욱: 책]은 적어놓기 위해 메모하는 책, 그래서 '공책'이라는 뜻이 되죠. 그런데 공책처럼 편하게 가지고 다니면서 적기도 하고 쓸 수 있다 해서 요즘에는 '휴대용 컴퓨터'를 가리켜요. 발음은 [노트]나 [노우트]가 아니라 [노웃]처럼 해야 더 잘 알아듣습니다.

oo는 [오오]가 아니라 [우우]

o가 두 번 나오는 oo는 [오오]가 아니라 [우우]처럼 [우~]를 길게 발음해야 해요. 예외가 몇 개 없고 이렇게 생긴 단어가 영어에 많으니까 꼭 기억해두세요. 이때 끝에 오는 k 소리를 살려내려고 살짝 끊어주듯 발음해요. 예를 들어 cook은 [쿡]이나 [쿠우우크]가 아니라 그냥 [쿠욱]이라고 하면 돼요.

 오늘의 미션!
다음 한글 발음과 뜻을 읽고 영어 스펠링을 직접 적어보세요.

 ook로 끝나는 말은?

❶ [쿠욱] 요리하다, 요리사 _____

❷ [부욱] 책, 예약하다 _____

❸ [루욱] 보다, 보인다, 표정 _____

❹ [투욱] 잡았다, 가져갔다 _____

❺ [슈욱] 흔들었다 _____

❻ [브루욱] 개울 _____

❼ [스뿌욱] 유령, 놀라게 하다 _____

❽ [오우벌루욱] 간과하다, 못 본 체하다 _____

❾ [텍스트부욱] 교과서 _____

❿ [노웃부욱] 공책, 작은 컴퓨터 _____

dark
다알크
[dɑːrk] 어두운, 어둠

bark
바알크
[bɑːrk] 짖다, 나무껍질

park
파알크
[pɑːrk] 공원, 주차하다

ball park
버얼 파알크
[bɒːl pɑːrk] 구장

mark
마알크
[mɑːrk] 표시, 표시하다

landmark
랜드마알크
[lændmɑːrk] 주요 지형 지물, 이정표

shark
샤알크
[ʃɑːrk] 상어

remark
뤼마알크
[rɪˈmɑːrk] 언급, 언급하다

spark
스빠알크
[spɑːrk] 불꽃, 촉발시키다

benchmark
벤치마알크
[ˈbentʃmɑːrk] 기준, 기준으로 삼다

dark [다알크]

'어두운'이라는 뜻의 초·중급 단어. '밖이 어두운데'를 영어로는? It's dark outside[잇츠 다알크 아웃싸이드]라고 하면 되죠. 그런데 dark는 색깔과 함께 사용되는 경우가 많아요. '짙은 파란색'을 dark blue[다알크 블루우], '밝은 파란색'은 light blue[라잇 블루우]라고 합니다. 참고로 '어둠'이라는 뜻의 darkness[다알크니스]라는 단어가 있지만 dark를 '어둠'으로도 많이 씁니다.

park [파알크]

'공원'이라는 뜻의 초급 단어. 발음은 [파크]가 아니라 [파알크]처럼 [크] 소리를 살짝만 내도록 하세요. 더불어 공원에는 공간이 넓어서 차를 세울 수 있겠죠? 그래서 '주차하다'라는 뜻도 있습니다. "여기 주차하면 안 돼요"를 영어로는? You can't park here[유우 캐앤 파알크 히얼]이라고 하면 됩니다.

mark [마알크]

'표시' 혹은 '표시하다'라는 뜻의 초·중급 단어. 발음이 [마크]가 아니고 [마알크]인 것을 동영상을 통해 꼭 확인하세요. 육상이나 수영에서 심판의 구호 혹시 들어보셨나요? "본인 위치로, 준비, 출발!" 영어로는 On your marks[언 유얼 마알크스], Get set[겟 셋], Go[고우]라고 합니다. 표시(mark)에 발이나 손을 접촉(on)하라는 뜻에서 나왔겠죠.

shark [샤알크]

'상어'라는 뜻의 초·중급 단어. 발음이 [샤크]가 아니라 [샤알크]인 것을 다시 한 번 강조합니다. 더불어 영어에서는 '고리대금업자'를 상어에 비유해요. 'loan shark[로운 샤알크] = 대부(loan)해주는 상어'처럼 그림을 만들면 쉽게 생각날 겁니다.

spark [스빠알크]

'불꽃'이라는 뜻의 중급 단어. s 다음에 오는 p는 [ㅍ]가 아니라 [ㅃ]가 되니까, 발음이 [스파크]가 아니고 [스빠알크]예요. 동사로는 '불꽃을 튀기다 = 촉발시키다'라는 뜻이 있어요. 예를 들어 "그것이 내 구미에 불을 당겼어"를 영어로는? It sparked my interest[잇 스빠알크트 마이 인터뤠스트]라고 하면 됩니다.

bark [바알크]

'짖다'라는 뜻의 초·중급 단어. '개가 박박 짖는다'라고 생각하면 기억이 잘 날 겁니다. "우리 개가 또 짖고 있네"를 영어로는? My dog is barking again[마이 더억 이즈 바알 낑 어겐]이라고 하면 됩니다. 참고로 bark에는 '나무껍질'이라는 뜻이 있는데, 이 뜻으로는 최상급 단어니까 나중에 해도 돼요.

ball park [버얼 파알크]

'구장'이라는 뜻의 중급 단어! 글자 그대로 공(ball[버얼])이 있는 넓은 공간, 공원(park[파알크])이 '구장'이라는 뜻이 된 거죠. 주로 '야구장'을 미국에서 이렇게 불러요. 야구 관련 영화에서 들릴 수밖에 없어요.

landmark [랜드마알크]

'주요 지형 지물'이라는 뜻의 중·상급 단어. 땅(land[랜드])에 표시(mark[마알크])를 해놓았다, 즉 눈에 띄는 지형 지물이 된 것이죠. 예를 들어 파리에서는 에펠탑이, 한국에서는 남산타워가 주요 지형 지물이 되겠죠.

remark [뤼마알크]

'언급' 혹은 '언급하다'라는 뜻의 중급 단어. 다시(re[뤼]) + 표시(mark[마알크]), 즉 자신의 의견을 다시 표시하는 것, 그래서 '언급(하다)' 혹은 '발언'이라는 단어가 된 것이죠. '무례한 발언'을 영어로는? rude remark[루우드 뤼마알크]라고 하면 됩니다.

benchmark [벤치마알크]

'기준' 혹은 '기준으로 삼다'라는 뜻의 상급 단어. 긴 의자(bench[벤치]) + 표시(mark[마알크]) = 긴 의자를 만들려고 표시해두었다, 언제든 같은 의자를 만들 수 있다. 그래서 '기준' 혹은 '기준이 되다'라는 뜻으로 정리된 것이죠. 여기에 ing를 붙이면 benchmarking[벤치마알킹]이 되고 뜻은 '남이 세워놓은 기준을 가져와서 나에게 도움이 되도록 적용해보는 것'을 말하는 비즈니스 용어죠.

　　　a 다음에 r이 나오면 [아]

a가 [아]로 발음되는 경우는 10% 정도밖에 없다고 했죠. 특히 다음에 r이 따라 나오면 거의 예외 없이 [아] 발음이 돼요.
더불어 r 발음까지 살리면 오늘 확인한 단어들의 발음은 모두 [아알]이 되는 거예요.

 오늘의 미션!
다음 한글 발음과 뜻을 읽고 영어 스펠링을 직접 적어보세요.

❶ [다알크] 어두운, 어둠 _____

❷ [파알크] 공원, 주차하다 _____

❸ [마알크] 표시, 표시하다 _____

❹ [샤알크] 상어 _____

❺ [스빠알크] 불꽃, 촉발시키다 _____

❻ [바알크] 짖다, 나무껍질 _____

❼ [버얼 파알크] 구장 _____

❽ [랜드마알크] 주요 지형 지물, 이정표 _____

❾ [뤼마알크] 언급, 언급하다 _____

❿ [벤치마알크] 기준, 기준으로 삼다 _____

-ugh 로 끝나는 단어

laugh
래애프

[læf] 웃다, 웃음

hiccough/hiccup
히커프

[ˈhɪkʌp] 딸꾹질, 딸꾹질하다

cough
커어프

[kɔːf] 기침, 기침하다

(al)though
(얼)도우

[ɔːlðəʊ] 비록 ~이지만

tough
터프

[tʌf] 힘든, 강인한

dough
도우

[dəʊ] 반죽, 돈

rough
뤄프

[rʌf] (표면이) 거친

through
쓰루우

[θruː] ~을 통해서

enough
이너프

[ɪˈnʌf] 충분한

breakthrough
브뤠익쓰루우

[ˈbreɪkθruː] 돌파구

laugh [래애프]

'웃다' 혹은 '웃음'이라는 뜻의 초급 단어. 그런데 웃는 대상이 사람이면 '비웃다'라는 뜻이 되니까 주의하세요. She laughed at me[쉬 래프트 앳 미이]는 미소 지었다는 뜻이 아니고 '나를 비웃었다'는 뜻이에요. 호의가 있어 '미소 짓다'는 She smiled at me[쉬 스마이올드 앳 미]처럼 smile을 씁니다. 둘 다 '누구를 하나 콕 집어서'라는 뜻이 있기 때문에 to(~로)가 아니라 at(~에)이 쓰인다는 것까지 알아두면 최고!

cough [커어프]

'기침' 혹은 '기침하다'라는 뜻의 초·중급 단어. 예를 들어 "나 기침이 심해"는 I have a bad cough[아이 해브 어 배드 커어프 = 아이 해버 배앳 커어프]가 되는데요. 영어에서는 병의 증상을 말할 때 모두 '가지고 있다'라는 뜻의 have[해브]를 쓴다는 것도 꼭 챙겨두세요!

tough [터프]

'강인한, 힘든'이라는 뜻의 초·중급 단어. 예를 들어 '힘든 하루'는? tough day[터프 데이]. '힘든 한 해'는? tough year[터프 이얼]이라고 하면 됩니다. 참고로 '강인한 남자'는 tough guy[터프 가이]로 이 단어는 주로 영국에서 많이 써요.

rough [뤄프]

'표면이 거친'이라는 뜻의 초·중급 단어. 단어 모양은 [로우그흐]이지만 실제 발음은 gh가 f 소리가 나고 ou가 [어]가 되면서 [뤄프]가 되죠. 3번의 tough[터프]부터 5번의 enough[이너프]까지 발음규칙이 동일해서 일부러 묶어놓은 거예요.

enough [이너프]

'충분한'이라는 뜻의 초·중급 단어. 발음이 [에노우그흐]가 아니고 [이너프]예요. f 발음이 한국어로 표기가 안 돼서 [프]로 한 것이니까 꼭 동영상을 보고 연습하세요. 참고로 "참을 만큼 참았어"를 영어로 하면? Enough is enough[이너프 이즈 이너프]라고 간단히 써요. '충분함이 충분하다'는 뜻이니 그 이상은 도를 넘는다, 그래서 '참을 만큼 참았다'는 뜻이 된 것이겠죠.

hiccough/hiccup [히커프]

'딸꾹질'이라는 뜻의 중급 단어. 영어에서 gh가 p 발음이 나는 것은 이게 거의 유일해요. 그래서 실제로 구어체에서는 더 간단한 철자인 hiccup[히껍]을 많이 쓰죠. 기침 (cough[커프])을 많이 하다 보면 딸꾹질(hiccough)도 나죠? '기침에 hi[하이: 안녕]한다'로 철자를 정리하면 기억이 더 잘 날 겁니다.

(al)though [얼도우]

'비록 ~이지만'이라는 뜻의 중급 단어. 하지만 글을 읽을 때는 정말 많이 나오는 필수 단어예요. 말할 때는 though[도우]가 although[얼도우]보다 더 많이 쓰여요. 주의할 것은 우리말에서는 '그가 비록 부자이지만'에서 '~이지만'이 끝에 오지만 영어에서는 Though he is rich[도우 히 이즈 뤼치]처럼 though로 시작한다는 것, 잊지 마세요.

dough [도우]

'(밀가루나 기타) 반죽'이라는 뜻의 중급 단어. '도넛'이라는 단어는 익숙하죠? 반죽 (dough[도우])을 견과류(nut[넛])처럼 바삭하게 만든 것 = 도넛, 이렇게 간단하게 정리되죠. 그런데 doughnut의 발음은 [도넛]이 아니고 [도우넛]이라는 것, 꼭 기억하세요!

through [쓰루우]

'~을 통해서'라는 뜻의 초·중급 단어. "터널을 통해서 가자"라고 할 때 우리말에서는 '~을 통해서'가 뒤에 붙지만 영어에서는 터널 앞에 나온다는 것에 주의하세요. Let's go through the tunnel[렛츠 고우 쓰루우 더 터널]처럼 말이에요. '끝난'이라는 뜻도 있는데 I'm through with you[아임 쓰루우 위드 유유]라고 하면 "너랑은 끝났어"가 돼요. through의 철자가 길죠? 구어체에서는 thru[쓰루우]처럼 짧게 줄여서도 많이 써요.

breakthrough [브뤠익쓰루우]

'돌파구'라는 뜻의 상급 단어. 깨뜨리다(break[브레익]) + 통해서(through[쓰루우]) = 깨뜨려서 쭉 통해 나갈 수 있는 것, 그래서 '돌파구'로 기억하면 돼요. 어려운 고급 단어니까 나중에 배워도 돼요.

gh는 [ㄱㅎ]가 아니라 f나 묵음!

영어에서 gh로 끝나면 발음이 두 가지로 나요. f 아니면 소리가 나지 않는 묵음. 전반부 5개의 발음이 f이고 후반부가 묵음이죠.
딱 하나의 예외 단어가 6번 '딸꾹질'인데 p[ㅍ] 발음이 돼요.

 오늘의 미션!
다음 한글 발음과 뜻을 읽고 영어 스펠링을 직접 적어보세요.

❶ [래애프] 웃다, 웃음 _____

❷ [커어프] 기침, 기침하다 _____

❸ [터프] 힘든, 강인한 _____

❹ [뤄프] (표면이) 거친 _____

❺ [이너프] 충분한 _____

❻ [히커프] 딸꾹질, 딸꾹질하다 _____

❼ [도우] 비록 ~이지만 _____

❽ [도우] 반죽, 돈 _____

❾ [쓰루우] ~을 통해서 _____

❿ [브뤠익쓰루우] 돌파구 _____

kill
킬

[kɪl] 죽이다

till/until
틸/언틸

[tɪl] ~할 때까지, 경작하다

fill
필

[fɪl] 채우다

will
윌

[wɪl] ~할 것이다, 의지, 유서

bill
빌

[bɪl] 계산서, 법안, 지폐

still
스띨

[stɪl] 아직도, 조용한, 움직이지 않는

hill
힐

[hɪl] 언덕

spill
스삘

[spɪl] 엎지르다, 유출

pill
필

[pɪl] 알약

skill
스낄

[skɪl] 기술

kill [킬]

'죽이다'라는 뜻의 초급 단어. 발음을 짧게 해서 [킬]이라고 해야 해요. [키일]이 아니고요! 우리말에서 '~한다고 안 죽어'라는 표현이 영어에서도 똑같이 쓰여요. "청소하면 어디가 덧나니?"는 It won't kill you to clean[잇 워운트 킬류 투 클리인]이에요. 참고로 won't[워운트]는 will not[윌 낫]의 줄임말로 '~안 할 거야'라는 뜻이고요.

fill [필]

'채우다'라는 뜻의 초·중급 단어. '느끼다'라는 뜻의 feel은 [피이을]처럼 길게, fill은 [필]처럼 짧게 발음하면 돼요. 동영상을 보고 f 발음을 살려서 연습하세요. 참고로 다시 (re[뤼]) + 채우다(fill[필]) = '(음료수의) 추가'라는 뜻의 refill이 돼요. 예를 들어 "여기서 추가는 무료입니다"를 영어로 Refills are free here[뤼필즈 알 프리이 히얼]이 돼요. 마지막으로 필기구에 갈아끼우는 (볼펜)심도 refill이라고 하니까 슬쩍 알아두세요.

bill [빌]

'계산서'라는 뜻의 초·중급 단어. 계산서에 무언가 많이 쓰여 있죠? 그래서 '법안' 그리고 '지폐'라는 뜻으로도 확장했어요. 세 가지 모두 유용한 표현이니 알아두세요. 더불어 식사 후에 "계산서 주세요"를 영어로는? Bill please[빌 플리즈] 혹은 Check please[첵 플리즈]라고 하면 딱 좋아요.

hill [힐]

'언덕'이라는 뜻의 초·중급 단어. '치료하다'라는 뜻의 heal은 [히이을]처럼 길게, hill은 [힐]처럼 짧게 발음하면 돼요. 참고로 '뒤꿈치'라는 뜻의 heel[히이을]은 '치료하다'라는 뜻의 heal[히이을]과 철자는 다르지만 발음은 똑같아요. 신발은 양쪽이니까 high heels[하이 히이을즈]처럼 끝에 s를 붙이면 여성들이 신는 하이힐을 뜻해요.

pill [필]

'알약'을 뜻하는 중급 단어. '껍질 벗기다'라는 뜻의 peel[피이을]은 길게, pill은 [필]처럼 짧게 발음하면 돼요. '수면제'를 영어로? sleeping pill[슬리이삥 필]이라고 하죠.

till/until [틸/언틸]

'~할 때까지'라는 뜻의 초·중급 단어. '경작하다'라는 뜻으로 쓰일 때는 최상급 단어예요. 같은 단어가 until[언틸]이고요. 참고로 '내일까지'라고 할 때 한국어에서는 '까지'가 '내일' 다음에 오지만 영어에서는 until tomorrow[언틸 투머로우]처럼 '내일' 앞에 until이 온다는 것에 주의하세요. tomorrow till/until(X)처럼 쓰면 안 됩니다!

will [윌]

'~할 것이다'라는 뜻의 초·중급 단어. '~할 것'이라는 생각을 다른 말로는 '의지'라 하죠! 나아가 '내가 죽은 후에 ~할 것이다'를 문서로 남기면? 그게 바로 '유언장'일 테고요. 발음은 [윌]처럼 표기하지만, 보다 정확한 발음은 입술을 내밀고 들어오면서 [위을]처럼 하는 게 좋아요. 꼭 동영상을 보고 발음을 연습하세요!

still [스띨]

'아직도'라는 뜻의 초·중급 단어. 문장의 맨 앞에 still이 오면 '아직도'라는 뜻인 것을 꼭 기억하세요. 더불어 아직도 같은 자리에 있으면 '움직이지 않는'이 되는 것이고, 계속 있으려면 조용히 있어야겠죠? 그래서 '조용한'이라는 뜻도 있어요. 참고로 탄산수는 sparkling water[스빠알끌링 워럴]이라고 하고, 그냥 물은 still water[스띨 워럴]이라고 해요. 탄산수처럼 튀지 않고 '가만히 있는 물'이라는 뜻에서 still을 쓴 것이죠.

spill [스삘]

'엎지르다'라는 뜻의 초·중급 단어. "커피를 쏟지 않게 조심해!"를 영어로는 Be careful not to spill your coffee[비 케얼풀 낫투 스삘 유얼 커피]가 됩니다. 참고로 '기름 유출'을 영어로 oil spill[오일 스삘]이라고 해요. 발음은 동영상에서 더 정확하게 확인하세요.

skill [스낄]

'기술'이라는 뜻의 중급 단어. s 다음의 k는 [ㅋ]가 아니라 [ㄲ]가 된다는 것을 말씀드렸죠! 그래서 [스킬]이 아니라 [스낄]이 되는 거니까 주의하세요. 원어민은 100% 예외없이 [스낄]이라고 해요.

ℓ은 두 번 나와도 한 번만 발음한다!

ℓ이 두 번 연달아 있어도 발음은 한 번만 하면 돼요. 그런데 단어가 ℓ로 끝나면 ℓ 소리는 명확히 발음되지 않고 흐려져요. 예를 들어 '죽이다'라는 뜻의 kill은 [킬]보다는 [키이을]처럼 나죠. 동영상을 보고 어떻게 발음하는지 꼭 확인하고 연습하세요!

 오늘의 미션!
다음 한글 발음과 뜻을 읽고 영어 스펠링을 직접 적어보세요.

 ill로 끝나는 말은?

❶ [킬] 죽이다 _____

❷ [필] 채우다 _____

❸ [빌] 계산서, 법안, 지폐 _____

❹ [힐] 언덕 _____

❺ [필] 알약 _____

❻ [틸/언틸] ~할 때까지, 경작하다 _____

❼ [윌] ~할 것이다, 의지, 유서 _____

❽ [스띨] 아직도, 조용한, 움직이지 않는 _____

❾ [스삘] 엎지르다, 유출 _____

❿ [스낄] 기술 _____

-oke 로 끝나는 단어

joke
쬬욱크

[dʒoʊk] 농담, 농담하다

woke
워욱크

[woʊk] (잠에서) 깼다

coke
코욱크

[koʊk] 콜라

poke
포욱크

[poʊk] 찌르다, 찌름

smoke
스모욱크

[smoʊk] 연기, (담배) 피우다

stroke
스츄로욱크

[stroʊk] 타법, 젓기, 뇌일혈

broke
브로욱크

[broʊk] 깨뜨렸다, 무일푼의

choke
쬬욱크

[tʃoʊk] (목) 조르다

spoke
스뽀욱크

[spoʊk] 말했다, 바퀴의 살

artichoke
아리쬬욱크

[ˈɑːrtətʃoʊk] 아티초크

joke [죠욱크] —————————

'농담' 혹은 '농담하다'라는 뜻의 초·중급 단어. "그거 농담이야"는 영어로 It's a joke [잇츠 어 조우크 = 잇쎄 조욱크]라고 하면 되고요. 반대로 "이거 농담이나 장난 아니야. 심각하다고"라고 할 때는 It's no joke [잇츠 노우 조우크 = 잇쓰 노우 조욱크]로 하면 됩니다. 문장이 부담되면 발음만 정확하게 잡아가도 아주 훌륭한 거예요!

coke [코욱크] —————————

'콜라'라는 뜻의 중급 단어. 영어에서 cola [코울라]라는 단어도 쓰지만 coke [코욱크]를 진짜 많이 써요. 그런데 발음이 절대로 [코크]가 아니라 [코욱크] 또는 [코욱]이니까 주의하세요! [코욱크]이라고 해야 원어민이 알아듣습니다. 참고로 비슷한 철자의 '수탉'이라는 단어의 발음은 cock [카악]이니까 coke [코욱크]와 비교해두세요.

smoke [스모욱크] —————————

'연기' 혹은 '담배 피우다'라는 뜻의 초급 단어. "여기서 담배 피우지 마"는 Don't smoke here [도운 스모욱크 히얼] 하면 돼요. 우리말의 '아니 땐 굴뚝에서 연기 날까'를 영어로는 There's no smoke without fire [데얼즈 노우 스모욱크 윗아웃 파이얼], 불(fire) 없이(without) 연기(smoke)도 없다(there's no)라고 정리하면 더 기억이 잘 납니다.

broke [브로욱크] —————————

'깨뜨렸다'라는 뜻의 초·중급 단어. '깨뜨리다'라는 뜻의 break [브뤠익크]의 과거형이에요. 발음이 절대로 [브로크]가 아니라 [브로욱크]니까 꼭 챙겨두세요. 동시에 '무일푼의'라는 뜻이 있는데, 내가 재정적으로 깨진 상태니까 무일푼이겠죠? 이런 뜻으로 쓰일 때는 중·상급 단어이므로 나중에 해도 됩니다.

spoke [스뽀욱크] —————————

'말했다'라는 뜻의 초·중급 단어. '말하다'라는 뜻의 speak [스삐익크]의 과거형이에요. "나 그녀에게 말을 했어(이야기를 나눴어)"를 영어로는? I spoke to her [아이 스뽀욱크 투 헐]이 됩니다. 자전거 '바퀴의 살' 있죠? 그것도 spoke라고 하는데 그 뜻으로는 중·상급 단어니까 여유 될 때 정리하세요.

woke [워욱크]

'깼다'라는 뜻의 초·중급 단어. '(잠에서) 깨다'라는 뜻의 wake[웨익크]의 과거형이에요. "난 오늘 일찍 깼어"를 영어로는? I woke up early today[아이 워욱크 업 얼리 투데이 = 아이 워우껍 얼리 투데이]가 되죠.

poke [포욱크]

'찌르다' 혹은 '찌름'이라는 뜻의 중급 단어. 오늘 나온 발음은 모두 다 동일하죠. 모두 oke[오욱크]처럼 발음이 되잖아요. poke도 [포크]가 아니라 [포욱크]인 거예요.

stroke [스츄로욱크]

'타법'이나 '휘젓기'를 뜻하는 중급 단어. 골프, 테니스, 탁구 등 채를 가지고 휘두르는 스포츠에서 공을 한 번 가격하는 것을 stroke[스츄로욱크]라고 해요. 만일 뇌를 가격 당했다면 그것은 '뇌일혈'이겠죠? 다들 stroke가 일어나지 않도록 조심하세요. 참고로 '일사병'은 영어로 sunstroke[썬스츄로욱크]예요.

choke [쵸욱크]

'(목) 조르다'라는 뜻의 중급 단어. 옛날 자동차나 오토바이크에 있는 초크 밸브가 바로 이 단어예요. 그런데 발음이 [초크]가 아니라 [초욱크]라는 것에 주의하세요! 구어체 에서는 다음과 같이 쓰면 돼요. The smoke is choking me[더 스모욱크 이즈 초욱킹 미 이 = 더 스모우끼즈 초우낑 미이]. (담배)연기 때문에 숨막힌다는 뜻이죠.

artichoke [아리쵸욱크]

'아티쵸크'라는 국화과의 식용식물이에요. 맛은 감자와 브로컬리의 중간 맛 정도더라 고요. 최상급 단어니까 나중에 해도 됩니다. 발음은 [아티초크]가 아니라 [알티쵸욱크 = 아리쵸욱크]니까 부담없이 슬쩍 확인만 해두세요.

o는 [오]가 아니라 [오우]

발음규칙 7번의 규칙이 여기에서도 똑같이 적용돼요.
o__e로 끝날 때 o는 거의 예외없이 [오우] 발음이 나요.
오늘 정리할 단어는 모두 oke로 끝나니까 [오크]가 아
니라 [오욱크]인 거예요.

 오늘의 미션!
다음 한글 발음과 뜻을 읽고 영어 스펠링을 직접 적어보세요.

❶ [죠욱크] 농담, 농담하다 _____

❷ [코욱크] 콜라 _____

❸ [스모욱크] 연기, (담배) 피우다 _____

❹ [브로욱크] 깨뜨렸다, 무일푼의 _____

❺ [스뽀욱크] 말했다, 바퀴의 살 _____

❻ [워욱크] (잠에서) 깼다 _____

❼ [포욱크] 찌르다, 찌름 _____

❽ [스츄로욱크] 타법, 젓기, 뇌일혈 _____

❾ [쵸욱크] (목) 조르다 _____

❿ [아리쵸욱크] 아티초크 _____

top

탑

[tɑːp] 최고의, 정상, 뚜껑, 팽이

stop

스땁

[stɑːp] 멈추다, 정류장

cop

캅

[kɑːp] 경찰

shop

샵

[ʃɑːp] 가게, 쇼핑하다

hop

합

[hɑːp] 폴짝 뛰다

drop

쥬랍

[drɑːp] 떨어뜨리다, 하강, 방울

pop

팝

[pɑːp] 터뜨리다, 탄산음료

crop

크랍

[krɑːp] 알곡(농작물), 잘라내다

mop

맙

[mɑːp] 대걸레, 걸레질하다

workshop

월크샵

[ˈwɜːrkʃɑːp] 공방, 연수회

top [탑]

'최고의'라는 뜻의 초·중급 단어. '최고의 선수들'은 영어로 top players[탑 플레이얼즈]가 돼요. '최고'라는 뜻은 꼭대기에 있다는 뜻이니 '정상'이라는 뜻도 있고요. 물건을 담는 용기의 뚜껑은 항상 위에 있죠? 그래서 '뚜껑'이라는 뜻도 있어요. 더불어 윗부분을 돌리는 '팽이'도 top[탑]이라고 한다는 것. 이제 이해가 쉽죠?

cop [캅]

'경찰관'이라는 뜻의 중급 단어. 경찰관을 보통 policeman[폴리스먼]이라고 하죠. 그런데 단어가 길어서 말할 때는 cop처럼 짧게 써요. 초창기 경찰의 제복 단추가 동/구리(copper[카뻘])로 되어 있었는데, 그것이 줄어들어 cop이 된 거죠.

hop [합]

'폴짝 뛰다'라는 뜻의 중급 단어. 구어체에서 "차에 어서 올라타"의 느낌으로 Hop in[합인=하삔]이나 Jump in[점프인=점삔]을 많이 써요. 영화나 미국 드라마에서 많이 들려요. 더불어 엉덩이(hip) + 폴짝 뛴다(hop) = 힙합(hiphop), 힙합 춤이나 힙합 음악의 기원은 이렇게 이해하면 더 쉬워집니다.

pop [팝]

'터뜨리다, 탄산음료'라는 뜻의 중급 단어. 옥수수(corn[콘])를 터뜨려(pop) 먹도록 만든 것이 바로 팝콘(popcorn)이죠. 또 입속에서 탁 터지는 탄산음료를 soda pop[쏘우다 팝]이라고 하는데 줄여서 그냥 pop이라고도 해요. 그 탄산음료(pop)를 고드름(icicle[아이시끄을])처럼 얼린 것이 바로 Popsicle[팝씨끄을: 하드]이고요.

mop [맙]

'대걸레'를 뜻하는 중급 단어. 예전에 학교에서 대걸레를 '마포걸레'라고 했던 기억이 나는데요. 아마도 mop이라는 단어를 [마프]라고 발음한 것에서 기원했을 거예요. 비싼 마(麻)를 걸레로 쓰지는 않았을 테니까요. 동사로는 '대걸레질하다'라는 뜻도 있는데 역시 중급 단어니까 슬쩍 알아만 두세요.

stop [스땁]

'멈추다'라는 뜻의 초급 단어. "그거 그만해"를 Stop it[스따삣]이라고 해요. 버스가 가다가 멈추면 그곳이 정류장이겠죠? 그래서 '정류장'이라는 뜻도 있어요. "다음 번 정류장은 시청입니다"는 The next stop is City Hall[더 넥스따삐즈 씨리 허얼]이 돼요.

shop [샵]

'가게'라는 뜻의 초급 단어. 커피 전문점은 coffee shop[커피샵], 반려동물 가게는 pet shop[펫샵]이라고 하죠. 그리고 가게에 가서 무엇을 할까요? 물건을 사겠죠? 그래서 '쇼핑하다'라는 뜻도 있는 것이고요.

drop [쥬랍]

'떨어뜨리다'라는 뜻의 초·중급 단어. [드로프]가 아니라 [쥬랍]처럼 발음해야 원어민이 알아듣습니다. "내 안경을 떨어뜨렸어"를 영어로는? I dropped my glasses[아이 쥬랍트 마이 글래씨즈]가 됩니다. '떨어지다'에서 '하강'이라는 뜻이 나왔고요. 떨어지는 것은 주로 방울로 되어 있어 '방울'이라는 뜻도 있는 것이죠. 빗방울을 영어로? raindrop[뤠인쥬랍]이라고 해요.

crop [크랍]

'(농작물) 알곡'을 뜻하는 중급 단어. 발음이 [크로프]가 아니고 [크랍]이에요. 농작물 중 감자 같은 것은 종자를 3~4개로 쪼개서 파종하죠. 그래서 crop은 '짧게 자르다'라는 중·상급 단어의 뜻이 있어요. 여성들이 입는, 배가 나오는 윗도리를 부르는 패션 용어가 crop top[크랍 탑]이고요. 컴퓨터 화면에서 무엇인가를 일부분 오려서 가지고 오는 것도 crop한다고 해요. 이 뜻으로는 최상급이니까 슬쩍 들어만 두세요.

workshop [월크샵]

'공방'이라는 뜻의 중급 단어. '일(work[월크])하는 가게(shop[샵]) = 공방'이라고 쉽게 연결되죠. 더불어 함께 모여서 하는 연수회를 '워크샵'이라고 하잖아요? 정확한 발음은 [월크샵]이니까 동영상을 보고 확인하세요.

o는 뒤에 e가 없으면 [아]

단어가 e로 끝날 때 그 앞에 있는 o는 [오우]가 된다는 발음규칙 15번 기억나죠? 17번 발음규칙은 끝에 e가 없을 때예요. 이때 o는 [아]로 발음하면 됩니다. top은 [토웁]이 아니라 [탑]인 거예요.
미국식은 [탑], 영국식은 [톱]으로 발음해요.

 오늘의 미션!
다음 한글 발음과 뜻을 읽고 영어 스펠링을 직접 적어보세요.

op로
끝나는 말은?

❶ [탑] 최고의, 정상, 뚜껑, 팽이 _____

❷ [캅] 경찰 _____

❸ [합] 폴짝 뛰다 _____

❹ [팝] 터뜨리다, 탄산음료 _____

❺ [맙] 대걸레, 걸레질하다 _____

❻ [스땁] 멈추다, 정류장 _____

❼ [샵] 가게, 쇼핑하다 _____

❽ [쥬랍] 떨어뜨리다, 하강, 방울 _____

❾ [크랍] 알곡(농작물), 잘라내다 _____

❿ [월크샵] 공방, 연수회 _____

fool

푸우을

[fuːl] 바보, 속이다

pool

푸우을

[puːl] 수영장, 당구

tool

투우을

[tuːl] 도구

wool

우우을

[wʊl] 양모, 모직(털실)

stool

쓰뚜우을

[stuːl] 등받이 없는 의자

drool

쥬루우을

[druːl] 침을 흘리다

school

스꾸우을

[skuːl] 학교

whirlpool

워얼푸우을

[ˈwɜːrlpuːl] 소용돌이, 월풀욕조

homeschool

호움스꾸우을

[ˈhoomskuːl] 홈스쿨하다

afterschool

애프털스꾸우을

[æftərˈskuːl] 방과 후의, 방과 후에

fool [푸우을]

'바보'라는 뜻의 초급 단어. '가득 찬'이라는 뜻의 full은 [풀]이고 fool은 [푸우을]로 서로 구분되는데요. f 발음은 동영상을 보고 연습하세요. 참고로 "나 배불러요"는 영어로 I'm full[아임 풀]이지만 I'm a fool[아임 어 푸우을] 하면 "나는 바보예요"라는 전혀 다른 뜻이 되니까 발음에 주의하세요. fool은 동사로 '속이다'라는 뜻도 있어요.

pool [푸우을]

'물이 담긴 장소'라는 뜻의 초·중급 단어. 그래서 '수영장'은 swimming pool[스위밍 푸우을]이 되는데, 이를 줄여서 그냥 pool[푸우을]이라 해도 돼요. 수영장을 위에서 보면 당구대와 흡사하죠? 그래서 '당구' 역시 pool이라고 해요. "당구 게임 하자"를 영어로 Let's play pool[렛츠 플레이 푸우을]이라 해요. 더불어 '당기다'라는 뜻의 pull은 짧은 소리의 [풀]이니까 주의하세요.

tool [투우을]

'도구'라는 뜻의 중급 단어. [툴]이 아니라 [투우을]처럼 길게 발음해야 한다는 것을 기억하세요. 참고로 정원 도구는 gardening tool[갈드닝 투우을], 목공 연장은 carpentering tool[카알펜터링 투우을]이라고 해요. 예들을 외울 필요는 없고 가볍게 보고 넘어가세요.

wool [우우을]

'양모'라는 뜻의 중·상급 단어. 털실이 재료인 모직물이죠. 발음이 [울]이 아니라 [우우을]처럼 나니까 동영상에서 꼭 확인하고 연습하세요. 참고로 목화에서 뽑아낸 '면직물'은 cotton[카튼]이라고 하죠.

stool [쓰뚜우을]

'등받이 없는 의자'라는 뜻의 중·상급 단어. 등받이가 없어서 빙글빙글 돌 수 있는 의자예요. 그런데 이 의자의 모습이 채변할 때의 변과 비슷한 느낌이라 '채변검사'라는 최상급 단어를 stool test[쓰뚜우을 테스트]라고 해요. 생각보다 간단하죠.

drool [쥬루우을]

'침을 흘리다'라는 뜻의 중급 단어! 발음이 [드룰]이 아니고 [쥬루우을]처럼 들려요. 예를 들어 "네 강아지 또 침을 흘리고 있어"를 영어로는? Your dog is drooling again [유얼 더억 이즈 쥬루우을링 어겐]이라고 하면 돼요. 참고로 '타액'은 saliva[썰라이바]라고 하고, '침을 뱉다'는 spit[쓰삣]이라고 해요. 부담없이 슬쩍 들어만 두세요.

school [스꾸우을]

'학교'라는 뜻의 초급 단어. 발음을 보통 [스쿨]이라고 쓰지만 정확한 발음은 [스꾸우을]처럼 해야 해요. "어디에서 학교를 다녔어?"를 영어로는 Where did you go to school?[웨얼 디주 고우투 스꾸우을]이라고 하면 돼요.

whirlpool [워얼푸우을]

'소용돌이'라는 뜻의 중·상급 단어. 빙그르 돌다(whirl[워얼]) + 수영장(pool[푸우을]) = '월풀욕조'를 말하기도 합니다. 제 기억에 미국의 세탁기 브랜드 중에 '월풀'이라고 있지 않았나요? 이 whirlpool[워얼푸우을]의 뜻을 잘 활용한 것이죠.

homeschool [호움스꾸우을]

'가정교육하다'라는 뜻의 중급 단어. 글자 그대로 집에서(home[호움]) + 교육하다(school[스꾸우을]) = 학교를 보내지 않고 집에서 가르치는 것, 즉 '홈스쿨을 하다'라는 뜻이 된 거죠. 이때 발음에 정말 주의하세요! [홈스쿨]이 아니고 [호움스꾸우을]이니까 꼭 입에 붙이세요.

afterschool [애프털스꾸을]

'방과 후의, 방과 후에'라는 뜻의 중급 단어. 글자 그대로 학교수업(school[스꾸우을]) + 후에(after[애프털]) = afterschool[애프털스꾸우을]이 된 것이죠. 한국어에서는 '방과 후에'처럼 '~후에'가 단어의 끝에 오죠. 하지만 영어에서는 afterschool처럼 after(후에)가 단어의 앞에 온다는 것도 함께 기억하세요.

발음규칙 18   oo는 긴 [우] + *l*로 끝나면 [우을]

18번 발음규칙 = 규칙 12번 + 16번이에요. oo는 길게 발음하는 [우우]가 되고, *l*은 단어 끝에 오면 모음처럼 흐리게 발음됩니다. 이 두 가지를 적용하면 수영장의 pool은 [포올]이나 [풀]이 아니고 [푸우을]처럼 돼요. 꼭 동영상을 보고 더 자세히 확인하세요!

 오늘의 미션!
다음 한글 발음과 뜻을 읽고 영어 스펠링을 직접 적어보세요.

 oo로 끝나는 말은?

❶ [푸우을] 바보, 속이다 _____

❷ [푸우을] 수영장, 당구 _____

❸ [투우을] 도구 _____

❹ [우우을] 양모, 모직(털실) _____

❺ [쓰뚜우을] 등받이 없는 의자 _____

❻ [쥬루우을] 침을 흘리다 _____

❼ [스꾸우을] 학교 _____

❽ [워얼푸우을] 소용돌이, 월풀욕조 _____

❾ [호움스꾸우을] 홈스쿨하다 _____

❿ [애프털스꾸우을] 방과 후의, 방과 후에 _____

85

-ost/oast 로끝나는단어

most/almost
모우스트/얼모우스트
[moʊst] 대부분 / [ˈɔːlmoʊst] 거의 대부분

host
호우스트
[hoʊst] 주인, 진행자, 주최하다, 숙주

ghost
고우스트
[goʊst] 유령

post
포우스트
[poʊst] 게시하다, 자리

coast
코우스트
[koʊst] 해안선

roast
로우스트
[roʊst] 굽다, 볶다, 구운

toast/boast
토우스트/보우스트
[toʊst] 토스트, 건배(하다) / [boʊst]자랑하다

frost
프라아스트
[frɒːst] 서리

cost
카아스트
[kɒːst] 비용, 비용이 들다

lost
라아스트
[lɒːst] 길 잃은, 졌다

most/almost [모우스트/얼모우스트]

'대부분'이라는 뜻의 초·중급 단어. most는 발음이 [모스트]가 아니라 [모우스트]라는 것에 주의! '대부분의 사람들처럼'을 영어로는? Like most people[라익 모우스트 피쁘을]. Like는 '좋아하다'라는 뜻도 있지만 여기서는 '~처럼'이라는 뜻이에요. most에 '전부'를 뜻하는 all[얼]을 붙이면 바로 all + most = almost[얼모우스트]가 됩니다. ℓ이 하나 탈락해서 한 개만 있다는 것, 알아두고요. 뜻은 '거의 대부분'으로 중급 단어예요.

host [호우스트]

'주인' 혹은 '진행자'라는 뜻의 중급 단어 TV 프로그램의 진행자를 호스트라고 해요. 정확한 발음은 [호우스트]이고요. 행사를 '개최하다'라는 뜻도 있어서 "우리가 올림픽을 개최할 거야"는 We'll host the Olympics[위을 호우스트 디 얼림픽스]예요. 또 생물학에서 기생충이 서식하는 '숙주'를 host[호우스트]라고 하니까 슬쩍 보기만 하세요.

ghost [고우스트]

'유령'이라는 뜻의 중급 단어. 발음이 [고스트]가 아니고 [고우스트]라는 것, 꼭 기억하세요. 같은 제목의 유명한 영화가 있죠. 1990년에 나온 〈사랑과 영혼〉이라는 영화의 영어 제목이 바로 Ghost[고우스트]였어요.

post [포우스트]

'게시하다'라는 뜻의 중급 단어. 자기가 원하는 내용을 게시해서(post[포우스트]) 전달하게 해주는 사무실(office[아피스]), 그게 바로 '우체국'이죠. 요즘에는 SNS에서 자기가 쓴 글이나 내용을 올리는 것을 '포스팅한다'라고 해요. post에 ing를 붙여서 posting[포우스팅]이라고 쓴 것이죠. 붙였다 떼었다 할 수 있는 종이 형태의 메모지를 '포스트잇'이라고 하죠? 정확한 발음은 Post-it[포우스띳]이고 상표에서 나온 단어죠.

coast [코우스트]

'해안선'을 뜻하는 중급 단어. 단어 모양은 [코아스트]이지만 [코우스트]라는 것에 주의하세요. '해안경비대'를 영어로는? 해안(coast[코우스트]) + 경비(guard[가알드]) = coastguard[코우스트가알드]가 되고요. 한국의 해양경찰과 유사합니다.

roast [로우스트]

'굽다' 혹은 '볶다'라는 뜻의 중급 단어. 생긴 모양은 [로아스트]이지만 실제 발음은 [로우스트]라는 것을 꼭 기억하세요. '구운'이라는 뜻도 있어서 구운 닭 요리를 '로스트 치킨'이라고 하죠? 정확한 발음은 역시 [로우스트 취킨]이에요. 물론 커피원두를 볶을 때의 로스팅도 [로우스팅 = 로우스띵]이라고 해야 정확한 발음입니다.

toast/boast [토우스트/보우스트]

'구운 빵'을 뜻하는 중급 단어. 발음이 [토아스트]가 아니라 [토우스트]라는 것을 확인하세요. 구운 빵을 보통 '토스트'라고 하지만 [토우스트]라고 해야 해요. 18세기 초에는 구워서 강한 향이 나는 빵을 와인에 담가서 먹기도 했는데요. 여기에서 '건배를 하다' 혹은 '건배'라는 뜻이 유래했어요. 이 뜻으로는 중·상급이니까 들어만 두세요.

frost [프라아스트]

'서리'라는 뜻의 중급 단어. 8번, 9번, 10번 단어는 ost가 [오우스트]가 아니라 [아아스트]로 발음되는 예외 단어예요. 참고로 서리(frost[프라아스트])가 발가락을 물면(bite[바잇트]) 어떻게 될까요? 동상이 걸리겠죠? 그래서 '동상'이 영어로는 frostbite[프라아스트 바잇트]예요. 상급 단어니까 슬쩍 보고 지나가도 돼요.

cost [카아스트]

'비용' 혹은 '비용이 얼마 들다'라는 뜻의 초·중급 단어. 그럼 여행 비용은? travel costs[츄래블 카아스츠]가 되죠. "그것은 얼마나 비용이 드나요?"는 영어로 How much does it cost?[하우 머취 다즈 잇 카아스트=하우머춰 다짓 카아스트]라고 하면 됩니다.

lost [라아스트]

'길 잃은' 혹은 '분실했다'라는 뜻의 초·중급 단어. "나 길을 잃었어요"는 I'm lost[아임 라아스트]라고 하죠. "내가 돈을 잃어버렸어"는 I lost my money[아이 라아스트 마이 머니]가 되고요. 우리가 경기에서 졌어도 We lost the game[위이 라아스트 더 게임]이라고 하면 돼요.

oa는 [오아]가 아니라 [오우]

oa는 생긴 대로 읽으면 [오아]처럼 소리가 나야 하지만 90% 이상이 [오우]로 발음돼요. 더불어 ost로 끝나는 단어의 o도 거의 [오우]로 발음되죠.
여기에는 예외가 딱 3개 있는데 8~10번에 정리해놓았어요.

 오늘의 미션!
다음 한글 발음과 뜻을 읽고 영어 스펠링을 직접 적어보세요.

 ost/oast로 끝나는 말은?

❶ [모우스트/얼모우스트] 대부분/거의 대부분 _____

❷ [호우스트] 주인, 진행자, 주최하다, 숙주 _____

❸ [고우스트] 유령 _____

❹ [포우스트] 게시하다, 자리 _____

❺ [코우스트] 해안선 _____

❻ [로우스트] 굽다, 볶다, 구운 _____

❼ [토우스트/보우스트] 토스트, 건배(하다)/자랑하다 _____

❽ [프라아스트] 서리 _____

❾ [카아스트] 비용, 비용이 들다 _____

❿ [라아스트] 길 잃은, 졌다 _____

less
레쓰

[les] 더 적은

jobless
좁러쓰

[ˈdʒɑːbləs] 직장이 없는

bless
블레쓰

[bless] 축복, 축복하다

sleepless
슬리입러쓰

[ˈsliːpləs] 잠을 못 이루는

unless
언레쓰

[ənˈles] ~하지 않는다면

careless
케얼러쓰

[ˈkerləs] 부주의한

endless
엔들러쓰

[ˈendləs] 끝없는

homeless
호움러쓰

[ˈhoʊmləs] 집이 없는, 부랑자

useless
유슬러쓰

[ˈjuːsləs] 쓸모없는

worthless
워얼쓸러쓰

[ˈwɜːrθləs] 가치가 없는

less [레쓰]

'더 적은'이라는 뜻의 초·중급 단어. '적은(작은)'이라는 뜻의 little[리틀]보다 '더 적은'이라는 뜻의 단어가 바로 less[레쓰]예요. 유명한 건축가의 명언 중에 '비우는 것이 채우는 것이다'라는 표현이 있어요. 영어로는 Less is more[레쓰 이즈 모얼]처럼 간단하게 표현됩니다. 마지막으로 less는 단어 끝에 붙어 '~이 없는'의 뜻으로 많이 쓰이는데 4번~10번의 6개 단어도 이처럼 해석해서 풀어내면 됩니다.

bless [블레쓰]

'축복하다'라는 뜻의 중급 단어. 영미문화에서는 재채기를 하면 영혼이 빠져나간다고 믿었어요. 그래서 재채기를 한 사람의 영혼을 다시 축복해준다는 의미로 Bless you[블레스 유=블레슈우]라는 표현을 해줘요. 누군가가 나를 축복해주면 그 사람에게 고맙다고 하면 되겠죠? 그래서 이에 대한 대답은 Thank you[땡큐우]라고 하면 돼요.

unless [언레쓰]

'~가 아니라면' 혹은 '~하지 않는다면'이라는 뜻의 중급 단어. '만일 그것이 사실이 아니라면'을 영어로는? If it is not true[이프 잇 이즈 낫 츄루]라고 하거나 Unless it is true[언레스 잇 이즈 츄루]라고 하면 돼요. 약간 어렵게 느껴지겠지만 몇 번 반복하다 보면 부담되지 않을 테니 지금 다 외우려고 스스로를 옥죄지는 마세요.

endless [엔들러쓰]

'끝없는'이라는 뜻의 중급 단어. 글자 그대로 end[엔드: 끝] + less[레스: 없는] = endless[엔들러쓰]가 되죠. 발음 하나만 주의하세요. end에 강세가 들어가기 때문에 less의 발음이 [레쓰]가 아니라 더 편하게 [러쓰]처럼 변해요. 그럼 '끝 없는 사랑'은 영어로? Endless Love[엔들러쓰 러어브]. 영화 제목이자 노래 제목이기도 하죠.

useless [유슬러쓰]

'쓸모없는'이라는 뜻의 중급 단어! 글자 그대로 use[유스: 쓸모] + less[레스: 없는] = useless[유슬러쓰]. 참고로 반대말은 '가득찬'이라는 뜻의 ful[풀]을 붙이면 돼요. useful[유스펄]은 '유용한'이란 뜻의 중급 단어예요.

jobless [좝러쓰]

'직업이 없는'이라는 뜻의 중급 단어. 글자 그대로 job[좝: 직업] + less[레쓰: 없는] = jobless[좝러쓰]가 된 것이죠. 현재 무직인 상태를 직접 표현하기 거북할 때는 I'm between jobs[아임 빗트윈 좝스]라고 말해요. 직장의 사이에 있다. 즉 이 직장에서 저 직장의 사이인 무직 상태라는 말이죠.

sleepless [슬리입러쓰]

'잠을 못 이루는'이라는 뜻의 중급 단어. 글자 그대로 sleep[슬리입: 잠] + less[레쓰: 없는] = sleepless[슬리입러쓰]가 된 것이죠. 〈시애틀의 잠 못 이루는 밤〉이라는 미국 영화의 원래 제목이 Sleepless in Seattle[슬리입러스 인 씨애를]이에요.

careless [케얼러쓰]

'부주의한'이라는 뜻의 중급 단어. 글자 그대로 care[케얼: 주의]가 + less[레쓰: 없는] = careless[케얼러쓰]가 된 것인데요. 〈부주의한 속삭임〉이라는 팝송이 있어요. 멋진 곡이니까 꼭 들어보세요. 영어로는 Careless Whisper[케얼러스 위스펄]입니다. 반대말은 앞서 배운 useful처럼 ful을 붙여서 careful[케어펄: 세심한]이라고 하면 돼요.

homeless [호움러쓰]

'집이 없는' 혹은 '부랑자의'라는 뜻의 중급 단어. 글자 그대로 home[호움: 집, 가정] + less[러쓰: 없는] = homeless[호움러스]가 된 것이죠. 부랑자들이 미국의 사회문제로 대두되기 때문에 뉴스에 종종 나오는데 homeless people[호움러쓰 피쁘을] 혹은 the homeless[더 호움러쓰]라고 들릴 거예요.

worthless [워얼쓸러쓰]

'가치가 없는'이라는 뜻의 중급 단어. 글자 그대로 worth[워얼쓰: 가치] + less[레쓰: 없는] = worthless[워얼쓸러쓰]가 되었어요. 이때 th[θ] 발음은 꼭 동영상을 보고 연습하세요! 반대말은 worthy[워얼디]예요. 참고로 worthful은 없는 단어니까 주의하고요!

ss로 s가 두 번 겹쳐도 소리는 한 번만 난다!

영어의 대부분의 자음은 두 번 겹쳐서 써도 한 번만 발음하면 돼요. 그래서 less는 [레쓰]가 되죠.
이때 주의할 것은 e가 [에]이지만, 강세가 없으면 힘을 주지 않은 [어] 소리로 바뀌어야 발음이 편해져요.
꼭 동영상을 보고 확인하세요.

 오늘의 미션!
다음 한글 발음과 뜻을 읽고 영어 스펠링을 직접 적어보세요.

less로
끝나는 말은?

❶ [레쓰] 더 적은 ＿＿＿＿＿＿＿＿＿＿＿

❷ [블레쓰] 축복, 축복하다 ＿＿＿＿＿＿＿＿＿＿＿

❸ [언레쓰] ~하지 않는다면 ＿＿＿＿＿＿＿＿＿＿＿

❹ [엔들러쓰] 끝없는 ＿＿＿＿＿＿＿＿＿＿＿

❺ [유슬러쓰] 쓸모없는 ＿＿＿＿＿＿＿＿＿＿＿

❻ [좝러쓰] 직장이 없는 ＿＿＿＿＿＿＿＿＿＿＿

❼ [슬리입러쓰] 잠을 못 이루는 ＿＿＿＿＿＿＿＿＿＿＿

❽ [케얼러쓰] 부주의한 ＿＿＿＿＿＿＿＿＿＿＿

❾ [호움러쓰] 집이 없는, 부랑자 ＿＿＿＿＿＿＿＿＿＿＿

❿ [워얼쓸러쓰] 가치가 없는 ＿＿＿＿＿＿＿＿＿＿＿

-ope 로 끝나는 단어

hope
호웁
[hoʊp] 희망

scope
스꼬웁
[skoʊp] 범위

rope
로웁
[roʊp] 밧줄, 묶다

cope
코웁
[koʊp] 대처하다

pope
포웁
[poʊp] 교황

grope
그로웁
[groʊp] 더듬다

slope
슬로웁
[sloʊp] 경사, 경사가 지다

telescope
텔러스꼬웁
[ˈteləskoʊp] 망원경

envelope
엔벌로웁
[ˈenvəloʊp] 봉투

microscope
마이크로스꼬웁
[ˈmaɪkrəskoʊp] 현미경

hope [호웁]

'희망'이라는 뜻의 초급 단어. 보통 [호프]라고 하는데 절대로 그 발음이 아니고 [호웁] 처럼 발음해야 해요. 동사로는 '바라다'라는 뜻도 있어서 "조만간 또 봐요"를 영어로 하면 Hope to see you soon[호웁 투 씨유우 쑤운]이 되죠. [호프 투 시유 순]이 아니니 까 발음을 정확하게 정리하세요!

rope [로웁]

'밧줄'이라는 뜻의 초·중급 단어. 오늘 나오는 단어는 모두 [오웁] 발음으로 끝나니 까 쉽게 정리할 수 있을 거예요. 그러니까 rope도 [로프]가 아니라 [로웁]인 거죠. 참고 로 줄넘기를 할 때도 일종의 rope이 필요하죠. 그래서 줄넘기에 사용되는 도구를 jump rope[점프 로웁]이라고 해요.

pope [포웁]

'교황'이라는 뜻의 상급 단어. 예를 들어 "교황께서 한국을 방문할 거야"는 The pope will visit Korea[더 포웁 위일 비짓 커뤼아]처럼 말하면 돼요. 이때 교황이라는 지위를 보여줄 때는 소문자 pope[포웁]이지만, '교황 프란치스코'처럼 이름이 동반되면 Pope Francisco[포웁 프란치스코]처럼 P를 대문자로 쓴다는 것. 나중에 시간될 때 알아두세요.

slope [슬로웁]

'경사'라는 뜻의 중·상급 단어. 발음은 역시 [슬로프]가 아니라 [슬로웁]이 된다는 걸 이제 아시죠? 이 단어는 스키 타는 분들은 한번쯤 들어보았을 텐데요. 스키를 타는 비 탈진 경사를 ski slope[스끼이 슬로웁]이라고 하죠. '경사지다'라는 뜻의 동사로는 상급 이니까 나중에 정리해도 되고요.

envelope [엔벌로웁]

'봉투'라는 뜻의 중·상급 단어. 생긴 모양은 [엔벨로페]이지만 실제 발음은 ope[오웁] 을 적용하고요. [엔]에 강세가 있어서 [벨] 소리가 [벌]처럼 약해져요. 그래서 발음이 [엔벌로웁]이 되죠. 그러면 '흰 봉투'를 영어로는? white envelope[와잇 엔벌로웁]처럼 하면 완벽한 발음이 됩니다.

scope [스꼬웁]

'범위'라는 뜻의 중·상급 단어. 발음이 [스코프]가 아니라 [스꼬웁]이죠. 그럼 '폭넓은 범위'는 영어로? broad scope[브롸아드 스꼬웁]. 반대로 '좁은 범위'는? narrow scope[내로우 스꼬웁]이 되니까 슬쩍 보아두세요.

cope [코웁]

'대처하다'라는 뜻의 중·상급 단어. 역시 발음이 [코프]가 아니라 [코웁]이죠. 그럼 "우리는 쉽게 대처했어"를 영어로는? We coped easily[위이 코웁트 이즐리]처럼 easily만 뒤에 추가하면 되겠죠.

grope [그로웁]

'더듬다'라는 뜻의 중·상급 단어. 어떤 대상을 천천히 만지는 것을 말하죠. 안경을 더듬으며 찾았다면, I groped for my glasses[아이 그로웁트 폴 마이 글래씨즈]라고 쓰면 됩니다. 참고로 He groped me[히이 그로웁트 미이]처럼 grope다음에 for 없이 사람이 오면 '추행했다'라는 뜻이니까 구분하세요!

telescope [텔러스꼬웁]

'망원경'이라는 뜻의 중·상급 단어. tele는 '멀리, 먼'이라는 뜻의 단어예요. scope[스꼬웁]이 '범위'니까 멀리 있는 범위까지 볼 수 있는 것은? 그래서 '망원경'이라는 뜻이 생긴 거죠. 참고로 vision[비젼]은 '전망'이니까 멀리서 보내오는 장면이나 전망이 television[텔러비젼]이 된 것은 이제 쉽게 이해가 될 거예요.

microscope [마이크로스꼬웁]

'현미경'이라는 뜻의 상급 단어. micro[마이크로]는 '작다'라는 뜻. 여기에 '보다'라는 뜻의 scope[스꼬웁]이 결합되면? 작은 것을 볼 수 있게 해주는 도구는 바로 '현미경'이 되겠죠. 마지막으로 하나 더! peri[페뤼]는 '둘레'라는 뜻. 여기에 scope[스꼬웁]을 합하면 periscope[페뤼스꼬웁]. 바로 '잠망경'이라는 최상급 단어도 함께 해결됩니다.

발음규칙 21   끝이 e로 끝나는 단어 앞의 o는 [오우]

원래 o의 기본 소리는 [오]가 아니라 [오우]죠. 특히 단어의 끝이 e로 끝나면, 그 앞에 있는 o는 거의 [오우]로 발음돼요. 그래서 hope은 [호프]가 아니라 우리 말의 '호흡'처럼 [호웁]으로 발음하면 되죠. 이는 오늘 확인할 10개 단어에 예외없이 적용됩니다.

 오늘의 미션!
다음 한글 발음과 뜻을 읽고 영어 스펠링을 직접 적어보세요.

ope로
끝나는 말은?

❶ [호웁] 희망 _____

❷ [로웁] 밧줄, 묶다 _____

❸ [포웁] 교황 _____

❹ [슬로웁] 경사, 경사가 지다 _____

❺ [엔벌로웁] 봉투 _____

❻ [스꼬웁] 범위 _____

❼ [코웁] 대처하다 _____

❽ [그로웁] 더듬다 _____

❾ [텔러스꼬웁] 망원경 _____

❿ [마이크로스꼬웁] 현미경 _____

beast

비이스트

[biːst] 짐승

east

이이스트

[iːst] 동쪽, 동쪽의, 동쪽으로

least

리이스트

[liːst] 최소한

west

웨스트

[west] 서쪽, 서쪽의, 서쪽으로

feast

피이스트

[fiːst] 향연

south

싸우스

[saowjs] 남쪽, 남쪽의, 남쪽으로

yeast

이이스트

[jiːst] 효모

north

놀스

[nɔːrθ] 북쪽, 북쪽의, 북쪽으로

breast

브뤠스트

[brest] 가슴

northwest

놀스웨스트

[nɔːrθˊwest] 북서쪽, 북서쪽의, 북서쪽으로

beast [비이스트]

'짐승'이라는 뜻의 중급 단어. '미녀와 야수'를 영어로 beauty and the beast[뷰우티 앤더 비이스트 = 뷰리앤더 비이슷트]라고 합니다. 영화 제목이기도 하고요. 더불어 한국의 보이그룹 이름 중에 '비스트'라고 있었는데 바로 이 단어의 한국어 표기였죠.

least [리이스트]

'최소한'이라는 뜻의 초·중급 단어. little[리틀 = 리를]은 '적은', less[레쓰]는 '더 적은', least[리이스트]는 '가장 적은'이라는 뜻이죠. '적어도'라고 하려면 at least[앳 리이스트]라고 하면 됩니다. 참고로 list[리스트]처럼 [이] 발음을 짧게 하면 '목록'이라는 뜻의 초급 단어가 되고요.

feast [피이스트]

'향연'이라는 뜻의 중·상급 단어. 〈She[쉬이]〉라는 달달한 팝송의 가사에도 등장하는 단어죠. '결혼피로연'을 영어로는? wedding feast[웨딩 피이스트 = 웨링 피이슷트]라고 하면 됩니다. 참고로 fist처럼 쓰고 [피스트]처럼 [이] 소리를 짧게 발음하면 '주먹'이라는 뜻이에요. 미국 드라마 중에 '철 주먹'이라는 뜻의 〈iron fist[아이언 피스트]〉가 있으니 한번 보세요.

yeast [이이스트]

'효모'라는 뜻의 최상급 단어. 맥주나 와인을 발효시키고 빵을 부풀어 오르게 하는 균을 말하죠. 발음규칙이 맞다는 것만 확인해도 되는 어려운 단어예요.

breast [브뤠스트]

'가슴'이라는 뜻의 중급 단어. a가 없는 것처럼 [브뤠스트]라고 하면 되죠. '닭가슴살'을 영어로는 chicken breast[취킨 브뤠스트]가 되고요. '유방암'은 영어로 breast cancer[브뤠스트 캔쎠얼]이라고 하면 돼요. 함께 쓰이는 표현들을 정리하면 더 기억에 오래 남습니다.

east [이이스트]

'동쪽'이라는 뜻의 초급 단어. 발음이 [에아스트]가 아니라 [이이스트]예요. '동아시아'를 영어로 East Asia[이이스트 에이쉬아]라고 하죠. 그럼 '중동'은? Middle East[미들 이이스트=미를 이이스트]가 됩니다. 방위 관련된 단어는 중요하니까 서쪽, 남쪽, 북쪽도 이어서 정리할게요.

west [웨스트]

'서쪽'이라는 뜻의 초급 단어. W 발음이 단어 처음에 올 때는 [우] 발음이 살아 있으니까 [웨스트]라고 하면 돼요. 세계는 보통 서양과 동양으로 나뉘죠. '서양'을 영어로는? the West[더 웨스트]. '동양'은 the East[디이 이이스트]라고 하죠. 앞에 '그것'이라는 뜻의 the[더]만 붙이면 되니까 슬쩍 보아두면 좋아요.

south [싸우스]

'남쪽'이라는 뜻의 초급 단어. [θ] 발음을 잘 살려서 발음하고요. 이탈리아 남쪽이 쫌 거칠죠. 그래서 '남쪽 가서 싸워스'처럼 south[싸우스]를 기억하면 기억이 오래 갈 겁니다.

north [놀스]

'북쪽'이라는 뜻의 초급 단어. 역시 [θ] 발음을 꼭 살려야 하고요. '북쪽 가서 놀았쓰, 남쪽 가서 싸워스'처럼 장면을 떠올리면 단어는 금방 기억이 날 겁니다. north[놀스]는 '북쪽' 말고도 '북쪽의, 북쪽으로'라는 뜻도 있어요. "북쪽으로 운전해서 가자"를 영어로는? Let's drive north[레쓰 쥬롸이브 놀스]라고 하면 됩니다.

northwest [놀스웨스트]

'북서쪽'이라는 뜻의 중급 단어. 기본 네 방위를 합하면 새로운 단어를 만들 수 있죠. '북동쪽'은 northeast[놀스이이스트], '남동쪽'은 southeast[싸우스이이스트], '남서쪽'은 southwest[싸우스웨스트]라고 하면 되겠죠. 참고로 '동남아시아'는 Southeast Asia[싸우스이이스트 에이쉬아]라고 해요.

발음규칙 22 — ea는 [에아]가 아니라 [이이]

따로 보면 e와 a는 e[에], a[아]처럼 보이죠. 하지만 ea처럼 연달아서 쓰면 거의 [이이]처럼 소리가 나요. 그래서 east는 [에아스트] 아니고 [이이스트]처럼 발음하면 되죠. 약간의 예외가 있긴 한데 그중에 빈도가 높은 것은 5번 단어인 breast[브레스트]예요.

 오늘의 미션!
다음 한글 발음과 뜻을 읽고 영어 스펠링을 직접 적어보세요.

 st로 끝나는 말은?

❶ [비이스트] 짐승 _____

❷ [리이스트] 최소한 _____

❸ [피이스트] 향연 _____

❹ [이이스트] 효모 _____

❺ [브뤠스트] 가슴 _____

❻ [이이스트] 동쪽, 동쪽의, 동쪽으로 _____

❼ [웨스트] 서쪽, 서쪽의, 서쪽으로 _____

❽ [싸우스] 남쪽, 남쪽의, 남쪽으로 _____

❾ [놀스] 북쪽, 북쪽의, 북쪽으로 _____

❿ [놀스웨스트] 북서쪽, 북서쪽의, 북서쪽으로 _____

able
에이브을

[ˈeɪbəl] 능력 있는, 가능한

bubble
버브을

[ˈbʌbəl] 거품, (비누) 방울

table
테이브을

[ˈteɪbəl] 탁자

gamble
갬브을

[ˈɡæmbəl] 놀음, 놀음하다

cable
케이브을

[ˈkeɪbəl] 전선

double
더브을

[ˈdʌbəl] 두 배(의), 두 배가 되다, 닮은 사람

bible
바이브을

[ˈbaɪbəl] 경전, 중요한 책

humble
험브을

[ˈhʌmbəl] 누추한, 겸손한

trouble
츄뤄브을

[ˈtrʌbəl] 골칫거리, 괴롭히다

possible
파써브을

[ˈpɑːsəbəl] 가능한

able [에이브을]

'능력 있는'이라는 뜻의 중급 단어. 한때 한 신용카드의 광고문구로도 많이 등장했던 단어죠. 표기는 [에이브을]로 했지만 실제 발음은 [에이브으]처럼 [ㄹ] 소리가 끝을 흐리듯 나오다가 사라진다는 것. 꼭 동영상을 보고 확인하세요. '능력 있는 교사'는? able teacher[에이브을 티이쳐얼]이라고 하면 돼요.

table [테이브을]

'탁자'라는 뜻의 초급 단어. 발음이 [테이블]이 아니라 [테이브을]처럼 끝의 [ㄹ]이 흐려지는 것을 꼭 동영상으로 확인! 더불어 coffee table[커어피 테이브을] 하면? '커피 탁자'를 말하죠. timetable[타임테이브을] 하면 '일정표'나 '시간표'를 말하고요.

cable [케이브을]

'전선'이라는 뜻의 중급 단어. 예전에 Jim Carrey[쥠 캐뤼이] 주연의 영화 제목이 〈Cable Guy[케이브을 가이]〉였죠. '케이블TV 설치해주는 사람'이라는 뜻이고요. 사실 바다 밑에 대륙을 잇는 전선이 깔려 있죠. 이 '해저 케이블'을 영어로는? undersea cable[언덜씨이 케이브을]이라고 하면 됩니다.

bible [바이브을]

'경전이나 중요한 책'이라는 뜻의 중·상급 단어. '수학의 바이블'처럼 우리말에서도 종종 보이죠. a bible in math[어 바이브을 인 매애스]처럼 '중요한 책'일 때는 b를 소문자로 써요. 반면 '성경'이라고 할 때는 대문자로 the Bible[더 바이브을]처럼 쓰죠. 하나밖에 없기에 '정해진'이라는 뜻의 the[더]를 앞에 함께 쓰고요.

trouble [츄뤄브을]

'골칫거리'라는 뜻의 중급 단어. 발음이 [트러블]이 아니고 [츄뤄브을]처럼 난다는 것을 꼭 실제 발음을 들으면서 확인하세요~! 더불어 "난 지금 심각한 문제에 빠졌어"라고 하려면? I'm in deep trouble[아임 인 디입 츄뤄브을 = 아민 디입 츄뤄브을]이라고 하면 됩니다.

bubble [버브을]

'거품'이나 '방울'을 말하는 중급 단어. 예전에 세탁기 이름으로 쓰인 적이 있는 단어 죠. 생긴 모양은 bubble[부블레]처럼 생겼지만 [버브을]처럼 발음해야 원어민이 딱 알 아듣겠죠. 참고로 기포가 많이 올라오는 '샴페인'을 구어체에서 bubbly[버브을리]라 고 해요. 샴페인 잔의 위로 올라오는 기포의 모습을 떠올리면 쉽게 이해됩니다.

gamble [갬브을]

'놀음'이라는 뜻의 중급 단어. '놀음꾼'은 gambler[갬브을러]로 '사람'을 뜻하는 er를 붙이면 되죠. 참고로 sandwich[샌드위치]라는 음식은 놀음을 좋아하던 샌드위치 백작 이 식사할 시간을 아끼려고 빵 사이에 다른 것을 넣어서 먹은 것에서 유래했어요.

double [더브을]

'두 배'라는 뜻의 초·중급 단어. 발음을 절대로 [떠블]처럼 강하게 하면 안 돼요. [더브 을]처럼 발음하면 딱 알아들어요. 참고로 음식이나 음료를 곱빼기로 원할 때는 Make it a double[메이크 잇 어 더블 = 메이끼러 더브을]처럼 쓰면 되고요. 똑같은 것을 2개 만 들어달라고 할 때는 Make it two, please[메이크 잇 투우 플리즈 = 메이낏 투우 플리즈] 처럼 쓰면 돼요. 이때 please[플리즈]를 붙이면 더 교양 있고 공손해 보여요.

humble [험브을]

'누추한'이라는 뜻의 중·상급 단어. '누추한 장소'라고 말하려면 humble place[험브을 플레이스]라고 하면 돼요. 그런데 사람에게 쓰면 '겸손한'이라는 뜻이 있어요. "그 사 람은 참 겸손해"를 He is so humble[히이 이즈 쏘우 험브을]처럼 말하면 됩니다.

possible [파써브을]

'가능한'이라는 뜻의 중급 단어. 써 있기는 [포시블]처럼 보이지만 정확한 발음은 [파 써브을]이에요. [파]에 강세가 있어서 그 옆에 강세를 못 받은 [이] 소리가 발음하 기 더 쉬운 [어]로 바뀌는 거예요. 반대말은 앞에 im[임]만 붙이면 돼요. impossible[임파써브을]은 '불가능한'이죠.

ble로 끝나는 단어는 [브을]

사실 모양만 보면 ble는 [블레] 처럼 보이죠. 하지만 단어 끝에 오는 e는 발음이 나지 않으니까 [블]로 발음해야 할 것처럼 보여요.
그런데 le로 끝나면 [을]처럼 깨끗하게 나지 않고 [으을]처럼 바뀌죠. 결국 ble은 [블]이 아니라 [브을]이 되니까 동영상에서 발음 꼭 확인요~!

 오늘의 미션!
다음 한글 발음과 뜻을 읽고 영어 스펠링을 직접 적어보세요.

❶ [에이브을] 능력 있는, 가능한 _____

❷ [테이브을] 탁자 _____

❸ [케이브을] 전선 _____

❹ [바이브을] 경전, 중요한 책 _____

❺ [츄뤄브을] 골칫거리, 괴롭히다 _____

❻ [버브을] 거품, (비누) 방울 _____

❼ [갬브을] 놀음, 놀음하다 _____

❽ [더브을] 두 배(의), 두 배가 되다, 닮은 사람 _____

❾ [험브을] 누추한, 겸손한 _____

❿ [파써브을] 가능한 _____

-ord 로 끝나는 단어

word
워얼드
[wɜːrd] 단어

password
패스워얼드
[ˈpæswɜːrd] 비밀번호

cord/chord
코얼드
[kɔːrd] 굵은 줄/화음

keyword
키이워얼드
[ˈkiːwɜːrd] 핵심어

lord
로얼드
[lɔːrd] 영주, 신

foreword
포얼워얼드
[ˈfɔːrwɜːrd] 서문

record
레코얼드
명[ˈrekərd] 기록, 판, 녹음 / 동[rɪˈkɔːrd] 녹화하다

sword
쏘얼드
[sɔːrd] 검

afford
어포얼드
[əˈfɔːrd] ~할 여유가 되다

landlord
래앤드로얼드
[ˈlændlɔːrd] 집주인

word [워얼드]

'단어'라는 뜻의 초급 단어. o는 대게 [오우] 발음이 나지만 or처럼 뒤에 r이 오면 [얼]처럼 발음이 돼요. 그래서 word는 [워드]가 아니라 [워얼드]처럼 발음하면 딱 좋아요. 참고로 "내가 언약을 할게"를 영어로는? I give you my word[아이 기브 유 마이 워드 = 아이 기뷰우 마이 워얼드]라고 하면 됩니다.

cord/chord [코얼드]

'굵은 줄'을 뜻하는 중급 단어. '화음'을 뜻하는 상급 단어 chord와 철자는 다르지만 발음은 [코얼드]로 똑같아요. 스펠링을 외울 때는 [드]가 편하지만 실제 발음은 [으]가 없는 [ㄷ]에 더 가까워요. 참고로 code[코드]라는 단어는 발음이 비슷해서 헷갈리지만 정확한 발음은 [코우드]이고 뜻은 '암호, 기호'예요.

lord [로얼드]

'영주'라는 뜻의 중·상급 단어. 첫 글자를 대문자로 쓰면 '하느님'을 말해요. 그래서 '우리의 하느님'이라고 할 때는 our Lord[아월 로얼드]처럼 쓰지만, our lord처럼 소문자로 쓰면 중세의 '우리 영주님'이라는 뜻이 되죠. 참고로 16세에 세상을 뒤흔든 멋진 노래 〈Royals[로여을즈]〉를 발표한 뉴질랜드 음악가의 예명이 Lorde예요. '여자 영주'라는 뜻으로 끝에 e를 붙인 것이죠. 발음은 lord와 똑같이 Lorde[로얼드]라고 해요.

record [뤠코얼드]

'녹음' 혹은 '판'이라는 뜻의 중급 단어. 흔히 [레코드]라고 하지만 정확한 발음은 [뤠코얼드]죠. 발음이 복잡해 보이지만 동영상을 보고 연습하면 정말 쉬워집니다. 참고로 보도용이 아닌 비공식이라고 할 때의 '오프 더 레코드'는 off the record예요. 발음이 [어프더 뤠꼬얼드]처럼 들리는데 나중에 영화나 회화에서 한 번에 확 들릴 겁니다.

afford [어포얼드]

'~할 여유가 되다'라는 뜻의 중급 단어. 중급 단어지만 이런 의미로 가장 많이 쓰이기에 말할 때는 물론 시험에도 자주 등장해요. 예를 들어 "난 그것을 살 여유가 안 돼"를 영어로는? I can't afford it[아이 캔트 어폴드 이트 = 아이 캐앤 어포얼딧]이 됩니다.

password [패스워얼드]

'비밀번호'를 뜻하는 중급 단어. pass[패스]는 '통과하다'라는 뜻, word[워얼드]는 '단어'라는 뜻이니까 통과하려면 필요한 단어는? 바로 '암호'죠. 참고로 "비밀번호 다시 설정해"를 영어로는? Reset your password[리세트 유어 패스워드 = 뤼셋 유얼 패스워얼드]라고 하면 되고요. "비밀번호를 만들어"라는 말은 Make your password[메이크 유어 패스워드=메익뀨얼 패스워얼드]가 됩니다.

keyword [키이워얼드]

'핵심어'를 뜻하는 중급 단어. 발음이 [키워드]가 아니고 [키이워얼드]처럼 된다는 것을 꼭 확인해야 해요. 인터넷에서 무언가를 검색할 때 '키워드 검색'이라고 하죠? 영어로는 keyword search[키이워얼드 써얼취]라고 하면 돼요.

foreword [포얼워얼드]

'서문'을 뜻하는 상급 단어. fore[포얼]은 '앞'이라는 뜻, word[워얼드]는 '말'이라는 뜻이니 책의 앞부분에 하는 말, 즉 '서문'이 되는 거죠. 상급 단어니까 시간 여유가 있을 때 해도 됩니다.

sword [쏘얼드]

'검'이라는 뜻의 상급 단어. 그냥 '작은 칼'이 knife[나이프]라면 '전투용 기다란 칼'은 sword[쏘얼드]라고 하죠. 이때 w 발음이 안 난다는 것을 꼭 확인하세요! 절대로 [스워드]가 아니죠. 참고로 입쪽이 검처럼 길게 튀어나온 큰 물고기를 '황새치'라고 하죠. 영어로는 swordfish[쏘얼드피쉬]. 그림만 떠올려도 이해가 됩니다.

landlord [래앤드로얼드]

'집주인'이라는 뜻의 중·상급 단어. land[래앤드: 땅] + lord[로얼드: 영주] = '땅 주인' 혹은 '집주인'이 된 것이죠. 현대에는 세입자가 '주인집 남자'를 지칭할 때 landlord[래앤드로얼드]라고 하고요. '주인집 여자'는 landlady[랜드레이디 = 래앤드레이리]라고 해요. 그냥 슬쩍 보아두면 됩니다.

끝에 오는 d는 절대로 [드]가 아니다!

보통 영어 발음을 할 때 하는 가장 큰 실수가 바로 단어 끝에 [으] 소리를 집어넣는 거예요. word는 절대로 [워드]가 아니라 [워얼드]인데 사실은 [으]가 없이 [ㄷ]만 발음해야 하는 거죠.
표기는 [드]라고 해놓았지만 보다 정확한 발음은 꼭 동영상을 보고 확인하세요~!

 오늘의 미션!
다음 한글 발음과 뜻을 읽고 영어 스펠링을 직접 적어보세요.

 ord로 끝나는 말은?

❶ [워얼드] 단어 _____

❷ [코얼드] 굵은 줄/ 화음 _____

❸ [로얼드] 영주, 신 _____

❹ [레코얼드] 기록, 판, 녹음/ 녹화하다 _____

❺ [어포얼드] ~할 여유가 되다 _____

❻ [패스워얼드] 비밀번호 _____

❼ [키이워얼드] 핵심어 _____

❽ [포얼워얼드] 서문 _____

❾ [쏘얼드] 검 _____

❿ [래앤드로얼드] 집주인 _____

-gle 로 끝나는 단어

eagle
이이글
[ˈiːgəl] 독수리

wiggle/waggle
위그을/왜그을
[ˈwɪgəl] 씰룩씰룩 / [ˈwægəl] 쌜룩쌜룩 (움직이다)

single
씽그을
[ˈsɪŋgəl] 독신의, 선별하다

struggle
스츄뤄그을
[ˈstrʌgəl] 고군분투, 고군분투하다

jungle
쥣그을
[ˈdʒʌŋgəl] 정글, 밀림

gargle
가알그을
[ˈgɑːrgəl] 입을 헹구다, 가글액

angle
앵그을
[ˈæŋgəl] 각도, 관점

smuggle
스머그을
[ˈsmʌgəl] 밀수하다

mingle
밍그을
[ˈmɪŋgəl] 섞이다, 어울리다

goggles
가그을즈
[ˈgɑːgəlz] 보호안경

eagle [이이글]

'독수리'를 뜻하는 초·중급 단어. 표기는 철자 암기를 위해 [이이글]로 했지만, 실제 발음은 [이이그으]에 가까우니까 꼭 동영상 발음을 확인하세요! 참고로 새의 알과 비슷하게 생긴 공을 하늘로 날리는 골프에서는 득점을 했을 때 새에 관련된 표현을 많이 써요. 규정보다 한 타수 적게 잘 친 상황을 버디(birdie[버얼디]), 2타 적게 친 것을 eagle[이이글]이라고 한다는 것. 그냥 슬쩍 들어두세요.

single [씽그을]

'독신의'라는 뜻의 초·중급 단어. 발음이 [씽그을]처럼 들리니까 꼭 확인하고요. "그녀가 결혼 안 했어?"를 영어로는? Is she single?[이즈 쉬이 싱글 = 이쉬이 싱그을]이라고 하면 됩니다. 참고로 서양문화에서는 미혼이건 이혼한 상태이건 현재 결혼한 상태가 아니면 모두 single이라고 말합니다. '하나를 골라내다', 즉 '선별하다'라는 뜻으로는 중·상급이니까 나중에 해도 돼요.

jungle [쩡그을]

'밀림'이라는 뜻의 중·상급 단어. 하지만 영화나 지리와 관련해서 정말 많이 들어본 단어라 그리 부담되지 않을 거예요. 발음만 똑바로 잡아볼까요? [정글]이 아니고 [쩡그을]처럼 하면 딱이에요. 물론 직접 소리를 듣고 확인하는 게 최고! 참고로 '아마존 정글'을 영어로는? the Amazon jungle[디이 애머전 쩡그을]이라고 해요.

angle [앵그을]

'각도, 관점'이라는 뜻의 중급 단어. 수학 같은 학문에서는 '각도'라는 뜻으로, 일상 생활에서는 바라보는 '관점'이라는 뜻으로 많이 쓰이죠. "그것을 내 관점에서 봐"를 영어로는? Look at it from my angle[루우께릿 프럼 마이 앵그을]처럼 쓰면 됩니다.

mingle [밍그을]

'어울리다'라는 뜻의 중급 단어. 모임에서 처음 보는 사람들과 어울리는 것을 말해요. 앞서 배운 single과 운율이 맞아서 보통 "나, 독신이니까 사람들 만날 준비가 되었다고"를 I'm single and I'm ready to mingle[암 씽그을 앤 암 뤠리 투우 밍그을]이라고 해요.

wiggle/waggle [위그을/왜그을]

'씰룩거리다'라는 뜻의 상급 단어! 엉덩이처럼 무엇인가를 제자리에서 씰룩거리는 느낌이면 wiggle[위그을]이고요. 살짝 더 커다란 동작으로 쌜룩거리면 waggle[왜그을]이됩니다. 우리말의 '씰룩'과 '쌜룩'의 느낌처럼 말이죠. 하지만 상급 단어라 시간 될 때보세요.

struggle [스츄뤄그을]

'고군분투' 혹은 '고군분투하다'라는 뜻의 중급 단어! 발음이 [스트러글]이 아니라 [스츄뤄그을]처럼 들리니까 꼭 실제 발음 확인이요! 신체의 힘을 사용해 누군가와 힘들게 싸우는 것을 뜻하고 동시에 정신적으로 견디려고 노력하는 것도 의미해요.

gargle [가알그을]

'입을 헹구다'라는 뜻의 중·상급 단어! 하지만 '가글'이라는 이름으로 판매되는 제품으로도 충분히 익숙한 단어죠. 단 발음이 [가글]이 아니라 [가알그을]처럼 돼요. 입이나 목에만 사용되는 단어라 굳이 뒤에 '입'이나 '목'이라는 단어를 쓰지 않아도 됩니다.

smuggle [스머그을]

'밀수하다'라는 뜻의 중·상급 단어. '[쓰윽 먹을] 것을 밀수한다'는 식으로 기억하면 쉬워요. 발음은 [스머그을]처럼 하면 되고요. 참고로 "그가 이것을 국내로 밀수했어"를 영어로는? He smuggled it into the country[히이 스머글드 이트 인투 더 컨트리 = 히이 스머그을딧 인투더 컨츄뤼]처럼 말하면 됩니다. 예문은 나중에 여유 될 때 하세요!

goggles [가그을즈]

'보호안경'이라는 뜻의 중·상급 단어. 보통 안경류는 알이 양쪽에 2개가 있죠? 그래서 goggles도 반드시 끝에 s를 붙여야 해요. 물안경은 swimming goggles[스위밍 가그을즈], 스키안경은 ski goggles[스끼이 가그을즈]라고 하면 되고요. 참고로 인터넷 검색엔진 google[구글 = 구우-그을]과는 철자와 발음이 달라요.

발음규칙 25   **gle은 절대로 [글]이 아니다!**

발음규칙 23번에서도 배웠죠. 영단어가 le로 끝나면 [으을]처럼 발음된다고요. 그래서 table이 [테이브을]처럼 발음되죠. 똑같은 원리로 gle도 [글]이 아니라 [그을]처럼 발음하면 돼요. 끝에 [ㄹ] 소리가 살짝 있긴 하지만 실제 소리는 작게 들려요.

 오늘의 미션!
다음 한글 발음과 뜻을 읽고 영어 스펠링을 직접 적어보세요.

 gle로 끝나는 말은?

❶ [이이글] 독수리 _____

❷ [씽그을] 독신의, 선별하다 _____

❸ [쥥그을] 정글, 밀림 _____

❹ [앵그을] 각도, 관점 _____

❺ [밍그을] 섞이다, 어울리다 _____

❻ [위그을] / [왜그을] 씰룩씰룩/쌜룩쌜룩 (움직이다) _____

❼ [스츄뤄그을] 고군분투, 고군분투하다 _____

❽ [가알그을] 입을 헹구다, 가글액 _____

❾ [스머그을] 밀수하다 _____

❿ [가그을즈] 보호안경 _____

sort
쏘올트
[sɔːrt] 종류, 분류하다

short
쇼올트
[ʃɔːrt] (길이, 거리, 시간) 짧은

sport
스뽀올트
[spɔːrt] 스포츠

airport
에얼포올트
[ˈerpɔːrt] 공항

effort
에폴트
[ˈefərt] 노력, 수고

report
뤼포올트
[rɪˈpɔːrt] 보고서, 보고하다

resort
뤼조올트
[rɪˈzɔːrt] 휴양지, 의존, 수단

export
엑스포올트
명[ˈekspɔːrt] 수출(품) / 동[ɪkˈspɔːrt] 수출하다

import
임포올트
명[ˈɪmpɔːrt] 수입(품) / 동[ɪmˈpɔːrt] 수입하다

passport
패스포올트
[ˈpæspɔːrt] 여권

sort [쏘올트]

'종류'라는 뜻의 중급 단어. 발음이 절대로 [소트]가 아니죠. r 소리를 살려서 [쏘올트]처럼 [트]가 살짝 들릴 정도로 발음하면 딱 맞아요. 가장 잘 쓰이는 표현은 한국어의 '일종의'처럼 sort of[쏘올트 오브 = 쏘럽]이고 더 쉬운 같은 표현이 kind of[카인드 오브 = 카이넙]이에요. 영화에서 정말 많이 듣게 될 겁니다.

short [쇼올트]

'짧은'이라는 뜻의 초급 단어. 길이, 거리, 시간에 모두 쓰여요. '짧은 산책'은? a short walk[쇼올트 워어크]. '짧은 회의'는 a short meeting[쇼올트 미팅 = 쇼올트 미이링]처럼 쓰면 돼요. 추상적인 것에도 쓰이는데 촉박한 통보는 a short notice[쇼올트 노우티스 = 쇼올트 노우리스]처럼 쓰이니까 반복해서 보면 감이 올 겁니다.

sport [스뽀올트]

'스포츠'를 뜻하는 중급 단어. 각종 중계를 통해 익숙한 단어죠. 단 발음이 [스포츠]가 아니라 [스뽀올트]예요. 참고로 "나는 스포츠를 좋아해"를 영어로 하면? 미국식은 I like sports[아이 라익 스뽀올츠]처럼 sport 끝에 s를 붙여 쓰고요. 영국에서는 I like sport[아이 라익 스뽀오트]처럼 s 없이 써요.

airport [에얼포올트]

'공항'이라는 뜻의 초·중급 단어. air[에얼: 공기] + port[포올트: 항구] = 공중으로 오는 항구, 그래서 '공항'이 된 것이죠. '항구'는 원래 바다(sea[씨이])를 앞에 붙여 seaport[씨이포올트]라고 하는데 예전에는 운송이 바다로만 이루어졌으니 port만 써도 '항구'라는 뜻이 됩니다.

effort [에폴트]

'노력, 수고'라는 뜻의 중급 단어. 윗치아를 아랫입술에 대는 f 소리를 살려야 해요. [에포트]가 아니고 [에폴트]예요. 꼭 실제 발음 확인이요! 참고로 '커다란 노력'은 big effort[비익 에폴트]라고 하면 돼요.

report [뤼포올트]

'보고서'라는 뜻의 중급 단어. re[뤼: 다시] + port[포올트: 항구, 나르다] = 있었던 일을 다시 한 번 쭉 날라서 요약 정리하는 것, 바로 '보고서'죠. port의 '나르다'라는 뜻은 8, 9, 10번에도 그대로 적용되니까 잘 기억해두세요.

resort [뤼조올트]

'휴양지'라는 뜻의 중급 단어. 한국의 곳곳에 '리조트'라는 이름의 장소가 참 많죠. 하지만 정확한 발음은 [뤼조올트]처럼 끝의 [트] 소리가 살짝 들릴 정도가 좋아요. '스키를 탈 수 있는 휴양지'는? ski resort[스끼이 뤼조올트]라고 하면 되겠죠. '수단'의 뜻으로는 상급 단어예요. '최후의 수단'은? last resort[래애슷 뤼조올트]라고 하면 돼요.

export [엑스포올트]

'수출'이라는 뜻의 중급 단어. ex[엑스: 밖으로] + port[포올트: 나르다] = 나라의 밖으로 나르다, 그래서 '수출하다'가 되는 거죠. 이때 강세는 [엑]에 있어요. 그래서 [엑스포올트]가 돼요. 그런데 이때 강세를 [포]에 둬서 [익스포올트]라고 하면 '수출하다'라는 동사가 돼요. 문맥에 맞게 쓰면 됩니다.

import [임포올트]

'수입'이라는 뜻의 중급 단어. im[임: 안으로] + port[포올트: 나르다] = 나라 안으로 나르다, 그래서 '수입하다'가 되는 거죠. 이때 강세는 [임]에 있어요. 전체 발음은 [임포올트]가 되죠. 그런데 강세를 [포]에 두면 '수입하다'라는 뜻의 동사가 돼요.

passport [패스포올트]

'여권'이라는 뜻의 중급 단어. pass[패스: 통과, 통행증] + port[포올트: 항구, 나르다] = 항구를 통과할 수 있는 통행증, 그래서 passport[패스포올트]는 '여권'이라는 뜻이 된 거죠. 참고로 "여권 갱신해야 해"를 영어로는? I need to renew my passport[아이 니이 투 뤼뉴우 마이 패스포올트]라고 하면 됩니다. 이때 need to[니이투우]는 '~할 필요가 있다'라는 뜻이에요.

r 소리는 입을 동그랗게 모으면 끝!

r[알] 소리는 발음을 굴리는 거라는 생각은 위험해요. 우리말의 [나라]라는 단어를 [나아]로 발음하지 않는 것처럼, 영어의 r도 미국 영어에서는 반드시 발음해줘야 하죠. 입술을 동그랗게 모아서 앞으로 내민 상태에서 발음을 시작하면 r 발음은 거의 다 돼요.

 오늘의 미션!
다음 한글 발음과 뜻을 읽고 영어 스펠링을 직접 적어보세요.

❶ [쏘올트] 종류, 분류하다 _____

❷ [쇼올트] (길이, 거리, 시간) 짧은 _____

❸ [스뽀올트] 스포츠 _____

❹ [에얼포올트] 공항 _____

❺ [에폴트] 노력, 수고 _____

❻ [뤼포올트] 보고서, 보고하다 _____

❼ [뤼조올트] 휴양지, 의존, 수단 _____

❽ [엑스포올트/익스포올트] 수출(품)/수출하다 _____

❾ [임포올트] 수입(품), 수입하다 _____

❿ [패스포올트] 여권 _____

ear
이얼
[ɪr] 귀

fear
피얼
[fɪr] 두려움, 두려워하다

hear
히얼
[hɪr] 듣다

rear
뤼얼
[rɪr] 후면(의), 양육하다

near
니얼
[nɪr] 가까운, 근처에, 다가오다

gear
기얼
[gɪr] 기어, 이가 맞다

tear
티얼
[tɪr] 눈물 / [ter] 찢다

clear
클리얼
[klɪr] 맑은, 분명한, 정리하다

dear
디얼
[dɪr] 소중한, 친애하는 (사람)

appear
어피얼
[əˈpɪr] 나타나다, ~로 보이다

ear [이얼]

'귀'라는 뜻의 초급 단어. 왼쪽과 오른쪽 귀를 한꺼번에 말할 때는 ears[이얼즈]처럼 s를 붙여 여러 개임을 밝히면 돼요. 참고로 우리말에서 '한 귀로 듣고 다른 귀로 흘린다'와 똑같은 표현이 바로 In one ear and out the other[인 원이얼 앤 아웃 디아덜]이죠. 말에 집중하지 않거나 쉽게 까먹고 흘리는 것을 말할 때 쓰면 됩니다.

hear [히얼]

'듣다'라는 뜻의 초급 단어. 발음이 [헤아르]가 아니고 [히얼]이죠. 참고로 hear[히얼]은 '소리가 나서 그냥 듣는다'는 뜻이고요. listen[리쓴]은 '귀를 기울여 듣는다'는 뜻이에요. 그래서 "내 말에 집중해!"라고 할 때는 Listen to me[리쓴 투 미이]처럼 to도 꼭 함께 쓰인다는 것, 중요하니까 기억하세요! 참고로 listen의 t는 소리가 나지 않아요.

near [니얼]

'가까운' 혹은 '근처에'라는 뜻의 초급 단어. 발음은 역시 [니얼]이죠. 예를 들어 "난 교회 근처에 살아"를 영어로는? I live near the church[아이 리브 니어 더 쳐치 = 아이립 니얼 더 쳘취]처럼 쓰면 돼요.

tear [티얼]

'눈물'이라는 뜻의 초급 단어. 발음이 [티얼]일 때는 '눈물', 똑같은 철자인데 [테얼]이라고 발음하면 '찢다'라는 뜻의 동사가 돼요. '찢다'라는 뜻으로는 중급 단어예요. 눈물은 보통 많은 방울이 나올 테니 tears[티얼즈]처럼 많다는 의미의 s를 끝에 붙여줘야 하죠. 〈Tears in Heaven[티얼즈 인 헤븐 = 티얼진 헤븐]〉은 에릭 클랩튼이라는 가수의 유명한 곡이에요. 뜻은 '천국의 눈물'이 되고요.

dear [디얼]

'친애하는'이라는 뜻의 초·중급 단어. 발음은 당연히 [디얼]이고요. 편지나 이메일의 맨 앞에 'Dear Jake[디얼 제익: 친애하는 제이크에게]'처럼 쓰면 격식을 갖춘 문장이 돼요. 참고로 중·상급 단어 중에 '사슴'이라는 뜻의 deer[디얼]이 있는데 발음은 dear과 동일하니까 문맥으로 구분하면 됩니다.

fear [피얼]

'두려움, 공포'라는 뜻의 중급 단어. '공포로 바들바들 떨고 있다'를 영어로 하면? 고급 문장이지만 생각보다 쉽게 만들 수 있죠. She's shaking with fear[쉬즈 쉐이킹 위드 피어 = 쉬즈 쉐이낑 윗 피얼]이라고 하면 됩니다. '두려워하다'라는 뜻의 동사도 있어요.

rear [뤼얼]

'후면의'라는 뜻의 중급 단어. 발음은 [리얼]이 아니고 [뤼얼]처럼 r[뤼] 발음을 살리는 것을 잊지 말자고요! '뒷문'을 영어로는? rear door[뤼얼 도얼]이 되겠죠. 구어체에서 '엉덩이'라는 뜻도 있어요. 또 누구를 뒤에서 밀어주면 양육하는 것이 되겠죠. 그래서 '아이나 동물을 키우다'라는 뜻도 있으니까 자연스럽게 연결되도록 정리하면 됩니다.

gear [기얼]

'기어, 장비'라는 뜻의 중급 단어. '톱니바퀴'를 외래어로 '기어'라고도 하죠. 발음은 [기얼]로 해야 하고요. 동시에 톱니바퀴가 맞아 떨어지듯 무엇을 하는 데 쓰는 '장비'를 뜻하기도 해요. 예를 들어 '캠핑 장비'는 camping gear[캠핑 기얼], 잠수할 때 쓰는 '스쿠바 장비'는 scuba gear[스꾸바 기얼]이라고 하면 돼요.

clear [클리얼]

'맑은, 분명한'이라는 뜻의 초·중급 단어. '맑은 하늘'은 clear sky[클리어 스까이], '맑은 머리'는 clear head[클리얼 헤드], '맑은 눈'은 clear eyes[클리얼 아이즈], '맑게 나온 사진'은 clear picture[클리얼 픽쳘]. 더불어 영화에서 Is that clear?[이즈 댓 클리얼]이 많이 들리는데, 뜻은 "그거 무슨 말인지 (혼란없이 깨끗하게) 알아들은 거지?"예요.

appear [어피얼]

'나타나다'라는 뜻의 중급 단어. 발음은 [어피어]가 아니고 [어피얼]처럼 r[알] 소리를 살려줘야 해요. '~처럼 보이다'라는 뜻도 있어요. "그렇게 보이네요"는 It appears so[잇 어피얼즈 쏘우]라고 하면 돼요. 반대로 '사라지다'는 앞에 dis[디스]만 붙여서 disappear[디써피얼]이라고 해요.

발음규칙 27 ar 앞의 e는 [에]가 아니라 [이]

규칙22에서 ea가 연달아 나오면 [이이]가 된다고 했죠. 예외가 바로 그다음에 r이 올 때인데요. ar 앞의 e는 [이]로 발음이 돼요. 그래서 ear는 [에알]이나 [이이알]이 아니라 [이얼]이 되죠.
이 ear[이얼] 규칙은 ear로 끝나는 단어에서 많이 나타나니까 예를 자주 보아두면 돼요.

 오늘의 미션!
다음 한글 발음과 뜻을 읽고 영어 스펠링을 직접 적어보세요.

ear로 끝나는 말은?

❶ [이얼] 귀 _____

❷ [히얼] 듣다 _____

❸ [니얼] 가까운, 근처에, 다가오다 _____

❹ [티얼/테얼] 눈물/찢다 _____

❺ [디얼] 소중한, 친애하는 (사람) _____

❻ [피얼] 두려움, 두려워하다 _____

❼ [뤼얼] 후면(의), 양육하다 _____

❽ [기얼] 기어, 이가 맞다 _____

❾ [클리얼] 맑은, 분명한, 정리하다 _____

❿ [어피얼] 나타나다, ~로 보이다 _____

kind
카인드
[kaɪnd] 친절한, 종류

blind
블라인드
[blaɪnd] 시각장애의

find
파인드
[faɪnd] 찾다, 알다, 발굴품

hind
하인드
[haɪnd] 후면의

mind
마인드
[maɪnd] 마음, 신경 쓰다

grind
그롸인드
[graɪnd] 갈다, 고된 노동

bind
바인드
[baɪnd] 묶다, 뭉치다, 난처한 상황

behind
비하인드
[bɪˈhaɪnd] 뒤(에), 뒤처진

wind
와인드
[waɪnd] 감다 / [wɪnd] 바람

remind
뤼마인드
[rɪˈmaɪnd] 되뇌다, 상기시키다

kind [카인드]

'친절한'이라는 뜻의 초급 단어. 그런데 d[드]는 살짝 [ㄷ]만 들릴 정도로 발음하면 딱 좋아요. "그는 친절해요"는 He is kind[히이 이즈 카인드]가 되죠. 친절한 사람도 있고 안 그런 부류도 있죠. 그래서 kind는 '종류, 부류'라는 뜻도 있어요. "무슨 종류의 (마시는) 차야?"는 What kind of tea is it?[왓 카이넙 티이 이짓]이 돼요.

find [파인드]

'찾다'라는 뜻의 초급 단어. f 발음을 꼭 직접 들으며 연습하세요! "너 휴대폰 찾았어?"는 Did you find your phone?[디쥬우 파인쥬얼 포운]이 돼요. 더불어 어떤 사실을 찾아내는 것은 그것을 알아냈다는 뜻이겠죠? 그래서 '알게 되다'라는 뜻도 있어요. 또 찾아낸 것, 즉 '발굴품'이라는 뜻도 추측할 수 있어요. 이 뜻으로는 중·상급 단어예요.

mind [마인드]

'마음'이라는 뜻의 초급 단어. [드] 소리를 약하게 [ㄷ]처럼 발음하는 것을 기억하세요! "지금 마음에 어떤 생각이 드는데?"를 영어로는 What's on your mind?[왓쓰 언유얼 마인드]라고 하면 돼요. 마음에 자꾸 무엇이 걸리면 신경 쓰이죠? 그래서 '신경 쓰다'라는 뜻도 있고 이때는 초·중급 단어예요. "전혀 신경 쓰지마!"를 영어로는? Never mind[네벌 마인드]라고 하면 딱 같은 느낌이에요.

bind [바인드]

'묶다'라는 뜻의 초·중급 단어. 발음이 [빈드]가 아니고 [바인드]예요. 사람들을 묶어 놓으면 아무것도 할 수 없겠죠? 그래서 명사로는 '난처한 상황'을 뜻하는데 이 뜻으로는 중·상급이니까 나중에 해도 돼요.

wind [와인드]

'감다'라는 뜻의 중급 단어. 그런데 [윈드]라고 발음하면 '바람'이라는 뜻의 초급 단어가 돼요. 태엽으로 된 시계는 감아줘야 하죠? "네 시계를 감아"는 Wind your watch[와인드 유어 워치 = 와인쥬얼 웟취]가 되고요. 야구에서 투수가 공을 던질 때도 몸을 감죠. 그래서 그런 동작을 '와인드업(windup)한다'라고 해요.

blind [블라인드]

'시각장애의'라는 뜻의 중급 단어. 발음이 절대로 [브라인드]가 아니고 bl[블]을 살려서 [블라인드]죠. 창문에 다는 블라인드는 햇빛을 차단하는 막대 모양이 여러 개죠. 그래서 단어 끝에 s를 붙여서 blinds[블라인즈]라고 해요. '안 보이는'이라는 뜻일 때는 colorblind[컬러블라인드]처럼 쓰면 '색맹'이 되고요.

hind [하인드]

'뒤쪽의'라는 뜻의 중·상급 단어. 발음이 [힌드]가 아니고 [하인드]예요. 보통 네발 동물의 뒷다리를 hind legs[하인드 레그즈], 뒷발 2개를 hind feet[하인드 피잇]이라고 해요. 중·상급 단어니까 나중에 해도 됩니다.

grind [그롸인드]

'갈다'라는 뜻의 중급 단어. 하지만 커피 때문에 많이 알려진 단어이기도 해요. '갈았다'는 '갈다'의 과거죠. ground[그롸운드]도 grind[그롸인드]의 과거형이에요. 동시에 ground는 '갈린(분쇄된)'이라는 뜻으로도 쓰여요. 그래서 '방금 간 커피'를 영어로 하면? freshly ground coffee[후레쉴리 그롸운드 커어피]라고 하면 돼요. 참고로 '땅'이라는 단어도 철자와 발음이 똑같은 ground[그롸운드]인데 이때는 초·중급 단어예요.

behind [비하인드]

'~뒤에'라는 뜻의 초·중급 단어. be[비이: 있다, 되다] + hind[하인드: 뒤쪽] = '뒤쪽에 있는'이 된 것이죠. behind[비하인드]는 hind보다 훨씬 더 빈도 높고 중요한 단어니까 꼭 암기하세요! "그것이 네 뒤에 있어"는 It's behind you[잇쓰 비하인쥬우]가 돼요.

remind [뤼마인드]

'상기시키다'라는 뜻의 초·중급 단어. re[뤼: 다시] + mind[마인드: 마음] = 마음에 다시 떠올리다, 그래서 '되뇌다, 상기시키다'라는 뜻이 된 거죠. 발음은 [리마이인드]가 아니고 [뤼마인드]처럼 [뤼]와 약한 [드] 소리예요. "상기시켜줘서 고마워"는 Thanks for reminding me[땡쓰 폴 뤼마인딩 미이]라고 해요.

nd 앞의 i 소리는 [아이]

원래 i 의 기본 소리는 [이]죠. 그런데 단어가 ind로 끝나면 99% [아이]로 발음이 돼요. 즉 '마음'이라는 뜻의 mind는 [민드]가 아니라 [마인드]인 거죠.
예외는 딱 1개인데 '바람'이라는 뜻의 wind[윈드]예요. 그런데 이 단어도 '감다'라는 뜻일 때는 [와인드]가 돼요.

 오늘의 미션!
다음 한글 발음과 뜻을 읽고 영어 스펠링을 직접 적어보세요.

ind로 끝나는 말은?

❶ [카인드] 친절한, 종류 _____

❷ [파인드] 찾다, 알다, 발굴품 _____

❸ [마인드] 마음, 신경 쓰다 _____

❹ [바인드] 묶다, 뭉치다, 난처한 상황 _____

❺ [와인드/윈드]] 감다/바람 _____

❻ [블라인드] 시각장애의 _____

❼ [하인드] 후면의 _____

❽ [그롸인드] 갈다, 고된 노동 _____

❾ [비하인드] 뒤(에), 뒤처진 _____

❿ [뤼마인드] 되뇌다, 상기시키다 _____

-ch 로 끝나는 단어

each

이이취

[i:tʃ] 각각의

watch

왓취

[wɒːtʃ] 시계, 지켜보다

beach

비이취

[bi:tʃ] 해변

catch

캣취

[kætʃ] 잡다, 숨은 문제

teach

티이취

[ti:tʃ] 가르치다

match

맷취

[mætʃ] 성냥, 경기, 어울림

reach

뤼이취

[ri:tʃ] 다다르다, 범위

stretch

스트뤳취

[stretʃ] 뻗다, 기지개

itch

잇취

[ɪtʃ] 가렵다, 가려움

coach

코웃취

[koʊtʃ] 코치(하다), 마차, 이코노미석

each [이이취]

'각각의'라는 뜻의 초·중급 단어. 발음규칙 22에서 보았듯이 ea는 [이이]처럼 길게 나니까 each는 [이치]가 아니라 [이이취]인 거예요. '각각의 책'은 each book[이이취 부욱], '각각의 사람'은 each person[이이취 퍼얼쓴]이죠.

beach [비이취]

'해변'이라는 뜻의 초·중급 단어. 발음은 [비치]가 아니라 [비이취]처럼 길게, 하고 ch[취] 발음까지 살려야 해요. 참고로 bitch[빗취]처럼 짧게 발음하면 '암캐'라는 뜻과 더불어 여성을 비하하는 욕이 되고요. 여기에 '아들'이라는 단어가 들어가서 son of a bitch[써너버빗취] 하면 '견공의 자(개의 자식)'라는 뜻의 욕이 됩니다. 이 단어를 쓰라고 절대 권장하지 않지만 누군가가 여러분에게 이런 말을 하면 알아듣기는 해야겠죠.

teach [티이취]

'가르치다'라는 뜻의 초급 단어. 발음이 절대로 [티치]가 아니라 [티이취]예요. "내가 너에게 한국어를 가르쳐줄게"를 영어로는? I will teach you Korean[아이 윌 티이츄우 커뤼언]이라고 하면 돼요. 가르치는 사람, 즉 '교사'는 teacher[티이쳐얼]이고요.

reach [뤼이취]

'다다르다'라는 뜻의 초·중급 단어. 발음을 짧게 하면 rich[륏취: 부자인]라는 다른 단어예요. [뤼이취]처럼 길게 발음해야 reach가 됩니다. 참고로 "우리는 지난밤에 파리에 도착했지"는 We reached Paris last night[위이 뤼이취트 패뤼스 래슷나잇]. reach 다음에 '~에'라는 뜻의 at[앳] 혹은 to[투우] 같은 단어가 없다는 것도 주의하세요. 팔을 벌려 다다를 수 있는 곳은? '범위'가 되겠죠. 그래서 명사로는 '범위'라는 뜻이에요.

itch [잇취]

'가렵다'라는 뜻의 중급 단어! 앞서 나왔던 each가 [이이취]인 반면 이 단어는 [잇취]처럼 짧게 발음해야 해요. 더불어 '근질거림(가려움)'이라는 뜻도 있어서 마릴린 먼로 주연의 <7년만의 외출>이라는 영화의 원 제목이 The Seven Year Itch[더 세븐 이얼 잇취]예요. 참고로 y만 붙이면 '가려운'이란 뜻의 itchy[잇취이]가 됩니다.

watch [왓취]

'시계'라는 뜻의 초급 단어. 발음을 [워치]가 아니라 [왓취]처럼 하면 원어민 발음과 딱 비슷해요. "네 시계가 마음에 들어"는 I like your watch[아이 라이뀨얼 왓취]가 돼요. 시간이 몇 시인지 뚫어지게 보는 것에서 '지켜본다'라는 뜻이 생겨난 것이 이해가 됩니다. "발(계단 등등) 조심해"를 영어로는? Watch your step[왓취 유얼 스텝]이 돼요.

catch [캣취]

'잡다'라는 뜻의 초급 단어. 발음은 역시 [캐치]가 아니고 [캣취]죠. 영화 〈Catch Me If You Can[캣취 미이 입퓨우 캔]〉은 '잡을 수 있으면 잡아봐'이고요. 숨겨진 문제가 있다면 그것이 여러분을 잡아 끄는 것이겠죠? 그래서 catch는 명사로 '숨은 문제'를 말해요.

match [맷취]

'경기'라는 뜻의 초·중급 단어. 발음이 [매치]가 아니라 [맷취]가 좋아요. 경기에 불이 붙으면 흥미진진해지겠죠. 그래서 '성냥'이라는 뜻도 있어요. 〈성냥팔이 소녀〉를 The Little Match Girl[더 리를 맷취 거얼]이라고 해요. 두 팀이 멋진 경기를 하면 라이벌로 잘 어울리겠죠? 그래서 '어울리다'라는 뜻, 그리고 '좋은 짝'이라는 뜻도 있어요.

stretch [스트뤳취]

'뻗다'라는 뜻의 중급 단어. 우리가 보통 스트레칭한다고 하죠? 바로 그 단어예요. 발음은 [스트레치]가 아니고 [스트뤳취]로 해야 해요. "운동 전에 몸을 잘 풀어"를 영어로는? Stretch before you exercise[스트뤳취 비포올 유우 엑썰싸이즈]라고 하면 되고요.

coach [코웃취]

'지도하다' 혹은 '지도자'라는 뜻의 중급 단어. 발음을 [코웃취]처럼 해야 원어민이 알아들어요. '나의 테니스 코치'는 my tennis coach[마이 테니스 코웃취]가 되죠. 더불어 '마차'라는 뜻도 있는데 마부 옆 자리는 불편하겠죠? 그래서 비행기의 '이코노미석'을 뜻해요. "난 항상 이코노미석으로 여행해"를 I always fly coach[아이 얼웨이즈 플라이 코웃취]라고 말해요.

ch는 [치]가 아니라 [취]

사실 c 와 h의 기본 소리는 [ㅋㅎ]죠. 하지만 두 소리가 ch처럼 함께 쓰이면 90% 이상 [취] 발음이 나요. 우리말의 [치]와는 달라요. [치]는 입술이 옆으로 갈라지지만 ch[취]는 입술이 동그랗게 앞으로 살짝 나가서 나는 소리예요.

 오늘의 미션!
다음 한글 발음과 뜻을 읽고 영어 스펠링을 직접 적어보세요.

 ch로 끝나는 말은?

❶ [이이취] 각각의 _____

❷ [비이취] 해변 _____

❸ [티이취] 가르치다 _____

❹ [뤼이취] 다다르다, 범위 _____

❺ [잇취] 가렵다, 가려움 _____

❻ [왓취] 시계, 지켜보다 _____

❼ [캣취] 잡다, 숨은 문제 _____

❽ [맷취] 성냥, 경기, 어울림 _____

❾ [스트뤳취] 뻗다, 기지개 _____

❿ [코웃취] 코치(하다), 마차, 이코노미석 _____

age
에이쥐
[eɪdʒ] 나이, 노화하다

vill age
빌리쥐
[ˈvɪlɪdʒ] 마을

p age
페이쥐
[peɪdʒ] 쪽, 호출하다

man age
매니쥐
[ˈmænɪdʒ] 관리하다

st age
스떼이쥐
[steɪdʒ] 무대, 단계, 연출하다

dam age
대미쥐
[ˈdæmɪdʒ] 피해, 피해를 주다

r age
뤠이쥐
[reɪdʒ] 분노, 분노하다

mess age
메시쥐
[ˈmesɪdʒ] 전갈, 메시지

w age
웨이쥐
[weɪdʒ] 급여, 일당

cour age
커뤼쥐
[ˈkʌrɪdʒ] 용기

age [에이쥐]

'나이'라는 뜻의 초급 단어. "나이가 몇이에요?"는 What's your age?[왔쓰 유얼 에이쥐]라고 해요. 그런데 보통 서양에서는 개인정보를 스스로 말해주기 전까지는 묻지 않은 것이 예의예요. 역사에서의 나이는 어떤 시대를 의미하겠죠. 그래서 '빙하시대'를 ice age[아이스 에이쥐]라고 해요. 동사로는 '나이가 들다, 노화하다'라는 뜻이 있고, 화장품에서 '노화방지'라는 뜻으로 anti-aging[앤티 에이징]이라는 문구가 많이 쓰이죠.

page [페이쥐]

'쪽'이라는 뜻의 초·중급 단어. 흔히 [페이지]라고 하지만 정확한 발음은 [페이쥐]예요. 같은 페이지를 보고 있다면 협업이 잘되겠죠? 그래서 We're on the same page[위 알언더 쎄임 페이쥐]라고 하면 '이해하는 바가 같고, 협업도 잘된다'는 뜻이에요. 나아가 어떤 페이지에 써 있는 이름을 보고 부르면? 그래서 '호출한다'라는 뜻도 있어요.

stage [스떼이쥐]

'무대'라는 뜻의 초·중급 단어. 발음이 [스테이지]가 아니고 [스떼이쥐]라는 것에 주의! 무대에 처음부터 올라서 공연하는 사람은 없죠. 단계를 밟아 올라가 주인공이 될 텐데요. 그래서 어떤 '과정'이나 '단계'를 뜻하기도 해요. 동사로는 '연출하다, 짜다'라는 뜻도 있어요. 이 뜻으로는 중급 단어예요.

rage [뤠이쥐]

'분노'라는 뜻의 중·상급 단어. 발음을 [뤠이쥐]처럼 해야 정확해요. 참고로 운전을 하다 갑자기 분노를 표출하는 경우가 있죠? 싸움으로 번지기도 하는데요. 이것을 road rage[로우드 뤠이쥐]라고 해요. 가끔 해외 뉴스에서도 보도가 되죠.

wage [웨이쥐]

'일당'이라는 뜻의 중급 단어. 한달에 한 번 주는 느낌의 급여가 salary[쎌러뤼]라면, 필요할 때(시간, 주, 일) 바로 지불하는 일당의 개념이 wage[웨이쥐]예요. 참고로 '급여 동결'은 wage freeze[웨이쥐 프리즈]라고 해요. 이 뜻으로는 예전부터 wage가 쓰이기 때문에 여기에 굳이 salary를 쓰지는 않아요.

village [빌리쥐]

'마을'이라는 뜻의 초·중급 단어. 도시가 아닌 시골에 있는 '작은 마을'을 의미해요. 그럼 '작은 시골학교'는? village school[빌리지 스쿨 = 빌리쥐 스꾸을]. '작은 시골교회'는? village church[빌리지 처치 = 빌리쥐 처얼취]라고 하면 돼요.

manage [매니쥐]

'관리하다'라는 뜻의 중급 단어. 예를 들어 "시간을 잘 관리해?"는 Manage your time well[매니지 유어 타임 웰 = 매니쥐 유얼 타임웨엘]이라고 하면 돼요. 그럼 '관리하는 사람'을 영어로는? manager[매니저 = 매니저얼]이 되겠죠.

damage [대미쥐]

'피해'라는 뜻의 중급 단어. [대미지]가 아니라 [대미쥐]처럼 해야 정확한 발음이에요. '두뇌 손상'이라는 어려운 의학용어도 사실 그냥 brain damage[브레인 대미지 = 브뤠인 대미쥐]처럼 간단하게 정리돼요. 참고로 영화에서 What's the damage?[왓츠 더 대미지 = 왓쓰 더 대미쥐]라는 표현이 가끔 들리는데 "얼마 내야 하죠?"라는 뜻이에요. 가게나 식당, 술집 등에서 손님이 할 계산을 '피해'라고 익살스럽게 표현한 것이죠.

message [메시쥐]

'전갈'이라는 뜻의 초·중급 단어. '메시지'처럼 외래어로도 많이 쓰이죠. 다만 발음을 [메시쥐]처럼 해야 정확해요! "그가 너에게 메시지를 남겼어"를 영어로는? He left a message for you[히 레프트 어 메시지 포 유 = 히이 레프터 메시쥐 폴유우]. 이때 to you 가 아니라 '너를 위해'라는 뜻의 for you를 쓴다는 것에 주의하세요!

courage [커뤼쥐]

'용기'라는 뜻의 중급 단어. "너의 용기를 보여줘"를 영어로는 Show your courage[쇼우 유어 커리지 = 쑈우 유얼 커뤼쥐]처럼 하면 돼요. 참고로 '만들다'라는 뜻의 en[엔]을 앞에 붙이면 '용기를 주다, 격려하다'라는 뜻의 encourage[인커뤼쥐]가 돼요. 이때는 중·상급이니까 나중에 여유 될 때 해도 됩니다.

ge는 [게]가 아니라 [쥐]

g의 기본 소리는 [ㄱ]예요. 그런데 뒤에 e나 i가 오면 발음이 [쥐]처럼 바뀌죠. 그래서 '나이'라는 뜻의 age 는 [에이게]나 [에이지]가 아니고 [에이쥐]처럼 돼요. 오늘의 10개 단어 모두 동일한 발음규칙으로 정리되 니까 동영상의 실제 발음과 함께 꼭 연습하세요!

 오늘의 미션!
다음 한글 발음과 뜻을 읽고 영어 스펠링을 직접 적어보세요.

age로
끝나는 말은?

❶ [에이쥐] 나이, 노화하다 _____

❷ [페이쥐] 쪽, 호출하다 _____

❸ [스떼이쥐] 무대, 단계, 연출하다 _____

❹ [뤠이쥐] 분노, 분노하다 _____

❺ [웨이쥐] 급여, 일당 _____

❻ [빌리쥐] 마을 _____

❼ [매니쥐] 관리하다 _____

❽ [대미쥐] 피해, 피해를 주다 _____

❾ [메시쥐] 전갈, 메시지 _____

❿ [커뤼쥐] 용기 _____

-ive 로 끝나는 단어

five
파이브
[faɪv] 5

live
리브
[lɪv] 살다, 살아 있는

dive
다이브
[daɪv] 뛰어들다, 하강하다

give
기브
[gɪv] 주다, 여지

drive
쥬롸이브
[draɪv] 운전하다, 몰아가다, 욕구

forgive
폴기브
[fərˈgɪv] 용서하다

arrive
어롸이브
[əˈraɪv] 도착하다

receive
뤼씨이브
[rɪˈsiːv] 받다

survive
썰바이브
[sərˈvaɪv] 생존하다

relative
뤨러티브
[ˈrelətɪv] 친척, 상대적인

five [파이브]

'5'라는 뜻의 초급 단어. 윗치아가 아랫입술 안쪽에 닿는 f 소리를 살리고 [파이브]처럼 발음해야 해요! 이때 끝에 있는 ve[브]는 강한 소리가 아니라 [ㅂ]처럼 살짝만 해줘도 되니까, 실제 소리를 꼭 확인하세요! Give me five[깁미이파이브]라고 하면 두 사람이 손을 마주 치는 것을 말하는데, high five[하이 파이브]와 같은 뜻이에요. 한 가지 더, "5분 정도 쉽시다"는 Let's take five[렛쓰 테익 파이브]인데 영화에서 자주 들을 수 있어요.

dive [다이브]

'뛰어들다'라는 뜻의 초·중급 단어. 앞 단어처럼 끝의 ve[브] 발음은 강하지 않고 부드럽게 해주세요. "자, 여기서 다이빙 하자!"는 영어로? Let's dive here[렛쓰 다이브 히얼]이라고 해요. 더불어 장비를 갖추고 물속에 들어가는 것을 '스쿠바다이빙'이라고 하잖아요. 영어로는 scuba diving[스꾸바 다이빙]이라고 하면 됩니다.

drive [쥬롸이브]

'운전하다'라는 뜻의 초급 단어. 발음은 [드라이브]가 아니고 [쥬롸이브]가 좋아요. "내가 집까지 차로 바래다줄게"를 영어로는? I'll drive you home[아일 드라이브 유 홈 = 아이을 쥬롸이뷰우 호움]처럼 발음하면 딱이에요. 참고로 많은 사람을 다 몰고 가면 커다란 운동이 되죠? 그래서 중급의 뜻으로 '함께 참여하는 운동'이란 뜻이 있어요. 스스로를 몰아가면 '욕구'가 되겠죠. 이 뜻으로는 중·상급이에요.

arrive [어롸이브]

'도착하다'라는 뜻의 초급 단어. 발음은 [어롸이브]가 좋아요. "우리는 거기에 늦게 도착했어"를 영어로는? We arrived there late[위이 어롸이브데얼 레잇]이라고 하면 돼요.

survive [썰바이브]

'생존하다'라는 뜻의 중급 단어. 영어에서 ur는 [우르]가 아니고 [얼]처럼 나니까 r[알] 발음을 살려서 [썰바이브]라고 하면 딱 좋아요. 한 가지 주의할 것은 '화재사고에서 살아남았다'라고 할 때 He survived the fire[히이 썰바이브드 화이얼]처럼 survive 다음에 in(~에서) 같은 것이 없다는 거예요. 이거 생각보다 많이 틀리니까 꼭 챙겨두세요.

live [리브]

'살다'라는 뜻의 초급 단어. 발음을 짧게 live[리브]라고 해야 해요. 반면 leave[리이브] 처럼 발음하면 '떠나다'라는 뜻이에요. 그리고 live를 [라이브]로 발음하면 '살아 있는' 이라는 형용사가 돼요. 예를 들어 생방송을 live show[라이브 쇼우 = 라입 쑈우]라고 하 는 것처럼 말이죠.

give [기브]

'주다'라는 뜻의 초급 단어. [브]를 너무 강하게 발음하지 않는 게 좋아요. "나한테 기 회를 줘"를 영어로는? Give me a chance[기브 미 어 챈스 = 기미어 췌앤스]처럼 하면 돼요. 참고로 "가는 게 있어야 오는 게 있어"는 It's give-and-take[잇츠 기브 앤드 테이 크=잇써 기밴테익]처럼 하면 돼요. 이 표현은 중급 표현이에요.

forgive [폴기브]

'용서하다'라는 뜻의 초·중급 단어. for[폴: ~위해서] + give[기이브: 주다] = 누구를 위해서 마음이 편하도록 주는 것이니 '용서하다'가 되었겠죠. "나를 용서해주세요"를 영어로는? Please forgive me[프리즈 포기브 미 = 플리이즈 폴기입 미이]가 됩니다.

receive [뤼씨이브]

'받다'라는 뜻의 초·중급 단어. 발음을 [리시브]가 아니라 [뤼씨이브]처럼 해야 해요. "나, 탐에게 선물을 받았어"를 영어로는? I received a gift from Tom[아이 리시브드 어 기프트 프럼 탐 = 아이 뤼씨입 더 깁트 프럼 탐]처럼 쓰면 되죠. 참고로 구어체에서는 '얻다, 받다'라는 뜻의 get[겟]이 receive보다 더 많이 쓰여요.

relative [뤨러티브]

'친척'이라는 뜻의 초·중급 단어. 그리고 '상대적인'이라는 뜻의 중급 단어도 있어요. 두 경우 모두 발음이 절대로 [릴레이티브]가 아니라 [뤨러티브]니까 주의하세요! 예를 들어 "모든 것이 다 상대적이야"를 영어로는? It's all relative[잇츠 올 레러티 브 = 잇쓰 어얼 뤨러티브]처럼 하면 돼요.

끝이 e로 끝나는 단어 앞의 i는 [아이] 혹은 [이]

i의 기본 소리는 [이]죠. 하지만 단어가 e로 끝나는 경우 50% 정도는 [아이]로 발음이 나는데요. 기본 필수 단어에서는 [아이]와 [이] 발음이 50대50으로 비슷해요. 전반부 5개 단어는 [아이브], 후반부 5개 단어는 [이브]로 발음하니까 반복해서 발음을 확인하세요~!

오늘의 미션!
다음 한글 발음과 뜻을 읽고 영어 스펠링을 직접 적어보세요.

ive로 끝나는 말은?

❶ [파이브] 5 _____

❷ [다이브] 뛰어들다, 하강하다 _____

❸ [쥬롸이브] 운전하다, 몰아가다, 욕구 _____

❹ [어롸이브] 도착하다 _____

❺ [썰바이브] 생존하다 _____

❻ [리브] 살다, 살아 있는 _____

❼ [기브] 주다, 여지 _____

❽ [폴기브] 용서하다 _____

❾ [뤼씨이브] 받다 _____

❿ [뤨러티브] 친척, 상대적인 _____

-low 로 끝나는 단어

slow
슬로우
[sloʊ] 느린, 느리게, 늦추다

flow
플로우
[floʊ] 흐름, 흐르다

blow
블로우
[bloʊ] 타격, 불다, (기회) 날리다

below
빌로우
[bɪˈloʊ] ~의 아래에

yellow
옐로우
[ˈjeloʊ] 노란(색), 노랗게 되다

follow
팔로우
[ˈfɑːloʊ] 따르다

fellow
펠로우
[ˈfeloʊ] 동료, 동료의

shallow
쉘로우
[ˈʃæloʊ] 얕은, 얄팍한

swallow
스왈로우
[ˈswɑːloʊ] 삼키다, 삼킴, 제비

allow
얼라우
[əˈlaʊ] 허락하다

slow [슬로우]

'늦은' 혹은 '늦게'라는 뜻의 초급 단어. 발음이 절대로 [슬로]가 아니라 [슬로우]예요. 이거 정말 많이 틀리니까 꼭 [우] 발음을 살려주세요. 동사로는 '속도를 늦추다'라는 뜻이 있어요. 과속하는 사람에게 "속도를 줄여"라고 하려면? Slow down[슬로우 다운]이라고 하면 돼요. 어떤 일을 서둘러 하는 사람에게도 똑같이 쓸 수 있는 표현이에요.

flow [플로우]

'흐르다'라는 뜻의 초·중급 단어. f 발음은 꼭 직접 들어보고 연습하세요. 한국어에서도 '대화가 흘러간다'고 하죠? 영어로도 똑같이 써요. The conversation flowed freely[더 칸벌쎄이션 플로우드 프릴리]처럼 말하면 돼요. 참고로 '흐름'이라는 명사로도 쓰여요. 그래서 Go with the flow[고우 윗더 플로우] 하면 흐름과 함께 가라, 즉 '대세를 따르라'는 뜻이에요.

blow [블로우]

'불다'라는 뜻의 초·중급 단어. 발음이 [블로]가 아니고 [블로우]인 것, 다들 챙기세요! 바람도 불지만 코를 풀 때도 공기를 이용하죠. 그래서 "코를 풀어"를 영어로는? Blow your nose[블로우 유얼 노우즈]라고 하면 돼요. 무엇이 휙 불어서 나한테 피해를 주면? 그래서 '가격(일격)'이라는 뜻이 있고, '(기회를) 날리다'라는 뜻도 있어요. 이 두 가지 뜻으로는 중급 단어예요. '바람이 너를 불러'로 연상하면 기억이 잘 날 겁니다!

below [빌로우]

'~의 아래에'라는 뜻의 초·중급 단어. 발음은 역시 [빌로]가 아니고 [빌로우]죠. 일기예보에서 많이 쓰이는 표현이에요. 영하는 0도 아래를 의미하니까 영어로는 below zero[빌로제로 = 빌로우 지뤄우]가 돼요. 많이 들릴 겁니다.

yellow [옐로우]

'노란(색)'이라는 뜻의 초급 단어. 절대로 [옐로]가 아니라 [옐로우]죠. '노란 집'은 yellow house[옐로우 하우스], '노란 잠수함'은 yellow submarine[옐로우 썸머륀]이 됩니다. 비틀스(The Beatles) 노래 제목이 〈Yellow Submarine〉이니까 들어보세요!

follow [팔로우]

'따르다'라는 뜻의 초급 단어. f 발음은 동영상에서 꼭 확인하고 연습하세요! [오우] 발음까지 살리면 절대로 [팔로]가 아니라 [팔로우]가 되죠. "저를 따라오세요"를 영어로 Follow me, please[팔로미 프리즈 = 팔로우 미이 플리이즈]라고 하면 되고요. "내가 이끄는 대로 따라와"를 영어로 Follow my lead[팔로우 마이 리이드]라고 하면 돼요.

fellow [펠로우]

'동료'를 뜻하는 중급 단어. '동료 선수들'을 영어로는 fellow players[펠로우 플레이얼즈], '동료 회원들'은 fellow members[펠로우 멤벌즈], '동료 직원들'은 fellow workers [펠로우 월껄즈]죠. 이렇게 비슷한 예를 보아두면, 단어만 외우려고 할 때보다 훨씬 더 학습이 잘될 겁니다.

shallow [쉘로우]

'얕은'이라는 뜻의 중급 단어. '바닥이 낮은 강'을 shallow river[샐로 리버 = 쉘로우 뤼벌]이라고 하죠. 사람의 밑바닥이 낮으면, 깊지 않고 얄팍한 것이겠죠? 그래서 '그는 사람이 얕아', He's shallow[히즈 쉘로우]처럼 사람에게도 쓸 수 있습니다. 참고로 반대말은 deep[디이입]이에요.

swallow [스왈로우]

'삼키다'라는 뜻의 중급 단어. "남자아이가 알약을 삼켰어"는 The boy swallowed the pill[더 보이 스왈로우 더 피을]이라고 하면 돼요. 보통 새들을 보면 먹이를 그냥 삼키죠? 그래서 swallow에는 '제비'라는 뜻도 있어요.

allow [얼라우]

'허락하다'라는 뜻의 중급 단어. 오늘 나온 1~9번까지의 ow 발음이 모두 [오우]였다면, 유일한 예외가 바로 allow[얼라우]죠. 식당이나 카페에 반려동물(pet[펫]) 출입을 금지하는 영어 표지를 만들고 싶다면 이렇게 쓰세요. No pets are allowed[노펫츠 아 어라우드 = 노우 펫쓰 알 얼라우드].

ow의 발음에서 w는 소리가 안 난다!

w는 단어의 처음에 올 때는 [워]와 같은 소리가 나죠.
하지만 단어의 끝에 올 때는 거의 소리가 나지 않아요.
그래서 ow의 발음은 그냥 [오우]가 돼죠.
low로 끝나는 10개 단어 중 9개는 [로우]가 되고요.
딱 하나의 예외인 [라우]는 10번 단어입니다.

 오늘의 미션!
다음 한글 발음과 뜻을 읽고 영어 스펠링을 직접 적어보세요.

❶ [슬로우] 느린, 느리게, 늦추다 _____

❷ [플로우] 흐름, 흐르다 _____

❸ [블로우] 타격, 불다, (기회) 날리다 _____

❹ [빌로우] ~의 아래에 _____

❺ [옐로우] 노란(색), 노랗게 되다 _____

❻ [팔로우] 따르다 _____

❼ [펠로우] 동료, 동료의 _____

❽ [쉘로우] 얕은, 얄팍한 _____

❾ [스왈로우] 삼키다, 삼킴, 제비 _____

❿ [얼라우] 허락하다 _____

both
보우스
[boʊθ] 둘 다

month
먼스
[mʌnθ] 달

math
매스
[mæθ] 수학

worth
월스
[wɜːrθ] 가치, 가치 있는

bath
배스
[bæθ] 목욕

death
데스
[deθ] 죽음

mouth
마우스
[maʊθ] 입

health
헬스
[helθ] 건강

earth
얼스
[ɜːrθ] 지구, 토양(땅)

wealth
웰스
[welθ] 부

both [보우스]

'둘 다'라는 뜻의 초·중급 단어. 발음이 [보스]가 아니고 [보우스]예요. 물론 th[θ]는 꼭 살려서 발음해야 해요! '부모님 두 분 모두'를 영어로는? Both my parents[보우스 마이 페륀츠]. '학생 두 명 모두'는 both students[보우스 스뚜런츠], '양손 모두'는 both hands[보우스 핸즈]처럼 비슷한 문장을 연습해두면 기억이 오래 갑니다!

math [매스]

'수학'이라는 뜻의 초·중급 단어. 원래는 mathematics[매스매틱스 = 매서매릭쓰]인데 철자와 발음 모두 길죠? 그래서 짧게 줄인 것이 바로 math[매스]죠. '수학문제'를 영어로는? math problem[매스 프라블럼]이라 해요. problem이 '안 좋은 일'을 말하기도 하지만 이렇게 시험에 나오는 '문제'를 말하기도 한다는 것에 주의하세요!

bath [배스]

'목욕'을 뜻하는 초·중급 단어. 이 단어 뒤에 '방'을 뜻하는 room[루움]을 붙이면 바로 '욕실', bathroom[배스루움]이 되죠. 참고로 bathe[베이드]처럼 맨 끝에 e만 붙이면 '목욕하다'라는 뜻의 동사가 됩니다. 이 뜻으로는 중급 단어예요.

mouth [마우스]

'입'이라는 뜻의 초급 단어. 발음이 [모우스]가 아니고 ou가 [아우]로 발음이 되어 [마우스]가 된 거죠. "입을 벌려봐"는 Open your mouth[오우쁜 유얼 마우스], 반대로 "입을 닫아"라고 할 때는? Close your mouth[클로우 쥬얼 마우스]라고 하면 돼요.

earth [어얼스]

'지구'라는 뜻의 초·중급 단어. 그냥 보기에는 [에알스]처럼 보이지만 earth[어얼스]로 발음해야 해요. 물론 동영상을 보고 직접 따라 하는 게 제일 좋아요. 지구는 하나밖에 없죠? 그래서 이 단어 앞에 '딱 정해진'이라는 뜻의 the[더]를 붙여서 the Earth[디이 어얼스]처럼 대문자로 써요. 모음(a o u e i) 앞에 쓰는 the[더]는 발음을 부드럽게 하려고 [디]라고 읽고요. 지구는 흙으로 되어 있죠? 그래서 earth에는 '토양(흙)'이라는 뜻도 있어요. 이때는 중급 단어예요.

month [먼스]

'달'이라는 뜻의 초급 단어. 발음이 [몬스]가 아니고 o를 턱을 아래로 빼면서 하는 [어] 발음이에요. 그래서 [먼스]처럼 하면 되죠. '지난 달'은? last month[라스트 먼스=래애 슷 먼스]. '이번 달'은? this month[디스 먼스]. '다음 달'은? next month[넥스트 먼스= 넥슷 먼스]처럼 가장 많이 쓰이는 표현을 연습하면 좋습니다!

worth [월스]

'가치'라는 뜻의 중급 단어. or은 [얼]처럼 발음하면 돼요. 그래서 [월스]가 아니고 [워 얼스]처럼 발음돼요. 하지만 정확한 발음은 직접 동영상을 보며 연습하세요! 동시에 '가치 있는'이라는 형용사도 되는데 It's worth your money[잇츠 워스 유어 머니 = 잇 쓰 워얼쓔얼 머니]라고 하면 "그거 돈을 쓸 만한 값어치가 돼"라는 뜻이죠.

death [데스]

'죽음'이라는 뜻의 초·중급 단어. ea가 보통은 [이이]처럼 발음이 나지만 8번~10번까 지는 a가 없고 e만 있는 것처럼 소리가 나요. death는 [데아스]가 아니고 [데에스]처럼 [에] 발음을 넣으면 거의 정확합니다. 죽음의 반대인 '탄생'도 th로 끝나는 birth[버얼 스]이고, 여기에 day[데이]만 붙이면 '생일'이라는 뜻의 birthday[버얼스데이]가 돼요.

health [헬스]

'건강'이라는 뜻의 초·중급 단어. 발음은 [헤알스]가 아니고 [헬스]예요. 운동하는 곳 을 헬스장이라고 하잖아요? 정확한 표현은 heath club[헬스 클럽]이에요. 참고로 '정 신 건강'을 영어로는? mental health[멘탈 헬스 = 멘트을 헬스]라고 하면 됩니다.

wealth [웰스]

'부(유함)'라는 뜻의 중급 단어. 발음은 [웨알스]가 아니고 a가 없는 듯 [웰스]라고 해 야 해요. 멋진 고급 문장 하나 만들어볼까요? "당신의 건강이 곧 당신의 자산입니다"는 Your health is your wealth[유얼 헬시즈 유얼 웰스]. 앞서 나온 health를 이용 하면 돼요.

th가 끝에 올 때는 혀끝을 깨물어라!

th는 생긴 모양만 보면 [ㅌㅎ]이지만 실제로는 혀끝을 치아 사이에 넣은 후에 당기면 나는 소리, [θ]죠. 그렇다고 [θ] 다음에 [으]를 집어넣으면 안 됩니다. 우리가 흔히 '혀 짧은 소리'라고 하는 발음이 바로 [θ]인데요. 꼭 동영상을 통해서 확인하세요~!

 오늘의 미션!
다음 한글 발음과 뜻을 읽고 영어 스펠링을 직접 적어보세요.

❶ [보우스] 둘 다 _____

❷ [매스] 수학 _____

❸ [배스] 목욕 _____

❹ [마우스] 입 _____

❺ [얼스] 지구, 토양(땅) _____

❻ [먼스] 달 _____

❼ [월스] 가치, 가치 있는 _____

❽ [데스] 죽음 _____

❾ [헬스] 건강 _____

❿ [웰스] 부 _____

-od 로 끝나는 단어

go od
그읏
[god] 좋은, 능숙한

g od
가앗
[gɑːd] 신, 신과 같은 존재

wo od
우우드
[wod] 목재, 숲

n od
나앗
[nɑːd] 끄덕이다, 끄덕임

sto od
스뚜우드
[stod] 섰다

peri od
피뤼어드
[ˈpɪriəd] 기간, 시기, 마침표

fo od
푸우드
[fuːd] 음식

flo od
플러어드
[flʌd] 홍수, 침수되다

mo od
무우드
[muːd] 기분, 분위기

blo od
블러어드
[blʌd] 피

good [그웃]

'좋은'이라는 뜻의 초급 단어. oo가 겹치면 [우우]처럼 길게 변해요. 1번~5번까지의 모든 단어는 이렇게 발음하면 돼요. 그런데 good의 g[그] 소리는 목구멍 가까운 곳에서 나는 소리이므로 [구웃]이 아니라 [그웃]처럼 들려요. 영어로 안부를 물을 때 How are you?[하우 알유우]라고 하면 대답을 I'm good[아임 그웃]처럼 하면 됩니다.

wood [우우드]

'목재'라는 뜻의 중급 단어. 발음은 [우드]가 아니고 끝의 [드] 소리를 약하게 발음하는 [우우드]가 딱 좋아요. 살아 있는 나무가 tree[트리 = 츄뤼이]라면, 가구에 쓰는 목재가 wood[우우드]예요. 더불어 나무가 많은 곳을 숲이라 하죠? 그래서 '숲'이라는 뜻도 있어요. 이때는 주로 woods[우웃즈]처럼 끝에 s를 붙여서 많이 써요.

stood [스뚜우드]

'섰다'라는 뜻의 초·중급 단어. '서다'라는 뜻의 stand[스탠드 = 스때앤드]의 과거형이에요. "그는 한마디 없이 거기에 서 있었어"를 영어로는? He stood there without a word[히이 스뚜웃 데얼 위다우러 워얼드]처럼 쓰면 됩니다.

food [푸우드]

'음식'이라는 뜻의 초급 단어. 윗치아가 아랫입술에 닿는 소리인 f를 살려서 발음해야 해요. [푸드]가 아니고 [푸우드]처럼 끝의 [드] 소리가 강하지 않게 발음하면 딱 좋아요. 손님에게 "식사 맛있게 했어요?"라고 물을 때는 Did you enjoy your food?[디쥬우 인조이 유얼 푸우드]라고 하면 돼요. '즐기다'라는 뜻의 enjoy[인조이]를 쓴다는 것에도 주목해주세요!

mood [무우드]

'기분, 분위기'라는 뜻의 중급 단어. 발음이 [모오드]가 아니라 [무우드]라는 것을 챙기세요. 내 기분을 말할 때 정말 많이 쓰여요. "나 지금 파티 할 기분이 아니야"를 영어로는? I'm not in the mood for a party[아임 나린더 무우 폴더 파리]처럼 쓰면 끝. 줄여서 Not in the mood[나린더 무우드]처럼 해도 돼요. 물론 뜻은 "그럴 기분이 아니야"죠.

god [가앗]

'신'이라는 뜻의 초·중급 단어. 한국어에서 [갓]이라고 많이 쓰던데 정말 주의! 그렇게 발음하면 '얻었다'라는 뜻의 got[갓]이고 god은 [가앗]처럼 길게 발음해야 해요. 왜 원어민이 못 알아들을까 고민될 때는 발음을 고쳐보세요. God처럼 대문자로 쓰면 하나님을 말하고, god처럼 소문자로 쓰면 그리스 신화의 신이나 신적인 존재를 말해요.

nod [나앗]

'끄덕이다'라는 뜻의 중급 단어. god[가앗]과 철자가 n 빼고 똑같죠? 그래서 발음도 [나앗]처럼 하면 돼요. He nodded[히이 나아리잇] 하면 '그가 고개를 끄덕였다', 즉 긍정의 의미로 머리를 위아래로 움직인 것이죠. 반대말은 '옆으로 흔들다'는 뜻의 shake[쉐이크]이고 He shook his head[히이 슈유키즈 헤엣드]는 '아니라고 부인했다'라는 뜻이죠.

period [피뤼어드]

'기간'을 뜻하는 중급 단어. 발음을 [피어리어드]가 아니라 [피뤼어드] 혹은 [피뤼엇]처럼 하면 돼요. '긴 기간'은 long period[러엉 피뤼어드], '짧은 기간'은 short period[쇼올트 피뤼어드]가 되죠. 어떤 기간에는 꼭 끝나는 지점이 있죠? 그래서 period는 문장 끝에 찍는 '마침표'를 말하기도 해요.

flood [플러어드]

'홍수'라는 뜻의 중급 단어. 1번~8번까지의 oo는 모두 [우우] 발음이었죠. 딱 2개의 중요한 예외가 있는데 바로 9번~10번이에요. flood는 [플루드]가 아니라 [플러어드]처럼 [어] 발음이 된다는 것에 주의하세요! '최악의 홍수'는 영어로? the worst flood[더 워스트 플러드 = 더 월숫 플러어드]처럼 말하면 됩니다.

blood [블러어드]

'혈액(피)'이라는 뜻의 중급 단어! 9번처럼 발음을 [블루드]가 아니라 [블러어드] 혹은 [블러엇]처럼 하면 딱 좋아요. "헌혈해주세요!"라는 표현은 영어로 Please give blood[플리이즈 기입 블러어드]. 피를 달라는 뜻이죠.

o+o = [오우오우]가 아니라 [우우]가 된다!

o의 기본 소리는 [오우]죠. 그런데 oo가 두 번 연달아 나오면 [우우]처럼 길게 나는 소리로 바뀝니다. 그렇다면 ood의 발음은? [우우드]로 납니다. 하지만 9번, 10번은 예외입니다. 그리고 끝에 오는 d에 우리말의 [으] 소리를 너무 강하게 넣지는 마세요.

 오늘의 미션!
다음 한글 발음과 뜻을 읽고 영어 스펠링을 직접 적어보세요.

 od로 끝나는 말은?

❶ [그웃] 좋은, 능숙한 _____

❷ [우우드] 목재, 숲 _____

❸ [스뚜우드] 섰다 _____

❹ [푸우드] 음식 _____

❺ [무우드] 기분, 분위기 _____

❻ [가앗] 신, 신과 같은 존재 _____

❼ [나앗] 끄덕이다, 끄덕임 _____

❽ [피뤼어드] 기간, 시기, 마침표 _____

❾ [플러어드] 홍수, 침수되다 _____

❿ [블러어드] 피 _____

start

스따알트

[staːrt] 출발하다, 출발

art

아알트

[aːrt] 예술

smart

스마알트

[smaːrt] 똑똑한, 맵시 있는

part

파알트

[paːrt] 부분, 나누다

chart

촤알트

[tʃaːrt] 차트, 도표로 기록하다

cart

카알트

[kaːrt] 카트, 수레

apart

어파알트

[əˈpaːrt] 분리된, 분리되어

tart

타알트

[taːrt] 타르트

heart

하알트

[haːrt] 심장, 마음, 핵심

fart

파알트

[faːrt] 방귀를 뀌다, 방귀

start [스따알트]

'출발하다'라는 뜻의 초급 단어. 발음은 절대로 [스타트]가 아니라 [스따알트]예요. 늘 강조하지만 단어 끝에 오는 소리는 강하게 발음하면 안 돼요. t는 [트]가 아니라 [ㅌ] 소리가 살짝만 들리면 딱 좋아요. "다 같이 다시 시작합시다"를 영어로는? Let's start over[렛츠 스타트 오버 = 렛쓰 스따알트 오우벌 = 렛쓰 스따로우벌]처럼 하면 되고요.

smart [스마알트]

'똑똑한'이라는 뜻의 초·중급 단어. 인터넷 검색까지 되는 휴대폰을 뭐라고 부르죠? 바로 스마트폰, 하지만 정확한 발음은 smart phone[스마알트 포운 = 스마알 포운]이 되죠. 그리고 똑똑하면 맵시 있게 보이죠? You look smart[유우 루욱 스마알트]는 영국에서 "너 맵시 있어 보여"의 뜻이고, 미국에서는 이 뜻으로 sharp[샤알프]를 써요.

chart [촤알트]

'도표'를 뜻하는 중급 단어. 절대로 [차트]가 아니고 [촤알트]처럼 해야 정확한 발음에 가까워요. 동그란 '파이 그래프'를 영어로는? pie chart[파이 촤알트]. 기다란 '막대 그래프'는? bar chart[바알 촤알트]처럼 말하면 됩니다.

apart [어파알트]

'분리된' 혹은 '분리되어'라는 뜻의 중급 단어. "의자들을 2미터씩 떨어뜨려놓아"를 영어로는? Put the chairs 2 meters apart[풋 더 췌얼즈 투우 미럴즈 어파알트]처럼 거리(미터) 다음에 apart를 쓰면 '그 거리를 떨어지게 해서'가 되죠. 아파트의 기원이 바로 apart이고, 여기에 ment[먼트]를 붙여야 apartment[아파알먼트]처럼 맞는 영어 단어가 돼요. 아파트처럼 줄여서 쓰면 원어민들은 그것이 주택을 의미하는지 전혀 모릅니다.

heart [하알트]

'심장, 마음'이라는 뜻의 중급 단어. 발음이 [헤알트]가 아니라 [하알트]예요. 즉 이 단어에서 e가 없는 것처럼 발음하면 돼요. 몸에서 심장이 가장 중요하죠? 그래서 어떤 것의 '핵심'을 뜻하기도 하고요. 마지막으로 문자에 쓰는 '하트 모양'도 의미하죠.

art [아알트]

'예술'이라는 뜻의 초·중급 단어. 발음은 [아트]처럼 [트]를 강하게 발음하면 안 돼요. [아알트]처럼 [트]가 살짝 들리도록 하면 딱 좋아요. '인생은 짧고 예술은 길다'라는 명언을 영어로는? Life is short, art is long[라이피즈 쇼올트 아알티즈 러엉]이죠.

part [파알트]

'부분'이라는 뜻의 초·중급 단어. 각자의 역할을 하는 사람을 뜻하는 '파트너', partner [파알트너]가 여기서 나온 단어예요. 더불어 part는 '부분을 만들다', 즉 '나누다'라는 뜻이 있어요. "나는 가르마를 오른쪽에 타"를 영어로는? I part my hair on the right[아이 파알트 마이 헤얼 언더롸잇]이 됩니다. 이 뜻으로는 중급 단어예요.

cart [카알트]

'수레, 카트'라는 뜻의 초·중급 단어. 발음을 [카트]가 아니라 [카알트]처럼 해야 해요. 장보러 가면 끌고 다니는 그 카트 맞아요. 더불어 You're putting the cart before the horse[유얼 푸링 더 카알트 비포얼 더 호올스]라고 하면 "말 앞에 수레를 두고 있잖아", 즉 '본말이 전도된 짓을 하고 있다'는 뜻의 속담이 돼요.

tart [타알트]

'타르트'라는 뜻의 중·상급 단어. 겉은 바삭하고 속은 부드러운 파이 비슷한 서양 과자죠. egg tart[에그 타알트]가 제일 유명하고요. 원래 포르투갈 리스본의 제로니모스 수도원에서 달걀 흰자를 옷을 다릴 때 쓰고, 남은 노른자로 타르트를 만든 것에서 시작되었다고 하죠.

fart [파알트]

'방귀를 뀌다, 방귀'라는 뜻의 중급 단어. f 발음을 살려서 [파알트]처럼 하면 돼요. 알아는 들어야 하지만 점잖은 단어는 아니에요. 그래서 "너 방귀 뀌었어?"를 영어로는 Did you pass gas?[디쥬우 패애스 개애스]처럼 써요. "너 가스를 통과시켰어?"라고 연상하면 이해됩니다.

a가 [아] 소리가 날 때는 딱 10%

영어에서 a가 [아]로 소리 날 때는 a 다음에 r이 올 때예요. 예를 들어 cart는 ar니까 [카알트]이지만 r을 빼면 바로 발음이 [애]로 바뀌죠.
cat[캣]과 cart[카알트]는 글자 r 하나 차이지만 a의 소리는 다르다는 것을 예시를 통해 꼭 확인하세요!

 오늘의 미션!
다음 한글 발음과 뜻을 읽고 영어 스펠링을 직접 적어보세요.

❶ [스따알트] 출발하다, 출발 _____

❷ [스마알트] 똑똑한, 맵시 있는 _____

❸ [촤알트] 차트, 도표로 기록하다 _____

❹ [어파알트] 분리된, 분리되어 _____

❺ [하알트] 심장, 마음, 핵심 _____

❻ [아알트] 예술 _____

❼ [파알트] 부분, 나누다 _____

❽ [카알트] 카트, 수레 _____

❾ [타알트] 타르트 _____

❿ [파알트] 방귀를 뀌다, 방귀 _____

-ell 로 끝나는 단어

sell
쎄엘
[sel] 팔다

bell
베엘
[bel] 벨, 종

tell
테엘
[tel] 말하다, 구분하다

fell
페엘
[fel] 넘어졌다, 떨어졌다

well
웨엘
[wel] 잘, 건강한, 우물

cell
쎄엘
[sel] 세포, 감방

yell
예엘
[jel] 소리치다, 큰소리

smell
스메엘
[smel] 냄새, 냄새나다

hell
헤엘
[hel] 지옥

shell
쉐엘
[ʃel] 껍데기, 조개껍데기

sell [쎄엘]

'팔다'라는 뜻의 초급 단어. 발음이 [셀]이 아니라 [쎄엘]처럼 나니까 꼭 발음은 동영상을 보고 연습하세요! "내 차를 팔 거야"는 I'll sell my car[아일 쎄엘 마이 카알]처럼 쉽게 써도 되고, "네 영혼을 팔지 마"는 Never sell your soul[네벌 쎄엘 유얼 쏘울]처럼 멋진 표현으로 응용해서 써도 돼요.

tell [테엘]

'말하다'라는 뜻의 초급 단어. 발음은 역시 [텔]이 아니라 [테엘]처럼 하면 돼요. "나에게 그녀에 대해서 말해봐"는 Tell me about her[테엘 미이 어바웃 헐]처럼 쓰면 되죠. '구분하다'라는 중급의 뜻도 있어요. Can you tell the difference?[캐뉴 테엘 더 디퍼뤈스]라고 해서 "차이점을 말할 수 있겠어?", 즉 "차이점을 구분할 수 있겠어?"처럼 쓰여요.

well [웨엘]

'잘, 건강한'이라는 뜻의 초급 단어. 발음은 [웰]이 아니라 [웨엘]이 더 좋아요. "잘 잤어?"는 Did you sleep well?[디드 유 슬리프 웰 = 디쥬우 슬리입 웨엘]처럼 쓰면 돼요. 그런데 잘 지내면 건강한 거죠? 그래서 '건강한'이라는 뜻도 있어요. 또 건강하려면 좋은 물을 마셔야겠죠. 그래서 '우물'이라는 뜻도 있어요. 이 뜻으로는 중급 단어예요.

yell [예엘]

'소리치다'라는 뜻의 중급 단어. 발음은 [예엘]처럼 하면 좋아요. "나한테 소리치지 마"는 Don't yell at me[돈트 옐 애트 미 = 도운 예엘 앳 미이]인데 to me가 아니라 at me가 쓰인다는 점에 주의하세요! at은 '하나의 점'을 의미하기 때문에 '나를 점처럼 콕 집어서 소리친다', 그래서 'yell at+사람'은 '그 사람에게 화를 낸다'는 뜻이 돼요.

hell [헤엘]

'지옥'이라는 뜻의 초·중급 단어. [헬]이 아니고 [헤엘]처럼 발음해야 해요. 영화에서 가끔 들리는 표현 중에 You look like hell[유 루크 라이크 헬 = 유우 루욱 라익 헤엘]이 있어요. 뜻은 '너 지옥처럼 보인다', 즉 "너 오늘 몰골이 엉망이야"라는 뜻이에요. You 대신 I[아이]를 넣어서 "내 모습이 엉망이야"라고 써도 되고요.

bell [베엘]

'종'을 뜻하는 초·중급 단어. 발음은 [벨]이 아니라 [베엘]이 좋아요. "초인종을 울려 봐"를 영어로는? Ring the bell[링 더 베엘]처럼 쓰면 돼요. 더불어 채소 '피망'을 bell pepper[베엘 페뻴]이라고 해요. 피망의 모양이 종처럼 생겨서 붙여진 이름이고요.

fell [페엘]

'떨어졌다'라는 뜻의 초·중급 단어. f 발음을 살려서 [페엘]처럼 말하면 돼요. fall[퍼얼: 떨어지다]의 과거형이에요. "톰이 계단에서 굴러 떨어졌어"는 Tom fell down the stairs[탐 펠 다운 더 스테어즈 = 탐 페엘 다운 더 스떼얼즈]처럼 쓰면 돼요. 참고로 fallen[펄른] 하면 '떨어진, 타락한'이라는 뜻의 중급 단어예요. fallen angel[펄른 에인젤] 하면 '타락한 천사'가 되죠.

cell [쎄엘]

'세포'라는 뜻의 중급 단어. 발음이 [쎄엘]이라 앞서 나온 sell과 똑같아요. 참고로 세포처럼 작은 공간이 쭉 있는 곳이 바로 감옥이죠? 그래서 prison cell[프리즌 셀 = 프뤼즌 쎄엘] 하면 감옥에 있는 '감방'을 의미해요. 이 뜻으로는 중·상급 단어예요.

smell [스메엘]

'냄새' 혹은 '냄새나다'라는 뜻의 초급 단어. 발음은 [스멜]이 아니라 [스메엘]이 좋아요. "좋은 냄새 나는데"는 It smells good[잇 스메엘즈 그웃]이라고 하면 돼요. good 대신에 bad[배애드]를 쓰면 '악취가 난다'라는 뜻이 되죠. 그런데 It smells[잇 스메엘즈] 까지만 써도 우리말에 "냄새나!"처럼 안 좋은 냄새가 난다는 뜻이니까 주의하세요.

shell [쉐엘]

'껍데기'라는 뜻의 중급 단어. 발음을 [쉘]이 아니라 [쉐엘]처럼 해야 해요. 달팽이나 조개의 껍데기도 말하지만 땅콩의 껍데기도 peanut shell[피너트 쉘 = 피이닛 쉐엘]처럼 쓰면 돼요. 더불어 조개로 된 '패류'는 영어로 shellfish[쉐엘피쉬]라고 하면 되고요.

끝에 오는 *l*[엘]은 소리가 확 약해진다

영어에서 자음이 겹치면 소리는 한 번만 발음해요. ss=s, pp=p이듯 *ll*=*l*이에요. 그런데 단어 끝의 *l*[엘]은 [엘]처럼 깨끗하게 소리 나지 않고 마치 [에엘]처럼 [ㄹ] 발음이 명확하게 들리지 않아요. 꼭 실제 소리를 동영상에서 확인하고 따라 하며 연습하세요!

 오늘의 미션!
다음 한글 발음과 뜻을 읽고 영어 스펠링을 직접 적어보세요.

 ell로 끝나는 말은?

❶ [쎄엘] 팔다 _____

❷ [테엘] 말하다, 구분하다 _____

❸ [웨엘] 잘, 건강한, 우물 _____

❹ [예엘] 소리치다, 큰소리 _____

❺ [헤엘] 지옥 _____

❻ [베엘] 벨, 종 _____

❼ [페엘] 넘어졌다, 떨어졌다 _____

❽ [쎄엘] 세포, 감방 _____

❾ [스메엘] 냄새, 냄새나다 _____

❿ [쉐엘] 껍데기, 조개껍데기 _____

157

lady
레이디
[ˈleɪdi] 부인, 숙녀

comedy
카머디
[ˈkɑːmədi] 코메디, 희극

tidy
타이디
[ˈtaɪdi] 말쑥한, 정돈하다

melody
멜러디
[ˈmelədi] 선율, 노래

body
바디
[ˈbɑːdi] 몸, 단체

cloudy
클라우디
[ˈklaʊdi] 구름 낀

study
스떠디
[ˈstʌdi] 공부하다, 논문, 서재

handy
핸디
[ˈhændi] 유용한, 가깝게 있는

ready
뤠디
[ˈredi] 준비된

somebody
썸바디
[ˈsʌmbɑːdi] 누군가, 중요인물

lady [레이디]

'숙녀'라는 뜻의 초·중급 단어. 구어체에서는 발음이 [레이디]보다는 [레이리]로 들려요. 행사에서 자주 쓰는 "신사 숙녀 여러분!"을 영어로는? ladies and gentlemen [레이디즈 앤드 젠틀멘 = 레이리젠 젠늘멘]처럼 하면 됩니다. 여러 사람이라 lady의 y를 i로 바꾸고 es를 붙인 거예요. 영부인은 the first lady[더 펄스트 레이리]라고 하면 되고요.

tidy [타이디]

'말쑥한'이라는 뜻의 중급 단어. 발음은 lady[레이리]처럼 역시 [타이디]보다는 [타이리]가 좋아요. 반대말은 우리말의 부(不)나 비(非)와 같은 느낌의 단어인 un만 앞에 붙여서 untidy[언타이리]처럼 하면 됩니다.

body [바디]

'몸'이라는 뜻의 초급 단어. 발음을 [보디]라고 하면 영국식이에요. 미국식은 [바리]이고요. 그런데 노래를 부를 때는 미국식 발음이 더 편해요. 그래서 에드 쉬런(Ed Sheeran)의 '당신의 모습'이라는 뜻의 노래 〈The Shape of You[더 쉐입 옵 유우]〉를 들어보면 에드가 영국사람이지만 [보디]가 아니라 [바리]라고 하죠. 참고로 '체지방'이라는 어려운 단어는 body fat[바디 패트 = 바리팻]이라고 하면 됩니다.

study [스떠디]

'공부하다'라는 뜻의 초급 단어. 발음이 [스터디]가 아니라 [스떠리]처럼 들려요. "나는 역사를 전공해"는 I study history[아이 스떠리 히스츄뤼]처럼 쉽게 표현하면 돼요. 공부하면 논문도 쓰겠죠? 그래서 '논문'이라는 뜻도 있어요. 논문은 어디서 쓸까요? '서재'라는 뜻도 이렇게 생겨났어요. '논문'이나 '서재'라는 뜻으로는 중·상급 단어예요.

ready [뤠디]

'준비된'이라는 뜻의 초급 단어. 발음은 [레디]가 아니고 [뤠리]처럼 해야 맞아요. "우리는 준비되었어"를 영어로? We're ready[위아 레디 = 위얼 뤠리]처럼 쓰면 돼요. 더불어 '모든 것(all[어얼])이 준비되어(ready) 있다'에서 already[어얼뤠리]가 나왔어요. 뜻은 '이미'예요.

comedy [카머디]

'희극, 코메디'라는 뜻의 중급 단어. 우리가 흔히 [코메디]라고 하지만 정확한 발음은 [카머디] 혹은 [카머리]처럼 들려요. 여러 명의 주인공이 겪는 좌충우돌의 유쾌한 상황을 드라마로 엮은 것을 시트콤이라고 하죠. 원래는 situation(상황[시츄에이션]) + comedy(희극) = sitcom[시트콤 = 씻캄]이에요.

melody [멜러디]

'선율'이라는 뜻의 중급 단어. 우리도 그냥 [멜로디]라고 흔히 쓰죠. 하지만 정확한 발음은 [멜러리]예요. 이미 뜻은 익숙할 테니 철자와 발음에만 주의하세요!

cloudy [클라우디]

'구름 낀'이라는 뜻의 초·중급 단어. 발음이 [크라우디]가 아니고 [클라우디=클라우리]니까 주의하세요! '구름'이라는 뜻의 cloud[클라우드 = 클라웃]에 y(~상태)가 붙은 것이죠. 이처럼 날씨를 말하는 단어는 y만 붙여서 많이 써요. '화창한'은 sunny[써니], '비 오는'은 rainy[뤠이니], '바람 부는'은 windy[윈디]처럼 말이죠.

handy [핸디]

'유용한, 가깝게 있는'이라는 뜻의 중급 단어. 발음이 [핸디]예요. 이때 d는 모음(a o u e i) 사이에 끼지 않았기 때문에 [ㄹ]로 변하지 않아요. 원래 '손'을 말하는 hand[핸드 = 해앤드] + y(~어떤 상태인)가 붙은 것이죠. 손에 닿을 만한 거리니까 가깝겠죠.

somebody [썸바디]

'누군가'라는 뜻의 초급 단어. 앞서 배운 body[바리] 앞에 '어떤'이라는 뜻의 some[썸]이 붙은 것이죠. somebody[썸바리]는 '누군가', nobody[노우바리]는 '아무도 아닌', anybody[애니바리]는 '그 누구든'인 것처럼 body 앞에 다른 단어가 붙어서 만들어진 단어들은 모두 잘 쓰이니까 알아두세요.

발음규칙 37　　y는 단어 끝에 오면 [이]가 된다

y는 yes[예스]처럼 단어 처음에 올 때는 [예]에 가까운 소리가 되죠. 그런데 단어 끝에 오면 i처럼 [이] 소리가 돼요.

영어에서는 99% 거의 예외없이 적용되는 규칙이니까 꼭 정리해두세요! 특히 그 앞 소리가 d이면 d가 부드럽게 바뀌어 dy[디]가 아니라 거의 dy[리]처럼 발음됩니다.

 오늘의 미션!
다음 한글 발음과 뜻을 읽고 영어 스펠링을 직접 적어보세요.

❶ [레이디] 부인, 숙녀 ＿＿＿＿＿＿＿＿＿＿＿

❷ [타이디] 말쑥한, 정돈하다 ＿＿＿＿＿＿＿＿＿

❸ [바디] 몸, 단체 ＿＿＿＿＿＿＿＿＿

❹ [스떠디] 공부하다, 논문, 서재 ＿＿＿＿＿＿＿＿＿

❺ [뤠디] 준비된 ＿＿＿＿＿＿＿＿＿

❻ [카머디] 코메디, 희극 ＿＿＿＿＿＿＿＿＿

❼ [멜러디] 선율, 노래 ＿＿＿＿＿＿＿＿＿

❽ [클라우디] 구름 낀 ＿＿＿＿＿＿＿＿＿

❾ [핸디] 유용한, 가깝게 있는 ＿＿＿＿＿＿＿＿＿

❿ [썸바디] 누군가, 중요인물 ＿＿＿＿＿＿＿＿＿

fish

핏쉬

[fɪʃ] 생선, 낚시하다

dish

딧쉬

[dɪʃ] 접시, 요리

wish

윗쉬

[wɪʃ] 소원, 바라다

finish

피닛쉬

[ˈfɪnɪʃ] 끝내다, 끝, 외장마감

selfish

쎌핏쉬

[ˈselfɪʃ] 이기적인

ash

애애쉬

[æʃ] 재

cash

캐애쉬

[kæʃ] 현금, 현금으로 바꾸다

trash

츄래쉬

[træʃ] 쓰레기, 엉망으로 만들다

crash

크래쉬

[kræʃ] 충돌, 충돌하다

wash

워어쉬

[wɑːʃ] 씻다, 씻기

fish [핏쉬]

'생선'이라는 뜻의 초급 단어. f 발음과 sh [쉬] 발음을 살려서 발음해야 해요! 한글로 가장 가깝게 표기하면 [핏쉬]가 되지만 꼭 실제 소리를 듣고 연습하세요. 기내식으로 많이 등장하는 것이 닭고기와 생선이죠. 이때 들리는 표현이 Chicken or fish?[취킨 오얼 핏쉬]죠. 대답은 둘 중 하나를 고르면 됩니다. Fish, please[핏쉬 플리즈]처럼 말이죠.

dish [딧쉬]

'접시'라는 뜻의 초·중급 단어. 발음은 [디시]가 아니라 [딧쉬]가 더 좋아요. 접시가 여러 장이면 끝에 s를 붙여 복수임을 표시하겠죠. 그런데 dishs[딧쉬스]는 발음이 힘들어서 중간에 e를 넣어 dishes[딧쉬이즈]로 써요. "내가 설거지 할게"는 I'll do the dishes[아일 두우 더 딧쉬이즈]가 됩니다. 요리는 접시에 담겨 나오죠? 그래서 '요리'라는 뜻도 있어요.

wish [윗쉬]

'소원' 혹은 '바라다'라는 뜻의 초·중급 단어. 발음은 [위시]가 아니고 [윗쉬]처럼 하면 맞아요. 생일케이크의 촛불을 불어 끄기 전에 보통 '소원을 빌라'고 하죠. 영어로는? Make a wish[메이크 어 위시 = 메이꺼 윗쉬]처럼 하면 돼요.

finish [피닛쉬]

'끝내다'라는 뜻의 초급 단어. f 발음을 살려서 [피닛쉬]가 되는데 꼭 동영상으로 발음을 연습하세요! 시작과 결말이라고 할 때의 '결말'이 바로 finish예요. 쉽게 이해가 되죠. 더불어 물건, 건물 등의 '외장 마감'도 finish라고 하니까 슬쩍 알아두세요. 이 뜻으로는 중·상급 단어예요. 하지만 쉽게 이해는 됩니다.

selfish [쎌핏쉬]

'이기적인'이라는 뜻의 중급 단어. '셀프 서비스'의 '셀프'가 바로 '스스로'라는 뜻의 self[쎄엘프]예요. 여기에 '그런 성질을 지닌'이라는 뜻의 ish[잇쉬]가 합쳐져 만들어진 단어예요. 글자 그대로 스스로에 관계된 성질만을 가진, 그래서 '이기적인' 것이겠죠. "너는 이기적이야"를 영어로는? You're selfish[유얼 쎌핏쉬]처럼 하면 됩니다.

ash [애애쉬]

'재'라는 뜻의 초·중급 단어. 발음은 [애시]가 아니고 [애] 소리를 강조하는 느낌의 [애애쉬]처럼 하면 딱 좋아요. 참고로 '쟁반'이라는 뜻의 tray[츄뤠이]를 붙이면 바로 '재털이', ashtray[애애쉬츄뤠이]가 되죠. 만일 his ashes[히즈 애애쉬이즈]처럼 '사람의 재'라고 하면? '그의 유골'을 말하겠죠.

cash [캐애쉬]

'현금'이라는 뜻의 초·중급 단어. 발음 [캐]를 강조해서 [캐애쉬]처럼 말하면 돼요. "현금이나 카드 중 무엇으로 결제하실래요?"를 영어로는 Cash or credit?[캐시 올 크레디트 = 캐애쉬 오얼 크뤠릿]처럼 말하면 되죠. 반대로 "현금으로 결제해도 돼요?"는 Can I pay in cash?[캔 아이 페이 인 캐시 = 캐나이 페이인 캐애쉬]라고 하면 됩니다.

trash [츄래쉬]

'쓰레기'라는 뜻의 초·중급 단어. 발음을 [트래시]가 아니고 [츄래쉬]처럼 해야 해요. '깡통'이라는 뜻의 can[캔]을 뒤에 붙이면 trash can[츄래쉬 캔]이 되고 뜻은 '쓰레기통'이에요.

crash [크래쉬]

'충돌'이라는 뜻의 중급 단어. 발음을 [크래시]가 아니고 [크래쉬]처럼 해야 해요. 사실 r 소리도 챙겨서 발음해야 하니까 꼭 동영상을 보고 정확하게 연습하세요~! 안타깝지만 뉴스에서 들리는 표현 중에 car crash[카알 크래쉬: 자동차 충돌], plane crash[플레인 크래쉬: 비행기 충돌]가 있으니 살짝 보아두면 나중에 들릴 겁니다.

wash [워어쉬]

'씻다'라는 뜻의 초급 단어. 발음은 [워시]가 아니라 [워]를 강조하면서 sh[쉬] 발음까지 살려 [워어쉬]처럼 하면 돼요. 한국어에서는 얼굴은 '씻고' 머리는 '감지만' 영어에서는 Wash your face[워시 유어 페이스 = 워어쉬 유얼 페이스], Wash your hair[워시 유어 헤어 = 워어쉬 유얼 헤얼]처럼 똑같이 wash를 써요.

sh의 발음은 절대로 [시]가 아니라 [쉬]

s 는 [ㅅ], h 는 [ㅎ] 소리가 나지만 두 글자가 합쳐진 sh 는 [쉬]가 돼요. 그래서 '접시'라는 뜻의 dish 는 [디시]가 아니라 [디쉬]로 발음해야 해요.
게다가 ish인 경우에는 [ㅅ] 받침을 넣어서 [딧쉬]처럼 하면 원래 영어 발음에 가깝게 나요. 그래서 1번~5번의 한글 발음에는 모두 [ㅅ] 받침이 있죠.

 오늘의 미션!
다음 한글 발음과 뜻을 읽고 영어 스펠링을 직접 적어보세요.

> sh로
> 끝나는 말은?

❶ [핏쉬] 생선, 낚시하다 _____

❷ [딧쉬] 접시, 요리 _____

❸ [윗쉬] 소원, 바라다 _____

❹ [피닛쉬] 끝내다, 끝, 외장마감 _____

❺ [쎌핏쉬] 이기적인 _____

❻ [애애쉬] 재 _____

❼ [캐애쉬] 현금, 현금으로 바꾸다 _____

❽ [츄래쉬] 쓰레기, 엉망으로 만들다 _____

❾ [크래쉬] 충돌, 충돌하다 _____

❿ [워어쉬] 씻다, 씻기 _____

-are 로 끝나는 단어

care
케얼
[ker] 보살핌, 챙기다

share
쉐얼
[ʃer] 공유하다, 몫, 주식

rare
뤠얼
[rer] 드문, 희귀한

spare
스뻬얼
[sper] 여분의 (것), 할애하다

bare
베얼
[ber] 발가벗은, 빈

stare
스떼얼
[ster] 뚫어지게 쳐다보다, 응시

fare
페얼
[fer] 운임료

nightmare
나잇메얼
[ˈnaɪtmer] 악몽, 악몽 같은 일

dare
데얼
[der] 감히 ~하다

are
아알
[ɑːr] ~이다

166

care [케얼]

'보살핌, 챙기다'라는 뜻의 초·중급 단어. 사실 발음은 [케]를 강조하고 뒤에 r의 원래 소리만 내도 충분합니다. [케얼]에 가깝지만 꼭 동영상으로 정확하게 확인하세요! 헤어질 때 인사로 가장 많이 쓰는 것 중에 하나가 바로 Take care[테이크 케어 = 테익 케얼]이죠. "건강 잘 챙겨!" 정도의 뜻이고요. 더불어 보살피고 챙기려면 신경도 써야 하겠죠? 그래서 care는 '신경 쓰다'라는 뜻이 있고 "난 신경 안 써"는 I don't care[아이 돈 케어 = 아이 도운 케얼]이라고 말하면 돼요.

rare [뤠얼]

'드문, 희귀한'이라는 뜻의 중급 단어. 한국에서 새로 쓰이는 단어 중에 '레어템'이라고 있어요. 바로 rare[뤠얼] + item[아이템 = 아이름]으로 '희귀한 품목'이라는 뜻이죠. 하지만 이것을 줄인 '레어템'은 정작 원어민들이 사용하는 영단어는 아니죠.

bare [베얼]

'발가벗은'이라는 뜻의 중급 단어. 발음은 '곰'이라는 뜻의 bear[베얼]과 동일해요. 물론 '곰'이라는 단어가 더 사용 빈도가 높겠죠. bare의 예를 볼까요? '맨발'은 bare feet[베얼 피이트]. '맨손'은 bare hands[베얼 핸즈]가 됩니다.

fare [페얼]

'운임료'라는 뜻의 중급 단어. 발음은 '공정한'이라는 뜻의 fair[페얼]과 동일해요. '공정한'이라는 단어가 더 사용 빈도가 높고요. "기차 운임료가 얼마죠?"는 How much is the train fare?[하우 머치 이즈 더 트레인 페어 = 하우멋취 이즈더 츄뤠인 페얼]이라고 하면 돼요. 여기에서 train 대신 bus[버스]를 쓰면 '버스운임료', air[에어: 공기]를 쓰면 '비행기삯'이 되죠.

dare [데얼]

'감히 ~하다'라는 뜻의 중급 단어. 발음은 [데얼]처럼 하면 돼요. 영화에서 가끔 들리는 표현이 있어요. "감히 어딜!"이라는, 한국어에 딱 맞는 표현이에요. 영어로 How dare you![하우 데어 유 = 하우 데얼 유우]니까 슬쩍 봐두세요.

share [쉐얼]

'공유하다'라는 뜻의 초·중급 단어. r 발음을 살려서 [쉐얼]처럼 하면 좋아요. 같이 나누는 상황은 모두 share를 쓰면 되는데요. 심지어 택시를 같이 타고 가는 것도 Let's share a taxi[렛츠 쉐어 어 택시 = 렛쓰 쉐어뤄 택씨]가 되죠. 이때는 '택시 금액을 인원수대로 나누자'는 뜻이 됩니다. 더불어 나누는 것이니 '몫'이라는 명사가 되고요. 회사에서의 본인의 몫이 바로 '주식'이 되겠죠.

spare [스뻬얼]

'여분의 (것)'라는 뜻의 중급 단어. r 발음을 살리고 동시에 sp[스프 아니고 스쁘] 발음도 적용하면 [스뻬얼]처럼 발음해야 정확합니다. 여분의 무엇이 있으면 다른 사람에게 할애할 수 있겠죠? 그래서 '할애하다'라는 뜻도 있어요. "시간을 좀 내주겠어요?"가 Can you spare me some time?[캐뉴우 스뻬얼 미이 썸 타임]인 것처럼 말이죠.

stare [스떼얼]

'뚫어지게 쳐다보다'라는 뜻의 중급 단어. 발음은 [스테어]가 아니고 [스떼얼]이니까 꼭 실제 발음을 확인하세요! "나를 그만 좀 쳐다봐!"를 영어로는? Stop staring at me[스탑 스테어링 애트 미 = 스땁 스떼어륑 앳 미이]처럼 하면 돼요.

nightmare [나잇메얼]

'악몽'이나 '악몽 같은 일'을 뜻하는 중급 단어. 발음을 절대로 [나이트메어]가 아니라 [나잇메얼]처럼 해야 해요. 놀라서 일어난 사람에게 "악몽을 꾸었어?"라고 영어로 물어보려면? Did you have a nightmare?[디쥬우 해버 나잇메얼]이라고 하면 돼요.

are [아알]

'~이다'라는 뜻의 초급 단어. 오늘 나온 단어 중에 가장 중요한 단어이고 유일하게 발음이 예외예요. are는 [에어]나 [아] 혹은 [아레]가 아니고 [아알]처럼 발음하면 되죠. 너(you[유우]), 우리(we[위이]) 그리고 그들(they[데이])에는 am[앰]이나 is[이즈]가 아니라 are[아알]만 쓰니까 주의하세요!

168

re로 끝나면 앞의 a는 [아]가 아니라 [에어]

'자동차'라는 단어는 발음규칙 35번처럼 car[카알]로 발음되죠. 하지만 여기에 e가 붙어 단어가 끝나면 90% [에얼]로 바뀌어요. 그래서 care는 [카아르]가 아니라 [케얼]이 되는 것이고 뜻은 '돌봄'이죠.
딱 하나 예외가 있는데 바로 10번 단어인 are[아알]이에요. 꼭 소리를 직접 확인하세요!

 오늘의 미션!
다음 한글 발음과 뜻을 읽고 영어 스펠링을 직접 적어보세요.

are로 끝나는 말은?

❶ [케얼] 보살핌, 챙기다 _____

❷ [뤠얼] 드문, 희귀한 _____

❸ [베얼] 발가벗은, 빈 _____

❹ [페얼] 운임료 _____

❺ [데얼] 감히 ~하다 _____

❻ [쉐얼] 공유하다, 몫, 주식 _____

❼ [스뻬얼] 여분의 (것), 할애하다 _____

❽ [스떼얼] 뚫어지게 쳐다보다, 응시 _____

❾ [나잇메얼] 악몽, 악몽 같은 일 _____

❿ [아알] ~이다 _____

over

오우벌

[ˈoʊvər] 위에, 걸친

lover

러버얼

[ˈlʌvər] 연인, 애호가

never

네버얼

[ˈnevər] 결코

cover

커버얼

[ˈkʌvər] 덮개, 덮다

river

뤼버얼

[ˈrɪvər] 강

silver

씰버얼

[ˈsɪlvər] 은, 은으로 도금하다

fever

피이버얼

[ˈfiːvər] 열, 흥분

clever

클레버얼

[ˈklevər] 영리한, 기발한(영)

forever

포레버얼

[fərˈevər] 영원히

deliver

딜리버얼

[dɪˈlɪvər] 배달하다, 전달하다

over [오우벌]

'~위에 걸쳐 있는'이라는 뜻의 초급 단어. 발음이 절대로 [오버]가 아니라 [오우벌]처럼 [오우] 발음을 살려야 해요! '탁자 위쪽에 걸쳐'라는 뜻의 over the table[오우벌 더 테이블]처럼 작은 물건의 위도 말하고, '도시 위쪽에 쭉 걸쳐'라는 뜻의 over the city[오버 더 시티 = 오우벌 더 씨리]처럼 큰 지역의 위쪽 공간을 가리킬 수도 있어요. 참고로 반대말은 '아래쪽에'라는 뜻의 under[언덜]이죠.

lover [러버얼]

'연인' 혹은 '애호가'라는 뜻의 초·중급 단어. '사랑한다'라는 뜻의 love[러어브]에 '사람'을 뜻하는 er[얼]이 붙은 것이죠. 이때 loveer처럼 e가 두 번 겹치니까 하나를 줄여서 lover이 된 것이고요. '사랑하는 사람, 연인'이라는 뜻도 있고 '애호가'라는 뜻도 있어요. jazz lover[좨애즈 러어벌]이라고 하면 '재즈 애호가'가 되죠.

never [네버얼]

'결코 ~않다'라는 뜻의 초급 단어. r 발음을 살려서 [네버]가 아니라 [네벌]처럼 말해야 해요. "거기 가지 마"는 Don't go there[도운 고우 데얼]인데 '정말 가지 말라'고 강조하고 싶으면 Never go there[네벌 고우 데얼]이라고 해요. 뜻은 "절대 가지 마!"이고요.

cover [커버얼]

'덮다'라는 뜻의 초급 단어. 발음이 [커버]가 아니고 [커벌]이죠. 물론 v 발음은 꼭 동영상을 확인하세요! "그 가방을 덮어"는 영어로? Cover the bag[커벌 더 배액]처럼 쓰면 돼요. 범죄영화의 총격전에서 누가 Cover me![커벌 미이]라고 했다면 문맥상 "나를 엄호해"라는 뜻으로 추측하면 되고요. 나아가 '다시'라는 뜻의 re[뤼] + cover[커벌] = recover[뤼커벌]에는 '체력으로 다시 덮는다, 회복하다'라는 뜻이 있어요.

river [뤼버얼]

'강'이라는 뜻의 초급 단어. 발음이 절대로 [리버]가 아니고 [뤼벌]이에요. "강에서 수영하자"를 영어로는? Let's swim in the river[렛쓰 스윔 인더 뤼벌]이라고 하면 돼요. 인간의 장기 중에 '간'은 철자가 유사한 liver[리벌]이고 이 단어는 상급 단어입니다.

silver [씰버얼]

'은'이라는 뜻의 중급 단어. 발음은 [실버]가 아니라 [씰버얼]이 더 좋아요. '은메달'을 영어로는? silver medal[실버 메달 = 씰버얼 메를]이라고 하면 됩니다. 참고로 금은 gold[골드 = 고울드]예요.

fever [피이버얼]

'열기'라는 뜻의 중급 단어. 윗치아가 아랫입술에 닿는 f 발음을 꼭 살려야 해요. [피버]가 아니고 [피이버얼]처럼 발음하면 됩니다. 아파서 몸에 열이 생길 때는 I have a fever[아이 해브 어 피버 = 아이 해버 피이버얼]처럼 말하면 돼요.

clever [클레버얼]

'영리한'이라는 뜻의 중급 단어. 발음을 절대로 [크레버]가 아니라 [클레버얼]처럼 해야 해요. "그는 영리해"는 He is clever[히이 이즈 클레버얼]이라고 하면 되죠. 이 단어는 영국에서 많이 쓰이고, 미국 영어에서는 smart[스마알트]가 '영리한'의 뜻으로 더 많이 쓰여요.

forever [포레버얼]

'영원히'라는 뜻의 초·중급 단어. 발음은 [포레버]가 아니고 [포얼에벌 = 포레버얼]처럼 해야 해요. 물론 f 발음은 동영상에서 꼭 확인이요! "너를 영원히 기억할게"를 영어로는? I'll remember you forever[아이윌 리멤버 유 포레버 = 아이을 뤼멤벌 유우 포레버얼]처럼 쓰면 돼요. 참고로 for good[포얼 그웃]도 '영원히'라는 뜻이에요.

deliver [딜리버얼]

'배달하다'라는 뜻의 중급 단어. 발음이 절대로 [디리버]가 아니고 [딜리버얼]이라는 것을 기억하세요! "거기 배달이 되는지 물어봐"를 영어로는? Ask if they deliver[애스크 이프 데이 딜리버 = 애스낍 데이 딜리이벌]이라고 하면 됩니다. 이때 if는 '만일'이라는 뜻이 아니라 '~인지 아닌지'라는 뜻이죠. they[데이]는 가게에 있는 사람들을 의미하고요.

er은 [에르]가 아니라 [어얼]

e의 원래 소리는 [에]죠. 하지만 여기에 r이 붙으면 [어얼]처럼 돼요. 더불어 ur과 ir도 er처럼 [어얼]로 소리가 나니까 꼭 확인이요!
예를 들어 fur[푸르]가 아니고 [퍼얼], sir[씨르]가 아니고 [써얼] 이니까 슬쩍 한번씩 보아두면 됩니다.

 오늘의 미션!
다음 한글 발음과 뜻을 읽고 영어 스펠링을 직접 적어보세요.

 ver로 끝나는 말은?

❶ [오우벌] 위에, 걸친 _____

❷ [러버얼] 연인, 애호가 _____

❸ [네버얼] 결코 _____

❹ [커버얼] 덮개, 덮다 _____

❺ [뤼버얼] 강 _____

❻ [씰버얼] 은, 은으로 도금하다 _____

❼ [피이버얼] 열, 흥분 _____

❽ [클레버얼] 영리한, 기발한(영) _____

❾ [포레버얼] 영원히 _____

❿ [딜리버얼] 배달하다, 전달하다 _____

PART 2

PART 2
Day 41-80

ONE POINT A DAY

-end 로 끝나는 단어

end
엔드
[end] 끝, 끝을 내다

spend
스뻰드
[spend] (돈, 시간) 쓰다, 지출하다

send
쎈드
[send] 보내다

trend
츄뭰드
[trend] 추세, 흐름

bend
벤드
[bend] 구부리다, 구부러지다

legend
레줸드
[ˈledʒənd] 전설

lend
렌드
[lend] 빌려주다

depend
디펜드
[dɪˈpend] 의존하다

mend
멘드
[mend] 수리하다(영)

weekend
위이껜드
[ˈwiːkend] 주말

end [엔드]

'끝'이라는 뜻의 초급 단어. 발음은 [엔]을 강하게 하고 [드]를 약하게 하면 좋아요. 영화가 끝났음을 알리는 자막은 'the end[디 엔드]'가 있죠. 더불어 '막다른 골목'을 dead end[데드 엔드]라고 해요. 이때 dead는 '완전히'라는 뜻으로 완전히 끝, 결국 막다른 골목을 말하는 것이죠. 더불어 동사로 '끝장내다'라는 뜻이 있어요. I'll end you[아이을 엔쥬우]는 "너를 끝장낼 거야"라는 뜻으로 영화에 자주 등장하죠.

send [쎈드]

'보내다'라는 뜻의 초급 단어. 발음은 '모래'라는 뜻의 sand[샌드]가 아니고 입술을 가장 편하게 둔 상태에서 하는 [쎈드]예요. 물론 [드] 발음을 약하게 해야 하고요. "나한테 이메일 보내"를 영어로는? Send me an email[센드 미 언 이메일 = 쎈 미이 언 이메이을]이라고 하면 돼요.

bend [벤드]

'구부리다'라는 뜻의 초·중급 단어. 발음은 '무리'라는 뜻의 band[밴드]가 아니고 bend[벤드]예요. "무릎을 굽혀"를 영어로는? Bend your knees[벤드 유어 니즈 = 벤쥬얼 니이즈]가 되죠. bend는 동시에 '구부러지다'라는 뜻도 있어요. "그거 쉽게 구부러져"는 It bends easily[이트 벤드즈 이지리 = 잇 벤즈 이즐리]가 돼요.

lend [렌드]

'빌려주다'라는 뜻의 초·중급 단어. 발음은 '땅'이라는 뜻의 land[랜드]가 아니고, lend[렌드]예요. 물론 [드] 발음은 약하게! "돈을 좀 빌려줘"를 영어로는? Lend me some money[렌드 미 썸 머니 = 렌미이 썸 머니]처럼 하면 됩니다.

mend [멘드]

'수리하다'라는 뜻의 중급 단어. 발음은 [에] 발음을 살려서 [멘드]라고 해야 해요. 이 단어는 영국에서 주로 써요. 미국에서는 fix[픽스]라는 단어가 '고치다'라는 뜻으로 많이 쓰이고요.

spend [스뻰드]

'쓰다, 지출하다'라는 뜻의 초·중급 단어. 발음이 [스펜드]가 아니고 [스뻰드]처럼 sp[스쁘]가 된다는 것. "나, 내 돈을 모두 다 썼어" I spent all my money[아이 스뻰트 어 얼 마이 머니]라고 하면 돼요. 시간에도 쓸 수 있죠. "가족과 더 많은 시간을 보내"는 Spend more time with your family[스뻰 모얼 타임 위잇 유얼 패멀리]라고 하면 됩니다.

trend [츄뤤드]

'추세, 흐름'이라는 뜻의 중급 단어. 발음이 [트렌드]가 아니고 거의 [츄뤤드]처럼 들려 요. tr[츄르]가 된다는 것을 확인하고요. '새로운 추세'를 영어로는? new trend[뉴 트렌 드 = 뉴우 츄뤤드]가 됩니다.

legend [레쥔드]

'전설'이라는 뜻의 중급 단어. [래전드]가 절대 아니고 [레쥔드]죠. "그는 축구의 전설 이야"를 영어로는? He's a football legend[히이저 풋보얼 레쥔드]라고 하면 됩니다. 세 상에 살아남은 마지막 사람을 소재로 한 〈I Am Legend[아이 앰 레쥔드]〉라는 영화도 있었죠.

depend [디펜드]

'의존하다'라는 뜻의 중급 단어. 발음이 [디팬드]가 아니고 [디펜드]예요. "나한테 의지 해"를 영어로는? Depend on me[디펜더언 미이]처럼 on이 쓰인다는 것은 시험에도 많 이 나오니까 꼭 기억하세요. 더불어 "상황에 따라 달라"는 It depends[잇 디펜즈]라고 하면 느낌이 딱 맞아요. '상황에 의존한다'처럼 이해하면 기억에 남을 거예요.

weekend [위이껜드]

'주말'이라는 뜻의 초·중급 단어. 발음은 [위켄드]가 아니라 [위이껜드]처럼 긴 [이] 소리와 더불어 [께]라는 강한 소리로 바뀌어요. 영화나 일상회화에서 많이 들릴 텐데, [위켄드]라고만 알고 있다면 절대 들리지 않겠죠. 단어는 글자 그대로 주(week) + 끝(end)이 합쳐진 형태라서 이해하기 쉬워요.

d로 끝나면 [드] 소리를 죽여라!

영어에서 자음으로 끝나면 끝에 한국어의 [으] 소리를 붙이면 절대 안 돼요. 예를 들어 '끝'이라는 단어 end 는 [엔드]보다는 [드]가 살짝 들릴 정도가 좋아요! 오늘 확인한 10개 단어 모두 같은 발음규칙이 적용되니까 꼭 연습하세요.

 오늘의 미션!
다음 한글 발음과 뜻을 읽고 영어 스펠링을 직접 적어보세요.

end로
끝나는 말은?

❶ [엔드] 끝, 끝을 내다 _____

❷ [쎈드] 보내다 _____

❸ [벤드] 구부리다, 구부러지다 _____

❹ [렌드] 빌려주다 _____

❺ [멘드] 수리하다(영) _____

❻ [스뻰드] (돈, 시간) 쓰다, 지출하다 _____

❼ [츄뤤드] 추세, 흐름 _____

❽ [레쥔드] 전설 _____

❾ [디펜드] 의존하다 _____

❿ [위이깬드] 주말 _____

season

씨이즌

['siːzən] 계절, 기간, 절이다

son

썬

[sʌn] 아들

prison

프뤼즌

['prɪzən] 감옥

person

퍼얼슨

['pɜːrsən] 사람

reason

뤼이즌

['riːzən] 이유, 이성, 추론하다

grandson

그뤤썬

['grænsʌn] 손자

poison

포이즌

['pɔɪzən] 독, 독살하다

chairperson

췌얼퍼얼슨

['tʃer̩pɜːrsən] 의장

imprison

임프뤼즌

[ɪm'prɪzən] 투옥하다, 가두다

lesson

렛쓴

['lesən] 수업, 교훈

180

season [씨이즌]

'계절'이라는 뜻의 초·중급 단어. s[ㅅ]가 모음(a o u e i) 사이에 끼어 있어서 발음이 더 편해지도록 [ㅈ]으로 바뀌죠. 그리고 ea는 긴 [이이] 소리가 나니까 발음이 [시즌]이 아니고 [씨이즌]이 돼요. 비가 많이 오는 '우기'는 rainy season[뤠이니 씨이즌], '건기'는 dry season[쥬롸이 씨이즌]이 되고요. 우리도 계절이 바뀔 때 김장을 하듯 season은 '양념에 절이다'라는 뜻이 있어요. 그래서 외국의 슈퍼마켓에 가면 seasoning[씨이즈닝]이라고 쓰여 있는데 바로 '양념'이라는 뜻이죠.

prison [프뤼즌]

'감옥'이라는 뜻의 중급 단어. 발음이 [프리즌]이 아니고 r 소리를 살려서 [프뤼즌]이죠. "그는 지금 감옥에 있어"를 영어로는? He's in prison now[히즈 인 프뤼즌 나우]라고 하면 돼요.

reason [뤼이즌]

'이유' 혹은 '이성'이라는 뜻의 중급 단어. 발음을 [리즌]으로 하면 원어민이 절대로 못 알아들어요. [뤼이즌]처럼 해야 정확해요. "나에게 이유를 대봐"를 영어로는? Give me a reason[기브 미 어 리즌 = 기미어 뤼이즌]이 돼요. "내 나름의 이유가 있어"를 영어로는? I have my reasons[아이 해브 마이 리즌즈 = 아이 해앱 마이 뤼즌즈]라고 하면 끝!

poison [포이즌]

'독' 혹은 '중독시키다'라는 뜻의 중급 단어. 발음이 [포이슨]이 아니라 [포이즌]이에요. 음식 먹고 중독되는 게 '식중독'이죠. 영어로는 food poisoning[푸웃 포이즈닝]이라고 하면 돼요. 참고로 poison이라는 똑같은 글자를 [쁘와종]이라 읽으면 불어가 되고, 똑같이 '독'이라는 뜻이에요. 이 이름의 여성 향수가 한때 아주 유명했죠.

imprison [임프뤼즌]

'투옥하다'라는 뜻의 중·상급 단어. 글자 그대로 im[임: 안에] + prison[프뤼즌: 감옥] = imprison[임프뤼즌: 감옥에 넣다]. 그래서 '투옥하다'죠. 오늘 단어 중에 제일 어렵긴 하지만 분석해놓으면 기억은 쉽게 날 겁니다.

son [썬]

'아들'이라는 뜻의 초급 단어. 생긴 것은 [손]이지만 발음은 반드시 [썬]으로 해야 해요. '태양'이라는 단어 sun [썬]과 발음이 똑같다는 걸 꼭 챙기세요! '부전자전'을 영어로는? Like father, like son [라익 파덜 라익 썬] 하면 되죠. 더불어 Johnson [촨슨]이라는 이름은 촨의 아들 John + son에서 생겨난 이름이니 문화적 배경으로 슬쩍 보아두세요.

person [퍼얼슨]

'사람'이라는 뜻의 초·중급 단어. 발음이 [페르손]이 아니라 [퍼얼슨]이에요. er은 거의 [얼] 발음이니까 꼭 챙겨두세요. "그는 좋은 사람이야"를 영어로는? He's a nice person [히즈 어 나이스 퍼슨 = 히이저 나이스 퍼얼슨]처럼 하면 쉽죠.

grandson [그뤤썬]

'손자'라는 뜻의 중급 단어. 일단 grand의 d는 소리가 안 나요. 그래서 [그랜드썬]이 아니라 [그랜썬]이에요. grand [그랜드]는 '커다란'이라는 뜻. 그래서 그냥 아들이 아닌 더 커다란 의미의 아들, 즉 '손자'가 되는 것이죠. 그럼 '할아버지'는 영어로? grandpa [그랜파]라고 하면 돼요. pa는 '아버지'라는 뜻의 father [파덜]을 줄인 단어예요.

chairperson [췌얼퍼얼슨]

'의장'이란 뜻의 중급 단어. 회의에서 제일 앞쪽 의자에 앉아 있는 사람이 의장이겠죠. 그래서 chair [췌얼: 의자] + person [퍼얼슨: 사람] = chairperson [췌얼퍼얼슨]이 된 것이죠. chairman [췌얼맨]은 '남자 의장', chairwoman [췌얼워먼]은 '여자 의장'이고, 이 둘을 한꺼번에 성의 구분 없이 말할 때는 바로 chairperson을 쓰면 됩니다.

lesson [렛쓴]

'수업'이라는 뜻의 초·중급 단어. 발음은 [레손]이 아니라 [렛쓴]처럼 해야 정확해요. "나 피아노 수업이 있어"는 I have a piano lesson [아이 해버어 피애노우 렛쓴]. 수업을 배우면 깨달음이 있겠죠? 그래서 '교훈'이라는 뜻도 있어요. "내가 한 수 가르쳐주지"는 Let me teach you a lesson [렛미 티이취 유얼 렛쓴]이라고 해요.

son은 끝에 오면 [손]이 아니라 [슨]

son은 [손]처럼 생겼지만 단어 끝에 오면 [슨]으로 약해져요. 강세를 받지 않아서 그렇죠. 그리고 s의 기본 소리는 [ㅅ]이지만, 모음(aouei) 사이에 끼면 거의 [ㅈ] 소리가 돼요.

오늘 정리한 10개 단어 모두 son으로 끝나죠. 바로 앞에 모음이 있는 1~5번은 [즌]으로, 자음이 있는 7번, 9번, 10번은 [슨] 혹은 [쓴]이 돼요.

 오늘의 미션!
다음 한글 발음과 뜻을 읽고 영어 스펠링을 직접 적어보세요.

son으로 끝나는 말은?

❶ [씨이즌] 계절, 기간, 절이다 _____

❷ [프뤼즌] 감옥 _____

❸ [뤼이즌] 이유, 이성, 추론하다 _____

❹ [포이즌] 독, 독살하다 _____

❺ [임프뤼즌] 투옥하다, 가두다 _____

❻ [썬] 아들 _____

❼ [퍼얼슨] 사람 _____

❽ [그뤤썬] 손자 _____

❾ [췌얼퍼얼슨] 의장 _____

❿ [렛쓴] 수업, 교훈 _____

-ake 로 끝나는 단어

wake
웨익
[weɪk] 깨다, 깨우다

lake
레익
[leɪk] 호수

take
테익
[teɪk] 가져가다, 녹음(촬영) 횟수

snake
스네익
[sneɪk] 뱀, 사악한 인간

make
메익
[meɪk] 만들다, 시키다, 제품

shake
쉐익
[ʃeɪk] 흔들다, 섞은 음료

bake
베익
[beɪk] 굽다

brake
브뤠익
[breɪk] 제동장치, 제동 걸다

cake
케익
[keɪk] 케이크

mistake
미스떼익
[misteɪk] 실수, 오인하다

wake [웨익]

'잠에서 깨다' 혹은 '깨우다'라는 뜻의 초급 단어. w 발음은 입술을 동그랗게 내민 상태에서 소리를 내야 해요. 그리고 끝의 [크] 소리를 약하게 하거나 [웨익]처럼 앞 글자에 받침으로 붙이면 좋아요. "나는 보통 일찍 일어나"를 영어로는? I usually wake up early[아이 유절리 웨이크 업 얼리 = 아이 유주얼리 웨이껍 어얼리]라고 해요.

take [테익]

'가져가다'라는 뜻의 초급 단어. 발음은 [테익]이 좋아요. "책을 가져"를 영어로는? Take the book[테익 더 부욱]처럼 하면 돼요. 그리고 '어디로 데려가다'라는 뜻도 있어요. "나를 공항에 데려다줘요"를 영어로는? Please take me to the airport[플리즈 테익 미이 투 디 에얼포얼트]로 아주 유용하게 쓰이니까 몇 번 반복해서 알아두세요.

make [메익]

'만들다'라는 뜻의 초급 단어. 발음이 [메이크]보다는 [메익]이 좋아요. "내가 저녁을 만들어줄게"를 영어로는? I'll make dinner for you[아이을 메익 디널 포얼 유우]가 돼요. 혹은 의미 없는 '그것'이라는 뜻의 it[잇]을 써서, Can you make it?[캐뉴우 메이낏] 하면 "그거 할 수 있겠어?"라는 뜻이에요.

bake [베익]

'굽다'라는 뜻의 초·중급 단어. 발음은 역시 [베이크]보다는 [베익]이 더 좋아요. "빵을 좀 구워"를 영어로는? Bake some bread[베익 썸 브뤠드]처럼 쓰면 돼요. 뒤에 '사람'을 뜻하는 er을 붙이면 baker[베이커 = 베이껄]로 바로 '제빵사'가 되고, 그런 직업의 선조가 있던 집안은 같은 성을 쓰죠.

cake [케익]

'케이크'라는 뜻의 초·중급 단어. 우리말에서도 이미 익숙한 단어죠. 단 정확한 발음은 [케이크]가 아니라 [케익]이에요. 치즈가 들어간 케익은? cheesecake[취이즈케익]. 시럽을 뿌려 먹는 납작하고 동그란 팬처럼 생긴 케익은? pancake[팬케익]이 됩니다.

lake [레익]

'호수'라는 뜻의 초·중급 단어. 발음이 [레이크]보다는 [레익]이 좋아요. "호수로 가자"를 영어로는? Let's go to the lake[렛츠 고 투 더 레이크 = 렛쓰 고우 투더 레익]이 되고요. 호수 이름을 쓰고 싶을 때는 Lake Michigan[레익 미쉬건: 미시간 호]처럼 L을 대문자로 하고 그다음에 호수 이름을 써요.

snake [스네익]

'뱀'이라는 뜻의 초·중급 단어. 발음이 [스네이크]보다는 [스네익]이 좋아요. 뱀의 이미지는 주로 사악하죠. 그래서 사악한 인간을 역시 snake이라고 해요. "그는 사악한 인간이야"는 He is a snake[히이 이즈 어 스네익]이라고 하면 느낌이 딱 옵니다.

shake [쉐익]

'흔들다'라는 뜻의 초급 단어. 정확한 발음은 [쉐익]이에요. 손을 흔들면 '악수'겠죠? 그래서 handshake[핸드세이크 = 해앤쉐익]은 '악수'라는 뜻이고, milkshake[밀크세이크 = 미일크쉐익] 하면 우유를 넣어 흔든 음료죠. 참고로 shake에는 '스스로 떨다'라는 뜻도 있어요. "난 분노로 치가 떨려"라는 뜻의 I'm shaking with anger[아임 쉐이낑 위잇 앵걸]처럼 어려운 표현도 쉽게 할 수 있어요.

brake [브뤠익]

'제동장치'라는 뜻의 중급 단어. 발음은 [브뤠익]이 딱 좋아요. '깨뜨리다'라는 뜻의 break[브뤠익]과 발음이 똑같으니까 혼동하면 안 되겠죠.

mistake [미스떼익]

'실수'라는 뜻의 초·중급 단어. 발음을 [미스테이크]로 하면 원어민이 못 알아들어요. [미스떼익]처럼 해야 해요. "내가 실수를 했어"를 영어로는? I made a mistake[아이 메이드 어 미스테이크 = 아미 메이러 미스떼익]이 되죠. 실수는 누구나 하죠? 중요한 것은 실수에서 배우는 것이죠. '네 실수에서 배워라', Learn from your mistakes[러언 프럼 유얼 미스떼익스]처럼 멋진 문장도 가볍게 정리됩니다.

끝에 오는 ke[크]는 앞 글자의 받침으로!

앞서 배웠듯 ake처럼 e로 끝날 때 그 앞의 a는 [에이] 발음이 될 가능성이 90%죠. 더불어 끝에 오는 소리 ke[크]는 약하게 발음하거나 앞 글자의 받침으로 넣으면 딱 좋아요! 예를 들어 take는 [테이크]보다는 [테익크] 혹은 [테익]이 더 정확해요.

 오늘의 미션!
다음 한글 발음과 뜻을 읽고 영어 스펠링을 직접 적어보세요.

❶ [웨익] 깨다, 깨우다 _____

❷ [테익] 가져가다, 녹음(촬영) 횟수 _____

❸ [메익] 만들다, 시키다, 제품 _____

❹ [베익] 굽다 _____

❺ [케익] 케이크 _____

❻ [레익] 호수 _____

❼ [스네익] 뱀, 사악한 인간 _____

❽ [쉐익] 흔들다, 섞은 음료 _____

❾ [브뤠익] 제동장치, 제동 걸다 _____

❿ [미스떼익] 실수, 오인하다 _____

back

백

[bæk] 뒤로, 등, 후진하다, 지원하다

snack

스낵

[snæk] 간식, 간식을 먹다

pack

팩

[pæk] 꾸리다, 꾸러미

track

츄뢔액

[træk] 선로, 추적하다

black

블랙

[blæk] 검은(색), 의식을 잃다

attack

어택

[əˈtæk] 공격, 공격하다

lack

랙

[læk] 부족하다, 결핍

feedback

피잇백

[ˈfiːdbæk] 조언, 피드백

rack

뢔액

[ræk] 긴 받침대

comeback

컴백

[ˈkʌmbæk] 복귀, 재기

188

back [백]

'등, 뒤로'라는 뜻의 초급 단어. 발음이 [빽]이 아니라 [백]이에요. "등을 대고 누워요"를 영어로는? Lie on your back[라이 온 유어 백 = 라이 언 유얼 백]이라고 하면 되죠. '뒤'라는 뜻에서 '뒤로' 또는 '다시'라는 뜻도 나왔어요. "돈을 갚아"는 Pay me back[페이 미이 백]이라고 하면 되고요. '(차량) 후진하다' 혹은 '뒤에서 받쳐주다(back up[백엽])'라는 뜻으로는 중급 단어예요.

pack [팩]

'꾸리다' 혹은 '꾸러미'라는 뜻의 초·중급 단어. 발음이 [패크]가 아니고 [팩]이라는 것, 당연하지만 꼭 연습하세요. "먼저 짐을 꾸려"를 영어로는? Pack your bags first[팩 유어 백즈 퍼스트 = 패뀨얼 배애그즈 퍼얼스트]라고 하면 됩니다.

black [블랙]

'검은색'이라는 뜻의 초급 단어. 발음이 [브랙]이 아니라 [블랙]이죠. 이 단어를 [블래크]라고 하는 분은 없죠? k[크]와 같은 소리가 끝에 올 때는 [랙]처럼 앞 글자의 받침 [ㅋ=ㄱ]으로 집어넣는 것이 좋습니다. "네 검은 양복 마음에 들어"는 I like your black suit[아이 라이크 유어 블래크 수트 = 아이 라익 유얼 블랙 쑤웃]처럼 하면 되죠.

lack [랙]

'부족하다' 혹은 '결핍'이라는 뜻의 중급 단어. 발음을 [래크]가 아니고 [랙]처럼 해야 해요. "나는 자신감이 부족해"를 영어로는? I lack confidence[아이 랙 칸피던스]처럼 합니다. 이때 I lack in(x) confidence처럼 in을 쓰지 않는다는 것을 많이 틀리는데 시험에도 나왔던 요점이니까 잡아가세요!

rack [래액]

'긴 받침대'를 뜻하는 중급 단어. r 발음을 살려야 lack[랙]하고 구분이 되겠죠. rack은 [래액]처럼 동그랗게 만든 입술을 당기면서 발음하면 쉬워요. 와인을 쭉 놓아두는 받침대는? wine rack[와인 래액]. 자동차에 자전거를 걸어두도록 만든 받침대는 bicycle rack[바이씨끌 래액]이라고 하면 됩니다.

snack [스낵]

'간식'을 의미하는 중급 단어. 발음이 [스내크]가 아니라 [스낵]이죠. 우리말의 "주전부리 하지 마"를 영어로는? Don't eat snacks[도운 이잇 스낵스]처럼 하면 됩니다.

track [츄래액]

'선로'라는 뜻의 중급 단어. 발음을 [트랙]이 아니라 [츄래액]처럼 해야 원어민이 금방 알아들어요. 기차를 탈 때 쓰는 표현을 연습해볼까요? "5번 트랙으로 가자"를 영어로는? Let's go to track 5[렛츠 고투 트랙 파이브 = 렛쓰 고우러 츄래액 파입]이 되죠. 선로를 따라가면 목적지에 도달하죠. 그래서 '추적하다'라는 뜻도 있어요. 이 뜻으로는 중·상급이에요.

attack [어택]

'공격' 혹은 '공격하다'라는 뜻의 초·중급 단어. 발음은 [어태크]가 아니라 [어택]이 좋아요! '큰 개가 나를 공격했다'를 영어로는? A big dog attacked me[어 빅 독 어택트 미 = 어 비익 더억 어택트 미이]처럼 하면 돼요. 참고로 정책을 공격하거나 바이러스가 뇌를 공격하는 것에도 이 단어를 쓰면 돼요.

feedback [피잇백]

'조언, 피드백'이라는 뜻의 중급 단어. 발음이 [피드백]이 아니라 실제로는 [피잇백]처럼 들려요. 단어는 feed(공급하다, 먹이) + back(뒤로, 다시) = feedback(조언, ~에 대한 의견)으로 정리하면 되죠. "내가 내일 피드백을 줄게"를 영어로는? I'll give you my feedback tomorrow[아이을 기뷰우 백 마이 피잇백 투머로우]가 됩니다.

comeback [컴백]

'복귀'나 '재기'를 뜻하는 중급 단어. 발음은 [컴백]으로 어렵지 않아요. 누가 컴백했다는 기사에 쓰일 정도로 한국어에서도 흔히 사용되죠. 두 단어를 띄어 쓰면 "돌아와"라는 뜻이 돼요. 예를 들어 "곧 돌아와"를 영어로 Come back soon[컴백 쑤운]이라고 하는 것처럼 말이죠.

a의 발음은 거의 ar이나 a로 끝날 때만 [아]로 발음된다고 배웠죠. 여기의 ack도 [애]로 소리가 나요. 또 발음규칙 43처럼 k[크]로 끝났을 때는 앞 글자의 받침으로 넣는 게 더 정확한 발음이죠. 마치 black을 [블래크]라고 하지 않듯 말이죠. 다른 단어의 발음도 동일해요. 한국어의 [으]라는 소리를 넣지 않는 것이 중요해요!

 오늘의 미션!
다음 한글 발음과 뜻을 읽고 영어 스펠링을 직접 적어보세요.

ack로 끝나는 말은?

❶ [백] 뒤로, 등, 후진하다, 지원하다 _____

❷ [팩] 꾸리다, 꾸러미 _____

❸ [블랙] 검은(색), 의식을 잃다 _____

❹ [랙] 부족하다, 결핍 _____

❺ [뢔액] 긴 받침대 _____

❻ [스낵] 간식, 간식을 먹다 _____

❼ [츄뢔액] 선로, 추적하다 _____

❽ [어택] 공격, 공격하다 _____

❾ [피잇백] 조언, 피드백 _____

❿ [컴백] 복귀, 재기 _____

real
뤼이을

[rɪəl] 진짜의

ideal
아이디이을

[aɪˈdɪəl] 이상적인, 이상

deal
디이을

[diːl] 거래, 다루다

cereal
씨뤼이을

[ˈsɪrɪəl] 시리얼, 곡물

meal
미이을

[miːl] 식사

seal
씨이을

[siːl] 봉하다, 봉인, 바다표범

heal
히이을

[hiːl] 치유하다

appeal
어피이을

[əˈpiːl] 호소하다, 호소

steal
스띠이을

[stiːl] 훔치다, 공짜

reveal
뤼비이을

[rɪˈviːl] (비밀) 밝히다

192

real [뤼이을]

'진짜의'라는 뜻의 초급 단어. 발음이 [리얼]이 아니고 [뤼이을] 혹은 [뤼이으으]처럼 들려요. 꼭 실제 발음을 확인하고 연습하세요! '진짜 이유'를 영어로는? real reason[뤼이을 뤼이즌]이 되죠. 영화에서 Get real![겟 뤼이을]이 들리면 "정신 차려!"의 뜻으로 이해하면 돼요. 상상이 아닌 진짜 현실(real)이 되라(get)는 뜻이니까요.

deal [디이을]

'거래' 혹은 '다루다'라는 뜻의 초·중급 단어. 발음은 [딜]보다는 [디이을]이 딱 좋아요! "우리 이 거래를 마무리합시다"를 영어로는? Let's close this deal[렛쓰 클로우즈 디스 디이을]처럼 하면 돼요. 거래를 하려면 그 내용을 잘 다루어야겠죠. 그래서 '다루다'라는 뜻으로 꽤 많이 쓰여요. "내가 이 문제를 다룰게"는 I'll deal with this problem[아이을 디이을 위잇 디스 프롸블럼]이 됩니다. deal with는 '~을 다루다'예요.

meal [미이을]

'식사'라는 뜻의 중급 단어. 발음은 [딜]보다는 [디이을]이 좋아요. '삼시 세끼'를 영어로는? three meals a day[쓰뤼 미이을저 데이]고요 이때 a[어]는 '~당'이라는 뜻이에요. 그래서 a day 하면 '하루당' 혹은 '하루에'라는 뜻이 되죠. 더불어 '제대로 된(=균형 잡힌) 삼시 세끼'라고 하려면 three square meals a day처럼 square[스퀘어 = 스페얼]만 추가하면 돼요. 원래 '사각형' 혹은 '광장'이라는 뜻인데, '균형 잡힌'이라는 뜻도 있어요.

heal [히이을]

'치유하다'라는 뜻의 중급 단어. 발음은 [힐] 아니라 [히이을]이 딱 좋아요. 여기에 ing를 붙인 healing[힐링 = 히이을링]은 익숙하죠? '치유'라는 뜻이에요. 참고로 '높은 굽의 신발' 혹은 '뒤꿈치'를 뜻하는 '힐'은 heel이고 발음은 [히이을]로 똑같아요.

steal [스띠이을]

'훔치다'라는 뜻의 초급 단어. 발음은 [스틸]이 아니라 [스띠이을]이 맞아요. 똑같은 발음의 steel은 '강철'이라는 뜻이고요. 구어체에서 It's a steal[잇써 쓰띠이을] 하면 "이거 거저네. 공짜네"의 뜻이니까 슬쩍 보아두세요.

ideal [아이디이을]

'이상적인'이라는 뜻의 초·중급 단어. 발음은 [아이디얼]보다는 [아이디이을]이 좋아요. '생각'이라는 뜻인 idea[아이디어]에서 나왔죠. 생각으로는 뭐든 이상적이니까요, 실천이 어려워서 그렇지. '이상적인 세상'은 영어로? ideal world[아이디이을 워얼드]. '이상적인 장소'는 ideal place[아이디이을 플레이스]라고 하죠.

cereal [씨뤼이을]

'곡물'을 뜻하는 중급 단어. 우유에 말아 먹는 '시리얼'이 바로 이것이죠. 하지만 발음은 [씨뤼이을]이 딱 맞아요. 꼭 연습하세요! 시리얼 안에 들어가는 것이 주로 곡물을 볶은 것이 많죠. 그래서 '곡물'이라는 뜻도 함께 기억하세요.

seal [씨이을]

'봉인하다'라는 뜻의 중급 단어. 발음은 [씰]이 아니라 [씨이을]이 맞아요. 유명한 팝송 중에 Sealed With a Kiss[씰드 위드 어 키스 = 씨이을드 위더 키스]가 있어요. '입맞춤으로 봉인된'이라는 뜻으로, 연인과 헤어지지만 입맞춤으로 봉해진 편지를 매일 쓰겠다는 가사니까 한번 들어보세요. 참고로 봉인에 쓰이는 갈색 왁스의 색깔이 바다표범의 털 색깔과 유사하여 '바다표범'이라는 뜻도 있어요. 이 뜻으로는 상급 단어예요.

appeal [어피이을]

'호소하다' 혹은 '호소'라는 뜻의 중급 단어. 흔히 '선수가 심판에게 어필했다' 할 때 그 어필이에요. 발음은 물론 [어피이을]처럼 해야 원어민이 알아들어요. "심판에게 어필해"를 영어로는? Appeal to the referee![어피이을 투더 뤠퍼뤼]처럼 하면 되고요.

reveal [뤼비이을]

'(비밀 따위를) 밝히다'라는 뜻의 중급 단어. 발음은 [리빌]이 아니라 [뤼비이을]처럼 해야 해요. 실제로 이렇게 들리니까요. reveal은 숨겨진 정보가 드러난다는 뜻이 강해요. "그가 비밀을 밝혔어"를 영어로는? He revealed the secret[히이 뤼비이을더 씨끄륏]이라고 하면 돼요.

eal은 [에알]이 아니라 [이이을]

발음규칙22에서 보았듯 일단 ea는 [에아]가 아니라 길게 [이이]처럼 소리가 나죠. 더불어 *l*[엘]이 단어 끝에 오면 [을]보다는 [으으]에 가깝게 발음돼요.
오늘은 두 규칙이 합쳐진 경우예요. 예를 들어 deal은 [딜]이 아니라 [디이을] 혹은 [디이으으]처럼 발음해도 돼요.

 오늘의 미션!
다음 한글 발음과 뜻을 읽고 영어 스펠링을 직접 적어보세요.

eal로 끝나는 말은?

❶ [뤼이을] 진짜의 _____

❷ [디이을] 거래, 다루다 _____

❸ [미이을] 식사 _____

❹ [히이을] 치유하다 _____

❺ [스띠이을] 훔치다, 공짜 _____

❻ [아이디이을] 이상적인, 이상 _____

❼ [씨뤼이을] 시리얼, 곡물 _____

❽ [씨이을] 봉하다, 봉인, 바다표범 _____

❾ [어피이을] 호소하다, 호소 _____

❿ [뤼비이을] (비밀) 밝히다 _____

-eed 로 끝나는 단어

need
니이드
[ni:d] 필요하다, 필요성

speed
스삐이드
[spi:d] 속도, 속도를 내다

feed
피이드
[fi:d] 먹이다, 모이

bleed
블리이드
[bli:d] 피를 흘리다

seed
씨이드
[si:d] 씨앗

indeed
인디이드
[ɪnˈdi:d] 정말로, 사실상

weed
위이드
[wi:d] 잡초, 잡초를 제거하다

succeed
썩씨이드
[səkˈsi:d] 성공하다, 계승하다

deed
디이드
[di:d] 행동

nosebleed
노우즈블리이드
[ˈnoʊzbli:d] 코피

need [니이드]

'필요하다'라는 뜻의 초·중급 단어. 발음은 [니드]가 아니라 [니이드] 혹은 [니잇]이 좋아요. "난 네가 필요해"를 영어로는? I need you[아니 니이쥬우]가 되죠. 유명한 팝송 제목이 〈When I Need You[웨나이 니잇 유우]〉니까 꼭 한번 들어보세요.

feed [피이드]

'먹이다' 혹은 '모이'라는 뜻의 중급 단어. 발음은 [피드]가 아니라 [피이드] 혹은 [피잇]이 좋아요. 동물원에 가면 '동물에게 먹이를 주지 마세요'라는 표지판이 보이죠. 영어로 Do not feed the animals[두 낫 피잇 디 애너멀즈]라고 하면 됩니다. 그리고 모유 수유는 '가슴으로 먹인다'는 뜻의 breastfeeding[브레스트피딩 = 브뤠슷피이링]이니까 살짝 참고하세요.

seed [씨이드]

'씨앗'이라는 뜻의 중급 단어. 발음은 [시드]가 아니라 [씨이드] 혹은 [씨잇]이 좋아요. 한국어의 종자돈을 영어로는 seed money[씨잇 머니]라고 해요. "씨앗을 뿌립시다"를 영어로는? Let's plant the seeds[렛쓰 플랜더 씨이즈]라고 하면 되고요. 이 뒤에 '진실'이라는 뜻의 truth[츄루스]만 넣으면 아주 철학적인 고급 문장도 만들 수 있어요. 진실의 씨앗을 뿌립시다, Let's plant the seeds of truth[렛쓰 플랜더 씨이접 츄루스].

weed [위이드]

'잡초'라는 뜻의 중급 단어. 발음은 [위드]가 아니라 [위이드] 혹은 [위잇]처럼 해야 해요. 이 단어 앞에 '바다'라는 뜻의 sea[씨이]를 붙이면, 바다에서 자라는 잡초 즉 '해초(미역, 김 등)'가 돼요. seaweed[씨이위이드]는 중·상급 단어니까 슬쩍 보아두세요. weed[위이드]는 구어체에서는 '대마초'를 말하기도 해요. 영화에서 가끔 들려요.

deed [디이드]

'행동'이라는 뜻의 중·상급 단어. 발음은 [디드]가 아니라 [디이드] 혹은 [디잇]이 좋아요. '좋은 행동'은 영어로? good deed[굿 디드 = 그웃 디이드]라고 하면 돼요. 참고로 '하다'라는 뜻의 초급 단어 do[두우]에서 나온 단어예요.

speed [스삐이드]

'속도'라는 뜻의 초·중급 단어. 발음은 [스피드]가 아니라 [스삐이드] 혹은 [스삐잇]이 맞아요. 평균 속도는 average speed[에버뤼쥐 스삐이드]가 되죠. 동사로는 '속력을 내다'라는 뜻인데 speed up[스삐이덥] 하면 '속도를 올리다', 반대로 slow down 하면 '속도를 늦추다'라는 뜻이죠. 올라가면 up[업], 내려가면 down[다운]이니까 바로 이해되고요.

bleed [블리이드]

'피를 흘리다'라는 뜻의 중급 단어. 발음은 [브리드]가 아니라 [블]을 살려서 [블리이드] 혹은 [블리잇]이에요. "나 코피를 흘리고 있어"는 My nose is bleeding[마이 노우지즈 블리이링]이에요. 참고로 '혈액(피)'은 blood[블러어드] 혹은 [블러엇]이에요.

indeed [인디이드]

'정말로, 사실상'이라는 뜻의 중급 단어. 발음은 [인디드]가 아니라 [인디이드] 혹은 [인디잇]이 좋아요. in(안) + deed(행동) = 말이 아니라 '행동으로 직접 들어가는' 거죠. 그래서 '정말로, 사실상'의 뜻이 된 거죠. 영어 속담 중에 '어려울 때 친구가 진정한 친구다'라는 말은 A friend in need is a friend indeed[어 후렌딘 니잇 이저 후렌딘디잇]이 됩니다.

succeed [썩씨이드]

'성공하다'라는 뜻의 중급 단어. 철자가 복잡해 보이죠. suc(아래로) + ceed(가다)로 나눠서 외우면 좋아요. '남들보다 아래로 가서 도전해야 성공한다'로 기억하세요. suc처럼 c는 음절 끝에 오면 k[ㅋ] 소리가 돼요. 그래서 suc[썩]이에요. ceed처럼 시작 위치에 올 때 뒤에 e나 i발음이 있으면 [ㅅ]가 되죠. 그래서 ceed[씨이드]가 되는 거예요. "네가 성공하길 빌어"는 I hope you succeed[아이 호웁 유우 썩씨이드]라고 하면 됩니다.

nosebleed [노우즈블리이드]

'코피'라는 뜻의 중급 단어. 발음은 [노즈블리드]가 아니라 [노우즈블리이드] 혹은 [노우즈블리잇]이 좋아요. 원래는 '피'라는 뜻의 blood[블러드]가 있지만 '코피'라고 할 때만 딱 bleed가 쓰이니까 헷갈리지 마세요.

발음규칙 46   eed는 [에에드]가 아니라 [이이드]

e + e = ee는 [에에]가 아니라 [이이]죠. 이것만 알아도 정말 많은 단어의 발음이 해결돼요.
더불어 끝에 오는 d는 [드]로 강하게 발음하지 말고 가볍게 [ㄷ]처럼 내거나 그 앞 글자의 받침으로 집어넣으면 돼요.
예를 들어 need는 [니드]가 아니라 [니이드] 혹은 [니잇]이 좋아요!

 오늘의 미션!
다음 한글 발음과 뜻을 읽고 영어 스펠링을 직접 적어보세요.

eed로
끝나는 말은?

❶ [니이드] 필요하다, 필요성 _____

❷ [피이드] 먹이다, 모이 _____

❸ [씨이드] 씨앗 _____

❹ [위이드] 잡초, 잡초를 제거하다 _____

❺ [디이드] 행동 _____

❻ [스삐이드] 속도, 속도를 내다 _____

❼ [블리이드] 피를 흘리다 _____

❽ [인디이드] 정말로, 사실상 _____

❾ [썩씨이드] 성공하다, 계승하다 _____

❿ [노우즈블리이드] 코피 _____

late
레잇
[leɪt] 늦은, 늦게, 죽은

rate
뤠잇
[reɪt] 비율, 요금, 등급을 매기다

date
데잇
[deɪt] 날짜, 데이트(하다), 대추

skate
스께잇
[skeɪt] 스케이트(타다), 가오리(홍어)

hate
헤잇
[heɪt] 미워하다, 증오

state
스떼잇
[steɪt] 주(국가), 상태, 발언하다

fate
페잇
[feɪt] 숙명

plate
플레잇
[pleɪt] 접시, 판

gate
게잇
[geɪt] 대문

congratulate
컨그뢰애츌레잇
[kənˈgrætʃəleɪt] 축하하다

late [레잇]

'늦은' 혹은 '늦게'라는 뜻의 초급 단어. 발음은 [레이트]가 아니라 [레잇]이라고 하거나 [트]를 더 약하게 발음하는 게 좋아요. '늦은 저녁'은 late dinner[레잇 디널]이라고 해요. 그런데 late husband[레잇 허즌번드]처럼 사람 앞에 late을 쓰면 현재 우리와 함께 있지 않는 늦은 사람, 즉 죽은 사람인 '고인'을 말한다는 것을 잘 챙겨두세요. 이 뜻으로는 중급 단어예요. 마지막으로 "나 10분 늦을 거야" 영어로는? I'll be 10 minutes late[아이을 비이 텐 미닛츠 레잇]이라고 하면 됩니다.

date [데잇]

'날짜'라는 뜻의 초급 단어. 발음은 [데이트]가 아니라 [데잇]처럼 하는 게 좋아요. 실제로도 그렇게 들려요. "오늘 몇 일이야?"는 What's the date today?[왓츠 더 데이트 투데이 = 왓쓰 더 데잇 투데이]라고 하면 돼요. 남녀가 날짜를 정해 만나면? 데이트가 되는 것이고요. "나 오늘 에이미랑 데이트가 있어"를 영어로는? I have a date with Amy[아이 해브 어 데잇 위잇 에이미]라고 하면 돼요.

hate [헤잇]

'미워하다' 혹은 '증오'라는 뜻의 초·중급 단어. 발음은 [헤이트]가 아니라 [헤잇]이라고 하거나 [트] 발음이 살짝 들릴 정도가 좋아요! "나는 커피를 싫어해"는 I hate coffee[아이 헤잇 커어피], "나는 폴을 싫어해"는 I hate Paul[아이 헤잇 포을]이에요.

fate [페잇]

'숙명'이라는 뜻의 중·상급 단어. 발음이 [페이트]가 아니라 [페잇]이죠. 더불어 f 발음도 잘 살려주세요. fate은 시련이 많은 느낌의 운명이라면 destiny[데스티니 = 데스뜨니]는 시련의 느낌은 없고, 그냥 어쩔 수 없는 느낌의 '운명'이라는 뜻입니다. 둘 다 어려운 단어니까 슬쩍 보아두세요.

gate [게잇]

'대문'이라는 뜻의 중급 단어. 발음은 [게이트]가 아니라 [게잇]이 좋아요. 학교의 정문처럼 커다란 문이 gate[게잇]이죠. 집이나 방의 문처럼 작은 크기가 door[도얼]이고요.

rate [뤠잇]

'비율'이라는 뜻의 초·중급 단어. 발음이 [레이트]가 아니라 r 발음을 살려서 [뤠잇]이에요. 이렇게 발음해야 late[레잇]과 구분이 돼요. 숙박비 등 책정해놓은 금액이 얼마인지 물을 때 What are the rates?[왓 알더 뤠잇츠]라는 표현을 써요. 참고로 '이자율'을 interest rate[인터뤠슷 뤠잇]이라고 해요. interest는 '흥미' 외에 '이자'라는 뜻이 있어요.

skate [스께잇]

'스케이트 타다'라는 뜻의 초·중급 단어. 발음이 [스케이트]가 아니라 [스께잇]이에요. "나는 겨울에 스케이트를 타"는 I skate in winter[아이 스께잇 인 윈털]이라고 하면 돼요. 스케이트를 타듯 물속을 가로지르는 '가오리(홍어)'도 skate이에요.

state [스떼잇]

'주(국가)'라는 뜻의 초·중급 단어. 발음이 [스테이트]가 아니라 [스떼잇]이에요. 50개의 주가 합쳐진 미합중국, 즉 '미국'은 United States of America[유나이릿 스떼잇츠 업 어메뤼카]예요. 구어체에서는 the States[더 스떼잇츠]처럼 S를 대문자로 쓰고 앞에 the[더]를 붙여요. "나 다음 주에 미국에 갈 예정이야"는 I'm going to the States next week[아임 고잉 투더 스떼잇츠 넥슷트위익]이에요. '상태' 혹은 '발언하다'라는 뜻도 있어요.

plate [플레잇]

'접시'나 '판'이라는 뜻의 초·중급 단어. 발음은 [플레이트]보다 [플레잇]이 좋아요. 평평한 접시가 plate이라면 온갖 모양의 접시를 dish[딧쉬]라고 하죠.

congratulate [컨그뢰애츌레잇]

'축하하다'라는 뜻의 중급 단어. con[컨: 함께] + gratul[그뢰애츌: 감사] + ate[에잇: 만들다] = 함께 감사하게 하다, 즉 '축하하다'가 된 거죠. "톰이 나를 축하해주었어"는 Tom congratulated me[탐 컨그뢰츌레잇릿 미이]라고 하면 돼요. 참고로 '축하'라는 뜻의 congratulation에 s가 붙은 Congratulations[컨그뢰애츌레이션즈]가 축하인사로 가장 많이 쓰여요.

ate는 [아테]가 아니라 [에잇]

ate은 생긴 모양은 [아테]이지만 [에이트] 혹은 [에잇]이 더
정확한 발음에 가까워요.
앞서 a_자음_e 구조의 a는 [에이] 소리가 난다고 배웠
죠. 그리고 끝에 오는 자음(t)은 약하게 발음하거나 앞
글자의 받침으로 들어가면 좋다고 했고요.
10개 단어를 통해 연습해보세요~!

 오늘의 미션!
다음 한글 발음과 뜻을 읽고 영어 스펠링을 직접 적어보세요.

 ate로
끝나는 말은?

❶ [레잇] 늦은, 늦게, 죽은 _____

❷ [데잇] 날짜, 데이트(하다), 대추 _____

❸ [헤잇] 미워하다, 증오 _____

❹ [페잇] 숙명 _____

❺ [게잇] 대문 _____

❻ [뤠잇] 비율, 요금, 등급을 매기다 _____

❼ [스께잇] 스케이트(타다), 가오리(홍어) _____

❽ [스떼잇] 주(국가), 상태, 발언하다 _____

❾ [플레잇] 접시, 판 _____

❿ [컨그뢰애츌레잇] 축하하다 _____

air
에얼
[er] 공기, 방송하다

hair
헤얼
[her] 모발

pair
페얼
[per] 짝, 짝을 이루다

fair
페얼
[fer] 공정한, (피부, 모발) 밝은, 시장, 박람회

chair
췌얼
[tʃer] 의자

stair
스떼얼
[ster] 계단

affair
어페얼
[əˈfer] 일, 사건, 정사

repair
뤼페얼
[rɪˈper] 수리하다, 수리

despair
디스뻬얼
[dɪˈsper] 절망, 절망하다

upstairs
업스떼얼즈
[ʌpˈsterz] 위층으로, 위층의, 위층

air [에얼]

'공기'라는 뜻의 초급 단어. 발음은 [에어]보다는 [에얼]처럼 r 소리를 살리는 게 좋아요. "신선한 공기를 좀 마시자"를 영어로는? Let's get some fresh air[렛쓰 겟썸 프뤠쉬 에얼]이 돼요. 동사로는 '공기를 공급하다'라는 뜻이 있어서 "윗도리의 냄새를 좀 빼"는 Air your jacket out[에얼 유얼 재킷 아웃]처럼 out[아웃: 밖에]과 함께 쓰면 되죠. 방송도 공기 중 전파로 가는 것이라 '방송하다'라는 뜻도 있어요. 이 뜻으로는 중급 단어예요.

hair [헤얼]

'모발'이라는 뜻의 초급 단어. 발음은 [헤어]보다는 [헤얼]이 좋아요. 참고로 모발 전체를 말할 때는 She has brown hair[쉬 해즈 브롸운 헤얼]처럼 hair에 따로 s를 붙이지 않아요. 뜻은 '그녀는 갈색 모발을 가지고 있다.' 참고로 수프 속에 모발이 하나(a) 보인다면 There's a hair in my soup[데얼즈 어 헤얼 인 마이 수웁]처럼 말하면 됩니다.

pair [페얼]

'짝'을 뜻하는 초·중급 단어. 발음은 [페어]보다는 [페얼]이 좋아요. 보통 짝으로 있는 것을 표시할 때 pair을 쓰죠. '신발 한 짝'이라는 뜻을 가진 a pair of shoes[어 페얼 오브 슈우즈]처럼 말이에요.

fair [페얼]

'공정한'이라는 뜻의 초·중급 단어. f를 살린 실제 발음을 꼭 확인하세요. "그것은 공정하지 않아"를 영어로는? It's not fair[잇쓰 낫 페어 = 잇쓰 낫 페얼]처럼 하면 돼요. 더불어 '공정한 경기'는? fair game[페얼 게임]이죠. 공정하게 돌아가야 하는 곳이 바로 시장이죠? 그래서 '시장'이나 '박람회'라는 뜻도 있어요 book fair[부욱 페얼]은 '책 박람회.' 마지막으로 모발이나 피부가 '하얀' 것을 말하기도 하죠. 이 뜻으로는 중급이에요.

chair [췌얼]

'의자'라는 뜻의 초급 단어. 발음이 [체어]가 아니라 [췌얼]이라는 것을 꼭 확인하세요! 의자에 바퀴가 달려 있으면? wheelchair[휠체어 = 위이을췌얼]이 됩니다.

stair [스떼얼]

'계단'이라는 뜻의 초·중급 단어. 발음이 [스테어]가 아니고 [스떼얼]이죠. 보통 계단은 여러 개로 이루어져 있죠. 그래서 stairs[스떼얼즈]처럼 s를 붙여서 써요.

affair [어페얼]

'일, 사건'이라는 뜻의 중급 단어. 실제 소리를 확인하고 f 발음을 잘 살리세요. 예를 몇 개만 볼까요? world affairs[월드 어페얼즈]는 '세계의 사건들', political affairs[폴리티컬 어페어즈 = 폴리리컬 어페얼즈]는 '정치적인 사건들', love affair[러어브 어페얼]은 '정사'라는 뜻이에요.

repair [뤼페얼]

'수리하다' 혹은 '수리'라는 뜻의 초·중급 단어. 발음은 [리페어]가 아니라 [뤼페얼]이 더 정확해요. "우리 TV를 수리해야 해"를 영어로는? We should repair the TV[위 슈드 리페어 더 티비 = 위이 슈웃 뤼페얼 더 티이비이]처럼 하면 돼요.

despair [디스뻬얼]

'절망'이라는 뜻의 중·상급 단어. de(아래로) + spair(숨쉬다) = '숨이 아래로 나온다, 한숨 쉬다'라는 뜻이 '절망'으로 연결된 것이죠. 어려운 단어니까 슬쩍만 보아두세요. 발음은 [디스페어]가 아니고 [디스뻬얼]이 정확해요.

upstairs [업스떼얼즈]

'위층, 위층의, 위층으로'라는 뜻의 중급 단어. 발음이 [업스테어]가 아니고 [업스떼얼즈]예요. 끝에 s가 없으면 틀린 단어니까 꼭 s를 붙여서 upstairs처럼 써야 해요. "위층으로 올라가자"를 영어로는? Let's go upstairs[렛츠 고 업스테어 = 렛쓰 고우 업스떼얼즈]라고 해요. 참고로 "아래층으로 내려가자"는 Let's go downstairs[렛쓰 고우 다운스떼얼즈]라고 하면 됩니다. up[업] 대신 '아래'를 의미하는 down[다운]만 쓰면 되니까 기억하기 쉬워요.

air은 [아이르]가 아니라 [에얼]

ar은 [알]처럼 a가 [아] 소리지만, 중간에 i가 들어가서 air이 되면 소리가 [에얼]처럼 바뀌어요. 그래서 '모발' 이라는 단어 hair은 [하이르]가 아니라 [헤얼]처럼 발음되죠. 그렇다고 [헤어]는 아니에요. r 발음을 정확하게 살리는 것은 동영상을 보고 꼭 확인하세요.

 오늘의 미션!
다음 한글 발음과 뜻을 읽고 영어 스펠링을 직접 적어보세요.

❶ [에얼] 공기, 방송하다 _____

❷ [헤얼] 모발 _____

❸ [페얼] 짝, 짝을 이루다 _____

❹ [페얼] 공정한, (피부, 모발) 밝은, 시장, 박람회 _____

❺ [췌얼] 의자 _____

❻ [스떼얼] 계단 _____

❼ [어페얼] 일, 사건, 정사 _____

❽ [뤼페얼] 수리하다, 수리 _____

❾ [디스뻬얼] 절망, 절망하다 _____

❿ [업스떼얼즈] 위층으로, 위층의, 위층 _____

push
풋쉬
[puʃ] 밀다, 누르다, 밀어줌

flush
플럿쉬
[flʌʃ] 빨개지다, 빨개짐, 물을 내리다

bush
붓쉬
[buʃ] 관목

crush
크뤗쉬
[krʌʃ] 으깨다, 반함

rush
뤗쉬
[rʌʃ] 서두르다, 서두름

fresh
프뤠쉬
[freʃ] 신선한

brush
브뤗쉬
[brʌʃ] 빗, 빗질, 빗질하다

flesh
플렛쉬
[fleʃ] 살, 과육

blush
블럿쉬
[blʌʃ] 얼굴을 붉히다, 붉힘

refresh
뤼프뤠쉬
[rɪˈfreʃ] 생기를 불어넣다, 새로고침

push [풋쉬]

'밀다' 혹은 '누르다'라는 뜻의 초급 단어. 발음은 [푸시]가 아니고 [푸쉬]나 강조하는 느낌의 [풋쉬]가 좋아요. "버튼을 눌러"를 영어로는? Push the button[푸시 더 버튼 = 풋쉬 더 벝은]이 됩니다. 은유적으로도 쓰여요. 예를 들어 "그를 너무 심하게 몰아 부치지 마"는 Don't push him too hard[돈트 푸시 힘 투 하드 = 도운 풋쉬힘 투우 하알드]처럼 하면 돼요.

bush [붓쉬]

'관목'이라는 뜻의 중급 단어. 발음은 [부시]가 아니라 [붓쉬]가 좋아요. 키가 큰 나무가 아니라 사람의 허리 정도까지 오는 나무를 말해요. 이런 관목 속에서 사는 아프리카 부족을 Bushman[부시맨 = 붓쉬먼]이라고 하죠. 참고로 미국 대통령이었던 조지 부시(George Bush)처럼 사람 성으로도 쓰여요.

rush [륏쉬]

'서두르다' 혹은 '서두름'이라는 뜻의 중급 단어. 발음은 [러시]보다는 [륏쉬]가 좋아요. "서둘러서 결정하지 마"를 영어로는? Don't rush your decision[돈트 러시 유어 디시전 = 도운 륏쉬 유얼 디씨이줜]처럼 하면 돼요.

brush [브륏쉬]

'빗(솔)' 혹은 '빗질하다'라는 뜻의 초·중급 단어. 오늘 ush로 끝나는 7개의 단어를 배울 텐데, 1번, 2번의 [우] 소리를 제외한 나머지 5개 단어는 모두 [어] 발음이 되니까 참고하세요. brush도 [부루시]가 아니라 [브륏쉬]예요. "양치질 해"를 영어로는? Brush your teeth[브륏쉬 유얼 티이스]가 됩니다. 참고로 '칫솔'은 toothbrush[투웃스브륏쉬]예요.

blush [블럿쉬]

'얼굴을 붉히다'라는 뜻의 중급 단어. 발음이 절대로 [브러시]가 아니라 [ㄹ]을 살려서 [블럿쉬]처럼 해야 원어민이 알아들어요. "에이미가 얼굴이 붉어졌다"를 영어로는? Amy blushed[에이미 블럿쉬트]라고 하면 됩니다.

flush [플럿쉬]

'빨개지다'라는 뜻의 중급 단어. f 발음을 살려서 [플럿쉬], 꼭 직접 소리를 듣고 확인하세요. 원래 flu는 '흐르다'라는 뜻이에요. 몸으로 흘러 들어오는 게 '독감'이니까 flu[플루]. flush의 기본 뜻인 '얼굴이 빨개지는' 것도 혈액이 한꺼번에 흘러 들어가 생기는 거고요. 변기의 물이 한꺼번에 확 흐르도록 하는 것도 flush입니다. 말할 때는 이 뜻으로 많이 써요. "변기 물 내려"를 Flush the toilet[플럿쉬 더 토일릿]이라고 하면 됩니다.

crush [크뤗쉬]

'으깨다'라는 뜻의 중급 단어. 발음은 [어] 발음을 살려서 [크뤗쉬]라고 하면 돼요. "먼저 마늘을 으깨"를 영어로는? Crush the garlic first[크뤗쉬 더 가알릭 펄스트]라고 하면 돼요. 동시에 마음이 으깨지듯 누군가에게 '반하는 것'도 crush라고 해요. 영화나 회화에서 많이 들려요. "당신에게 반했어요"라는 뜻의 'I've got a crush on you[아입 가라 크뤗쉬 언유우]'는 유명한 노래 제목이기도 하니까 꼭 들어보세요.

fresh [프뤠쉬]

'신선한'이라는 뜻의 초·중급 단어. 발음이 [프레시]가 아니라 [프뤠쉬]이고 f 발음도 살려야 해요. '신선한 공기'는 영어로 fresh air[프뤠쉬 에얼], '신선한 물'은 fresh water[프레시 워터 = 프뤠쉬 워어럴]로 자주 쓰이니까 꼭 연습하세요.

flesh [플렛쉬]

'살'을 뜻하는 중 상급 단어. 발음은 [프레시]가 아니라 [ㄹ]을 살려서 [플렛쉬]처럼 하면 좋아요. 동물의 살을 말하고, 동시에 과일의 살은 과육이죠? '과육'도 flesh라고 해요.

refresh [뤼프뤠쉬]

'생기를 불어넣다'라는 뜻의 중급 단어. re[뤼: 다시] + fresh[프뤠쉬: 신선한] = refresh[뤼프뤠쉬]. 그래서 다시 신선하게 하다, 즉 '생기를 불어넣다'라는 뜻이죠. 참고로 인터넷에서 방문한 페이지를 다시 띄우고 싶을 때 누르는 '새로고침'이 영어로 refresh니까 슬쩍 봐두세요.

sh는 [시]가 아니라 [쉬]

sh는 생긴 모양만 보면 [ㅅㅎ]지만 합쳐지면 sh[쉬] 소리가 납니다. 절대로 한국어의 [시]처럼 발음하면 안돼요. 예를 들어 '밀다'라는 뜻의 push는 [푸시]가 아니라 [푸쉬]인 거예요!
10개 단어의 정확한 발음은 동영상을 통해 확인하세요.

 오늘의 미션!
다음 한글 발음과 뜻을 읽고 영어 스펠링을 직접 적어보세요.

sh로
끝나는 말은?

❶ [풋쉬] 밀다, 누르다, 밀어줌 _____

❷ [붓쉬] 관목 _____

❸ [륏쉬] 서두르다, 서두름 _____

❹ [브륏쉬] 빗, 빗질, 빗질하다 _____

❺ [블럿쉬] 얼굴을 붉히다, 붉힘 _____

❻ [플럿쉬] 빨개지다, 빨개짐, 물을 내리다 _____

❼ [크륏쉬] 으깨다, 반함 _____

❽ [프뤠쉬] 신선한 _____

❾ [플렛쉬] 살, 과육 _____

❿ [뤼프뤠쉬] 생기를 불어넣다, 새로고침 _____

211

long

러엉

[lɒːŋ] 긴, 길게, 갈망하다

wrong

뤄엉

[rɒːŋ] 잘못된, 틀리게, 나쁜 짓

along

얼러엉

[əˈlɒːŋ] ~을 따라서

strong

스츄뤄엉

[strɒːŋ] 강한, 내구성 있는, 독한

belong

빌러엉

[bɪˈlɒːŋ] ~에 속하다

young

여엉

[jʌŋ] 젊은

among

어멍

[əˈmʌŋ] ~중에서

hung

헝

[hʌŋ] 매달았다

song

썽

[sɒːŋ] 노래

lung

렁

[lʌŋ] 폐

long [러엉]

'긴' 혹은 '길게'라는 뜻의 초급 단어. 발음은 절대로 [롱]이 아니라 [러엉]처럼 길게 해야 해요. "그 것은 역사가 깊어"를 영어로는? It has a long history[이트 해즈 어 롱 히스토리 = 잇 해저 러엉 히스츄뤼]라고 하면 돼요. 목을 길게 빼고 무엇인가 바라본다면? 갈망하는 것이겠죠. '갈망하다'라는 뜻으로는 중급 단어예요.

along [얼러엉]

'~을 따라서'라는 초·중급 단어. 발음이 [어롱]이 아니고 [얼러엉]이죠. '강을 따라서'는 along the river[얼러엉 더 뤼벌]이 되고요. '길을 따라서'는 along the street[어롱 더 스트리트 = 얼러엉 더 스츄뤼잇]처럼 연습하면 됩니다.

belong [빌러엉]

'~에 속하다'라는 뜻의 중급 단어. be[비이: 있다] + long[러엉: 긴] = belong(길게 있다) 그래서 '거기에 속해 있다'라는 뜻이 생겨난 거죠. 노래 가사로도 많이 등장하는데요. "나는 너에게 속해 있어. 너는 나에게 속해 있고"라는 뜻의 I belong to you[아이 빌러엉 투 유우], You belong to me[유우 빌러엉 투우 미이]처럼 to가 쓰인다는 것에 주의하세요!

among [어멍]

'~중에서'라는 뜻의 중급 단어. 발음은 [어몽]이 아니라 [어머엉]이나 [어멍]이 좋아요. '학생들 사이에서'는 among students[어멍 스튜던츠 = 어머엉 스뜌런츠], '교사들 사이에서'는 among teachers[어멍 티쳐스 = 어머엉 티쳘즈]처럼 사용하면 됩니다. 참고로 '여러 명 사이에서'는 among을 쓰고 '두 명 사이에서'는 주로 between[빗트위인]을 써요!

song [썽]

'노래'라는 뜻의 초급 단어. 발음이 절대로 [송] 아니라 [썽]처럼 들려요. "나 이 노래 좋아"를 영어로는? I love this song[아이 러브 디스 송 = 아이 러업 디스 썽]처럼 하면 돼요.

wrong [뤄엉]

'잘못된, 틀린'이라는 뜻의 초급 단어. 발음을 절대로 [롱]이 아니라 [뤄엉]처럼 해야 원어민이 알아들어요. "무엇이 잘못되었는데"를 영어로는? What's wrong?[왓츠 롱 = 왓쓰 뤄엉]처럼 하면 됩니다. 뒤에 with를 쓰면 확장이 돼요. "너 무엇 때문에 이래?"는 What's wrong with you?[왓쓰 뤄엉 위잇 유우], "네 차가 무엇이 문제인데?"는 What's wrong with your car?[왓쓰 뤄엉 위잇 유얼 카알]처럼 쓰면 됩니다.

strong [스츄뤄엉]

'강한'이라는 뜻의 초급 단어. 발음은 [스토롱]이 아니라 [스츄뤄엉]처럼 해야 딱 맞아요. "힘들지만 꿋꿋하게 견뎌요"를 영어로는? Stay strong[스테이 스트롱 = 스떼이 스츄뤄엉]이고 한때 서로 힘내자는 이런 운동도 있었죠. 참고로 '강한(진한) 커피'는? strong coffee[스츄뤄엉 커피이]처럼 하면 됩니다.

young [여엉]

'젊은'이라는 뜻의 초급 단어. 발음은 [영]도 나쁘지 않지만 [여엉]처럼 길게 해줘야 좋아요. "너 젊어 보여"를 영어로는? You look young[유우 루욱 여엉]이라고 하면 돼요. 여기에 '너의 나이에 비해서'를 추가하려면 for your age만 뒤에 붙이면 돼요. You look young for your age[유우 루욱 여엉 포얼 유얼 에이쥐]처럼 말이죠.

hung [헝]

'매달았다'라는 뜻의 초·중급 단어. 발음은 [헝]이 좋아요. hang[행 : 매달다]의 과거형이에요. '그는 그림을 벽에 걸었다'를 영어로는? He hung the picture on the wall[히 헝 더 픽처 온더월 = 히이 헝 더 픽쳘 언너워얼]처럼 하면 됩니다.

lung [렁]

'폐'라는 뜻의 중급 단어. 발음은 [렁]이 좋고요. 양쪽 폐를 모두 말할 때는 both lungs[보우스 렁즈]처럼 하면 돼요. 이때 both[보우스]는 '둘 다'라는 뜻이에요. 참고로 '폐암'은 영어로? lung cancer[렁 캔썰]이니까 살짝 봐두세요.

ng의 발음은 [은그]가 아니라 [응]

n은 [ㄴ]이, g는 [ㄱ]이 기본 소리죠. 하지만 두 소리가 ng처럼 합해지면 [은그]가 아니라 [응] 소리로 변해요. 그래서 long(긴)은 [롱그]가 아니라 [러엉]처럼 [응] 발음이에요. 오늘 배운 단어는 모두 ong이나 ung으로 끝나니 [엉]처럼 발음하면 됩니다.

 오늘의 미션!
다음 한글 발음과 뜻을 읽고 영어 스펠링을 직접 적어보세요.

ng로
끝나는 말은?

❶ [러엉] 긴, 길게, 갈망하다 _____

❷ [얼러엉] ~을 따라서 _____

❸ [빌러엉] ~에 속하다 _____

❹ [어멍] ~중에서 _____

❺ [썽] 노래 _____

❻ [뤄엉] 잘못된, 틀리게, 나쁜 짓 _____

❼ [스츄뤄엉] 강한, 내구성 있는, 독한 _____

❽ [여엉] 젊은 _____

❾ [헝] 매달았다 _____

❿ [렁] 폐 _____

-orm 으로 끝나는 단어

form
포엄
[fɔːrm] 형태, (서류) 양식, 형성하다

inform
인포엄
[ɪnˈfɔːrm] 알려주다, 정보를 주다

worm
워엄
[wɜːrm] 지렁이, 애벌레

reform
뤼포엄
[rɪˈfɔːrm] 개혁, 개혁하다

dorm
도엄
[dɔːrm] 기숙사

perform
펄포엄
[pərˈfɔːrm] 수행하다, 연주하다

storm
스또엄
[stɔːrm] 폭풍, (화내고) 나가다

platform
플랫포엄
[ˈplætfɔːrm] 승강장, 강단, 기반

uniform
유너포엄
[ˈjuːnəfɔːrm] 제복

transform
츄랜스포엄
[trænsˈfɔːrm] 변형하다

form [포엄]

'형태'라는 뜻의 초·중급 단어. 발음은 [포엄]인데 우리말로 r 발음까지 표기하기 어려우니까 동영상을 확인하세요! 서류에도 형태가 있죠. 그래서 정해진 '양식'이나 '서류'를 form이라고 해요. 외국에 입국할 때 쓰는 세관 양식이나 입국 양식 모두 form이라고 하죠. "양식을 기입하세요"를 영어로는? Fill out the form[필라웃 더 포엄]이 됩니다.

worm [워엄]

'지렁이'라는 뜻의 중급 단어. w 발음 때문에 입술을 더 동그랗게 하면 좋아요. 꼭 동영상을 보고 확인하세요. 속담에도 이 단어가 등장해요. '지렁이도 밟으면 꿈틀한다'를 영어로는 Even a worm will turn[이븐 어 워엄 윌 턴 = 이브너 워엄 위을 터언]. 심지어 (even) 한 마리(a) 지렁이(worm)도 돌(turn) 것이야(will)로 이해하면 됩니다.

dorm [도엄]

'기숙사'를 뜻하는 중급 단어. 발음은 [돔]이 아니라 [도엄]이라고 하면 좋아요. 원래는 dormitory[더얼미터뤼]인데 너무 길죠? 그래서 줄여서 dorm이라고 써요. "기숙사에서는 흡연이 안 돼요"를 영어로는? No smoking in the dorm[노 스모킹 인 더 돔 = 노우 스모우낑 인더 도엄]이라고 하면 돼요.

storm [스또엄]

'폭풍'이라는 뜻의 중급 단어. 발음이 [스톰]이 아니라 [스또엄]이에요. 영화 〈엑스맨〉에서 날씨를 조정하는 능력을 지닌 인물이 storm이죠. '엄청난 폭풍'을 영어로는? big storm[비익 스또엄]이라고 하면 돼요. 참고로 두뇌에 폭풍이 오면? 엄청나게 생각을 많이 하는 거죠? 그래서 brainstorm[브뤠인스또엄]은 '창의적 집단토의'를 말해요.

uniform [유너포엄]

'제복'이라는 뜻의 초·중급 단어. uni[유니 : 하나] + form[폼 : 형태] = 옷이 하나의 형태밖에 없으니까 똑같은 모양의 '제복'을 말하게 된 것이죠. 발음은 [유니폼]이 아니라 [유너포엄]처럼 들려요. 교복은 school uniform[스쿨 유니폼 = 스꾸을 유너포엄], '경찰 제복'은 police uniform[폴리스 유너포엄]이라고 하면 돼요.

inform [인포엄]

'정보를 주다'라는 뜻의 중급 단어. 발음은 [인폼]보다는 [인포엄]이 좋아요. 이것의 명사형을 관광지에서 많이 볼 수 있죠. information[인포메이션 = 인퍼얼메이션]은 '정보'라는 뜻이고요. 줄여서 info[인포우]라고도 해요.

reform [뤼포엄]

'개혁' 혹은 '개혁하다'라는 뜻의 중급 단어. re[뤼: 다시] + form[포엄: 형태] = reform [뤼포엄: 다시 형태를 만들다, 개혁하다]로 기억하면 됩니다.

perform [펄포엄]

'수행하다'라는 뜻의 중급 단어. 발음은 [퍼폼]보다는 [펄포엄]이 좋아요. per[펄: 끝까지 쭉] + form[포엄: 형태] = 어떤 행사를 쭉 형태 있게 끝내는 거죠. 그래서 '수행하다'라는 뜻과 더불어 '연극', '연주', 심지어 '수술'까지도 모두 perform을 쓰면 돼요. "그들은 연주를 잘했어"는 They performed really well[데이 펄포엄드 뤼리 웨엘]이라고 하면 된다.

platform [플랫포엄]

'승강장'이라는 뜻의 중급 단어. 발음은 [프래폼]이 아니라 [플랫포엄]처럼 해야 정확해요. 기차, 버스 등 교통수단에 올라타도록 되어 있는 곳은 모두 platform이죠. 강의실에서 교사가 올라서는 강단도 승강장처럼 생겼죠? 그래서 '강단'이라는 뜻이 있고, 인터넷에서 어떤 장이 되는 장소도 '플랫폼'이라고 하죠. 이 뜻으로는 중·상급이에요.

transform [츄랜스포엄]

'변형하다'라는 뜻의 최상급 단어. 하지만 영화〈트랜스포머〉덕분에 익숙한 단어가 되었죠. trans[츄랜스: 바꾸다] + form[포엄: 형태] = 형태를 바꾸다, 변형하다 + er[얼: 사람] →'변형 가능한 자'가 바로 transformer[츄랜스포얼머]이고요. 동시에 '변압기'라는 뜻도 돼요. 어려운 단어니까 슬쩍 봐두기만 하세요.

발음규칙 51	or는 [오]와 [어] 사이

o 는 90%가 [오우]로 발음이 나고 [오]로 발음되는 경우는
뒤에 r이 올 때죠. 하지만 완전 동그란 [오]보다는 [오]
와 [어] 사이로 발음하는 것이 더 정확해요.
오늘 단어는 모두 form으로 끝나죠. 그래서 발음을
[폼]보다는 [포엄]처럼 하면 좋아요. 그러면 [오]와
[어] 사이가 되거든요.

 오늘의 미션!
다음 한글 발음과 뜻을 읽고 영어 스펠링을 직접 적어보세요.

❶ [포엄] 형태, (서류) 양식, 형성하다_____

❷ [워엄] 지렁이, 애벌레 _____

❸ [도엄] 기숙사 _____

❹ [스또엄] 폭풍, (화내고) 나가다 _____

❺ [유너포엄] 제복 _____

❻ [인포엄] 알려주다, 정보를 주다 _____

❼ [뤼포엄] 개혁, 개혁하다 _____

❽ [펄포엄] 수행하다, 연주하다 _____

❾ [플랫포엄] 승강장, 강단, 기반 _____

❿ [츄랜스포엄] 변형하다 _____

219

-own 으로 끝나는 단어

down
다운
[daʊn] 아래의, 아래로, 우울한, 솜털

gown
가운
[gaʊn] 드레스

town
타운
[taʊn] 마을

frown
프롸운
[fraʊn] 찡그리다, 찡그림

brown
브롸운
[braʊn] 갈색

uptown
업타운
[ʌpˈtaʊn] 윗동네(의), 부자동네

drown
쥬롸운
[draʊn] 익사하다

shutdown
셧다운
[ˈʃʌtdaʊn] 폐쇄

crown
크롸운
[kraʊn] 왕관, 왕위

countdown
카운다운
[ˈkaʊntdaʊn] 초읽기

down [다운]

'아래의' 혹은 '아래로'라는 뜻의 초급 단어. 발음이 절대로 [따운]이 아니라 [다운]이니까 주의! "길을 걸어 내려가자"를 영어로는? Let's walk down the street[렛쓰 워억 다운 더 스츄뤼잇]이죠. 만일 머리를 아래로 숙인다면? '우울한' 것일 테고요. 동시에 조류의 바깥 털이 아닌 안쪽(아래쪽)의 '잔털'을 다운이라고 하죠.

town [타운]

'마을'이라는 뜻의 초급 단어. 발음이 [토운]이 아니라 [타운]이에요. '고향'을 영어로 hometown[호움타운]이라고 하죠. 집이 있는 마을이니까 고향이죠. 또 downtown[다운타운] 하면 '시내'라는 뜻이에요. 마을의 길을 따라 아래로 가면 중심부가 나와서 붙여진 이름이고요.

brown [브롸운]

'갈색'이라는 뜻의 초·중급 단어. 발음은 [브라운]보다는 r 발음을 살린 [브롸운]이 좋아요. '갈색 모발'은 brown hair[브롸운 헤얼], '갈색 눈'은 brown eyes[브롸운 아이즈]라고 하면 돼요.

drown [쥬롸운]

'익사하다'라는 뜻의 중급 단어. 발음이 [드라운]보다는 [쥬롸운]이 더 정확해요. 팝송 가사에도 비유적으로 많이 쓰여요. "난 지금 상심의 바다에서 익사하고 있어요"라는 뜻의 I'm drowning in the sea of heartache[아임 쥬롸우닝 인더 씨이업 할테익]. Poco의 〈Sea of Heartbreak[씨이 업 할브뤠익: 상심의 바다]〉이라는 곡의 맨 마지막에 나와요.

crown [크롸운]

'왕관'이라는 뜻의 초·중급 단어. 발음은 [크라운]이 아니라 [크롸운]으로 해야 잘 알아들어요. 왕관을 쓰면 왕좌에 있게 되죠? 그래서 '왕자'라는 뜻도 있어요. 참고로 clown[클라운]은 서커스에 등장하는 '광대'니까 발음을 잘 구분하고요!

gown [가운]

'드레스'라는 뜻의 중급 단어. 발음은 [까운]이 아니고 [가운] 혹은 [갸운]도 좋아요. 미국에서는 이 단어가 dress[쥬뤠스]처럼 화려한 옷을 말하기도 해요. wedding dress[웨링 쥬뤠스]를 wedding gown[웨링 갸운]이라고 하고 ball gown[보얼 갸운]은 '무도회 드레스'를 말해요. ball이 '공'이라는 뜻 말고 '무도회'라는 뜻도 있거든요. 물론 병원복(의사, 환자 모두)을 뜻하는 hospital gown[하스삐를 갸운]처럼 화려하지 않은 옷에도 써요.

frown [프롸운]

'찡그리다'라는 뜻의 중급 단어. [프라운]이 아니라 [프롸운]이 좋고요, f 발음은 따로 확인하세요. 주로 안 좋은 일로 얼굴을 지뿌리는 것을 말해요. "스칼라가 얼굴을 찡그렸어"를 영어로는? Scarla frowned[스깔라 프롸운드]처럼 쓰면 돼요.

uptown [업타운]

'윗동네(의)'라는 뜻의 중급 단어. 발음은 [업타운]으로 어렵지 않아요. 예전에 비가 오면 아랫동네보다는 윗동네가 더 안전했죠? 그래서 부자동네를 '업타운'이라고도 해요. Billy Joel[빌리 조을]의 노래 중에 〈Uptown Girl[업타운 거얼]〉이라고 있어요.

shutdown [셧다운]

'폐쇄'를 뜻하는 중·상급 단어. 하지만 이해하기는 쉬워요. shut[셧: 닫다] + down[다운: 아래로] = 아래로 문을 닫다, 즉 '폐쇄하다'가 되죠. shut down을 붙여 쓰면 '폐쇄(shutdown)'라는 명사가 돼요. "그들은 공장을 폐쇄했어"는 They shut down the factory[데이 셔트 다운 더 팩토리=데이 셧다운 더 팩토뤼]라고 하면 됩니다.

countdown [카운다운]

'초읽기'라는 뜻의 중·상급 단어. 이미 익숙한 단어이기도 하죠. 로켓 발사를 할 때나 연말에 10부터 숫자를 거꾸로 세어 내려가잖아요. 그래서 count down[카운트 다운]이 합쳐져 countdown이 된 것이죠. 중간에 t[트]가 있긴 하지만 [카운다운]처럼 t가 없듯이 발음해야 더 잘 알아들어요.

own은 거의 [아운]으로 발음한다!

ow는 발음이 50% 는 [오우]로 50%는 [아우]로 될 가능성이 있어요. 그런데 뒤에 n이 붙으면 90% 정도가 [아운]으로 바뀌죠.
오늘 정리한 10개 단어 모두 [아운]으로 발음하면 돼요. 예를 들어 down은 [도운]이 아니고 [다운]이에요.

 오늘의 미션!
다음 한글 발음과 뜻을 읽고 영어 스펠링을 직접 적어보세요.

own으로
끝나는 말은?

❶ [다운] 아래의, 아래로, 우울한, 솜털 _____

❷ [타운] 마을 _____

❸ [브롸운] 갈색 _____

❹ [쥬롸운] 익사하다 _____

❺ [크롸운] 왕관, 왕위 _____

❻ [가운] 드레스 _____

❼ [프롸운] 찡그리다, 찡그림 _____

❽ [업타운] 윗동네(의), 부자동네 _____

❾ [셧다운] 폐쇄 _____

❿ [카운다운] 초읽기 _____

-rm 으로 끝나는 단어

arm
아암
[ɑ:rm] 팔, 팔걸이, 무장시키다

charm
촤암
[tʃɑ:rm] 매력, 부적, 매료시키다

farm
파암
[fɑ:rm] 농장, 농사 짓다

term
터엄
[tɜ:rm] 기간, 학기, 용어, (계약) 조건

warm
워엄
[wɔ:rm] 따스한, 따스하게 하다

germ
저엄
[dʒɜ:rm] 세균

harm
하암
[hɑ:rm] 해, 해를 입히다

perm
퍼엄
[pɜ:rm] 파마, 파마하다

alarm
얼라암
[əˈlɑ:rm] 경보(음), 자명종, 경고하다

sperm
스뻐엄
[spɜ:rm] 정자

arm [아암]

'팔'을 의미하는 초급 단어. 발음은 [아암]이나 [앎]을 천천히 발음하는 것처럼 하면 좋아요. 왼팔과 오른팔을 합하면 품(arms)이 되죠? 그래서 품을 열고 환영하는 느낌이 바로 open arms[오픈 암즈 = 오우쁜 앎즈]예요. 헤밍웨이의 작품《무기여 잘 있거라》, Farewell to Arms[페얼웨엘 투 앎즈]에서 arms는 '사람의 품'이란 뜻과 동시에 '무기(팔로 싸우니까)'라는 이중적인 뜻을 일부러 노린 제목이에요.

farm [파암]

'농장'이라는 뜻의 초급 단어. f 발음을 살려서 [파암]이나 [팖]처럼 발음하면 좋아요. 정확한 발음은 동영상에서 확인하세요. farm앞에 물고기를 붙이면 뭐가 될까요? 바로 fish farm[피쉬 팖], 즉 '물고기 양식장'이 됩니다. 그럼 '돼지 농장'을 영어로는? pig farm[피이그 파암 혹은 피그 팖]이 되겠죠.

warm [워엄]

'따스한'이란 뜻의 초급 단어. "먼저 (준비운동으로) 몸을 풀자고"를 영어로는? Let's warm up first[렛츠 웜업 퍼스트 = 렛쓰 워멉 퍼얼스트]라고 하면 돼요. 51번에서 배웠던 worm이 입술을 살짝 더 동그랗게 말아서 하는 발음이에요. 하지만 발음이 비슷해서 보통은 문맥을 보고 구분합니다.

harm [하암]

'해, 해를 입히다'라는 뜻의 초·중급 단어. 발음은 [하암]이나 [핢] 모두 좋아요. 참고로 harm[핢: 해] + ful[펄: 가득찬] = harmful[핢펄: 유해한]이 되고요. harm[핢: 해] + less [리스: 없는] = harmless[핢리스 = 핢러스: 무해한]는 시험에 비교 단어로 자주 나와요.

alarm [얼라암]

'경보(음)'나 '자명종'을 뜻하는 중급 단어. 발음은 [알람]이 아니라 [람]에 강세를 주면서 [얼라암]처럼 하면 좋아요. "자명종을 아침 5시에 맞춰"를 영어로는? Set the alarm for 5 am[세트 디 알람 포 파이브 에이엠 = 셋 디 얼라암 포얼 파입 에이엠]이라고 하면 돼요.

charm [촤암]

'매력'이라는 뜻의 중급 단어. 발음은 [참]보다는 [촤암]이나 [촤앎]처럼 하면 좋아요. "너의 매력을 이용해"를 영어로는? Use your charm[유우즈 유얼 촤암]. 만일 가진 물건이 매력을 발산하면? 그래서 '부적'이라는 뜻도 있고, 이 뜻으로는 중·상급 단어예요.

term [터엄]

'기간'이라는 뜻의 초·중급 단어. 발음이 [테름]이 아니에요. er은 [얼] 발음이죠. 그래서 [팀]보다는 [터엄]이나 [터앎]이 좋아요. 학교에서의 기간은 바로 '학기'죠. 그래서 '학기'라는 뜻이 있어요. '중간고사'는 midterm exam[미드텀 이그잼 = 밋터앎 익잼]이 돼요. 원래 term은 '끝'이라는 뜻이에요. 그래서 버스의 종점이 terminal[터미널 = 터얼미널]이죠. 서로 계약을 할 때 어떤 말로 끝을 정해야 논란이 없겠죠? 그래서 '용어' 그리고 '조건'이라는 뜻으로도 시험에 꽤 나와요. '조건'일 때는 terms[터앎즈]처럼 s가 붙어서만 쓰여요. '용어'와 '조건'이라는 뜻으로는 중급 단어예요.

germ [저엄]

'세균'이라는 뜻의 중급 단어. 발음은 [점]보다는 [저앎]이 좋아요. "살균을 해"는 Kill the germs[킬더점 = 키이을 더 저앎즈]예요.

perm [퍼엄]

'파마' 혹은 '마파하다'라는 뜻의 중급 단어. 발음은 절대로 [파마]나 [펌]이 아니라 [퍼엄] 혹은 [퍼앎]이 좋아요. "나 어제 파마했어"를 영어로는? I got a perm yesterday[아이 가러 퍼앎 예스털데이]. 파마를 한 번 한 거라 a perm처럼 a가 붙은 거죠. 참고로 '영원한'이라는 뜻의 permanent[펄머넌트]가 줄어서 perm이 되었어요. 영원하지는 않지만 일정 기간 곱슬한 모발이 유지되기 때문에 붙여진 이름이겠죠.

sperm [스뻐엄]

'정자'라는 뜻의 중·상급 단어. 발음은 [스펌]이 아니라 [스뻐엄] 혹은 [스뻐앎]이 더 정확해요.

ar은 90% [알]처럼 발음된다

a가 [아]로 발음되는 경우는 ar 이나 a로 끝나는 경우만 그렇다고 했죠. ar[알]에 m이 붙어 arm이 되면 발음은 한국어의 [앎]을 [ㄹ] 발음을 살려 천천히 발음하는 것과 비슷해요.
또 erm은 [에름]이 아니고 [얾]을 [ㄹ]을 살려서 천천히 발음하면 거의 유사해요. 실제 발음은 동영상에서~!

 오늘의 미션!
다음 한글 발음과 뜻을 읽고 영어 스펠링을 직접 적어보세요.

 rm으로 끝나는 말은?

❶ [아암] 팔, 팔걸이, 무장시키다 _____

❷ [파암] 농장, 농사 짓다 _____

❸ [워엄] 따스한, 따스하게 하다 _____

❹ [하암] 해, 해를 입히다 _____

❺ [얼라암] 경보(음), 자명종, 경고하다 _____

❻ [촤암] 매력, 부적, 매료시키다 _____

❼ [터엄] 기간, 학기, 용어, (계약) 조건 _____

❽ [저엄] 세균 _____

❾ [퍼엄] 파마, 파마하다 _____

❿ [스뻐엄] 정자 _____

-eak 로 끝나는 단어

weak
위이익

[wi:k] 약한

speak
스삐익

[spi:k] 말하다

leak
리이익

[li:k] 새다, 유출, (기밀) 누설

peak
피이익

[pi:k] 정점, 정점에 오르다

sneak
스니이익

[sni:k] 몰래 가다, 훔치다, 몰래 하는

freak
프뤼이익

[fri:k] 괴짜, 기겁하다

squeak
스뀌이익

[skwi:k] 끽 소리내다, 끽 하는 소리

break
브뤠익

[breɪk] 깨뜨리다, 깨지다, 휴식

steak
스떼익

[steɪk] 스테이크, 구운 고기

outbreak
아웃브뤠익

[ˈaʊtbreɪk] (병, 전쟁) 발발

weak [위이익]

'약한'이라는 뜻의 초급 단어. 발음은 [위크]보다는 [위이익]이 좋아요. '약한 심장'은 weak heart[위이익 하알트], '약한 다리'는 weak bridge[위이익 브뤼이쥐], '약한 지도자'는 weak leader[위이익 리이덜], '약한 커피'는 weak coffee[위이익 커퍼이], '약한 불빛'은 weak light[위이익 라잇]처럼 상상력을 발휘해서 계속 연습해보세요. 영어에 대한 자신감이 확 올라갑니다~!

speak [스삐익]

'말하다'라는 뜻의 초급 단어. 발음이 절대로 [스피크]가 아니라 [스삐익]. 전화를 바꿔달라고 할 때 가장 많이 쓰이는 표현이 있죠. "샘과 통화할 수 있을까요?"는 Can I speak to Sam?[캐나이 스삐익 투우 쌤]이 됩니다. 참고로 Speak your mind![스삐익 유얼 마인드]라고 하면 가진 마음, 즉 "본인의 생각을 밝혀!"라는 뜻이고요.

leak [리이익]

'새다' 혹은 '유출'이라는 뜻의 중급 단어. 발음은 [리크]가 아니고 [리이익]처럼 [ㅋ] 발음을 'ㄱ' 받침처럼 넣는 게 좋아요. 액체나 기체 그 무엇이든 새는 것은 다 leak을 써요. '기름 유출'은 oil leak[오이을 리이익]이 되고요. '정보 누설'이라는 뜻도 있어요.

peak [피이익]

'정점'이라는 뜻의 중급 단어. 발음이 [피크]가 아니죠. [피이익]처럼 하면 딱 맞아요. '성수기'를 영어로는? peak season[피이익 씨이즌], 참고로 '비수기'는? off season[아아프 씨이즌]이 됩니다. '줍다'라는 뜻의 pick[픽]과 발음을 반드시 구분하세요~!

sneak [스니이익]

'몰래 가다'라는 뜻의 중급 단어. 발음이 [스니크]가 아니라 [스니이익]이 맞아요. "우리는 건물에 몰래 들어갔지"는 We sneaked into the building[위이 스니이익떤 투우 더 비이을딩]. 이런 표현이 첩보영화에서 들릴 거예요. 더불어 몰래 들어가려면 구두보다는 운동화가 소리가 안 나겠죠. 그래서 sneakers[스니이껄즈]는 '운동화'란 뜻이에요. 신발이 양쪽이라 끝에 s가 붙어요. 미국 드라마나 영화 회화에서 정말 많이 들립니다.

freak [프뤼이익]

'괴짜'라는 뜻의 중·상급 단어. 발음은 [프리크]가 아니라 [프뤼이익]이 좋아요. f 발음은 꼭 실제 소리를 확인해서 연습하세요! 괴짜를 보면 기겁하겠죠? 영화나 구어체에서 꼭 들리는 표현이에요. "기겁하지 마"를 Don't freak out[도운 프뤼이까웃]이라고 해요.

squeak [스뀌이익]

'끽 소리를 내다'라는 뜻의 중급 단어. 발음이 [스퀴크]가 아니라 [스뀌이익]처럼 들려요. 새나 쥐처럼 동물뿐 아니라 심지어 문이 끽 소리를 내는 것에도 쓰여요. The door squeaked[더 도얼 스뀌이익트]처럼 쓰면 됩니다. 동화나 소설에서 많이 나오는 단어예요.

break [브뤠익]

'깨뜨리다'라는 뜻의 초급 단어. 발음은 [브레이크]가 아니라 [브뤠익]이 더 정확해요. 8번~10번까지는 ea가 [에이] 발음이 나는 예외인데 가장 잘 쓰이는 것 3개를 모아놓았어요. "약속 어기지 마"를 영어로는? Don't break your word[도운 브뤠익 유얼 월드]라고 하면 돼요. 쭉 일하다 깨지는 것이 바로 휴식이죠. 그래서 Let's take a break[렛쓰 테이꺼 브뤠익] 하면 "잠깐 쉽시다"라는 뜻이 돼요.

steak [스떼익]

'스테이크(구운 고기)'라는 뜻의 초·중급 단어. 이미 익숙한 단어죠. 발음을 [스테이크]가 아니라 [스떼익]처럼 해야 한다는 것만 주의하세요! 고기를 굽는 정도는 보통 세 가지로 나누죠. 피가 보이는 rare[뤠얼], 중간인 medium[미디엄 = 미리엄], 잘 익힌 well done[웰던 = 웨엘 던]. 외국 식당에 가서 주문할 때 꼭 사용해보세요.

outbreak [아웃브뤠익]

'(병이나 전쟁) 발발'을 뜻하는 중·상급 단어. 발음이 [아웃트브레이크]가 아니라 [아웃브뤠익]이죠. out[아웃: 밖으로] + break[브뤠익: 깨뜨리다] = '발발'이라는 뜻이 된 거죠. '코로나바이러스의 발발'은 영어로? the outbreak of coronavirus[디 아웃브뤠익 업 코로우나바이뤄스]가 됩니다.

발음규칙 54 ea는 거의 [이이], 예외는 [에이]로!

ea는 ee와 마찬가지로 거의 대부분 [이이]처럼 긴 [이] 소리로 바뀌어요. 예외가 있는데 steak[스떼이크]처럼 [에이] 발음이 나는 경우죠. 8~10번에 세 단어를 묶어놓았어요.
더불어 끝에 오는 k[크] 발음은 아주 약하게 하거나 앞 글자의 받침으로 집어넣으면 좋습니다.

 오늘의 미션!
다음 한글 발음과 뜻을 읽고 영어 스펠링을 직접 적어보세요.

eak로
끝나는 말은?

❶ [위이익] 약한 _____

❷ [스삐익] 말하다 _____

❸ [리이익] 세다, 유출, (기밀) 누설 _____

❹ [피이익] 정점, 정점에 오르다 _____

❺ [스니이익] 몰래 가다, 훔치다, 몰래 하는 _____

❻ [프뤼이익] 괴짜, 기겁하다 _____

❼ [스뀌이익] 끽 소리내다, 끽 하는 소리 _____

❽ [브뤠익] 깨뜨리다, 깨지다, 휴식 _____

❾ [스떼익] 스테이크, 구운 고기 _____

❿ [아웃브뤠익] (병, 전쟁) 발발 _____

salt
싸알트
[sɒːlt] 소금, 소금에 절이다

felt
페엘트
[felt] 느꼈다, 압축된 천

fault
파알트
[fɒːlt] 잘못, 결함

belt
베엘트
[belt] 허리띠, 벨트, 지대

adult
어덜트
[əˈdʌlt] 성인, 성인의

melt
메엘트
[melt] 녹다, 녹이다

consult
컨썰트
[kənˈsʌlt] 상담하다, 협의하다

built
비이을트
[bɪlt] 건설했다

difficult
디피컬트
[ˈdɪfɪkəlt] 어려운, 까다로운

guilt
기이을트
[gɪlt] 유죄, 죄책감

salt [싸알트]

'소금'이라는 뜻의 초급 단어. 발음을 [솔트]가 아니라 [싸알트]처럼 해야 더 정확해요. "여기에 소금을 좀 더 넣어야겠네"는 This needs more salt[디스 니드즈 모어 솔트=디스 니이즈 모얼 싸알트]가 돼요. 동시에 '소금에 절이다', 즉 '염장하다'라는 뜻이 있어요. '소금에 절인 생선'은 salted fish[솔티드 피시 = 싸알팃 피쉬], '가염된 땅콩'은 salted peanuts[솔티드 피너트즈 = 싸알팃 피넛츠]라고 하면 돼요.

fault [파알트]

'잘못, 결함'이라는 뜻의 초·중급 단어. 테니스 중계에서 서브한 공이 네트에 맞으면 나오는 표현이죠. 두 번 연달아 네트에 맞으면 점수를 잃게 되고요. 이때 double fault[더블 폴트 = 더브을 파알트]라고 들립니다. "네 잘못이야"를 영어로는? It's your fault[잇츠 유어 폴트 = 잇쓰 유얼 파알트]라고 하면 돼요.

adult [어덜트]

'성인' 혹은 '성인의'라는 뜻의 초·중급 단어. 발음을 [아둘투]가 아니고 [어덜트]처럼 해야 맞아요. '다 큰 고양이'를 영어로? adult cat[어덜트 캣]이라고 하면 됩니다.

consult [컨썰트]

'상담하다, 협의하다'라는 뜻의 중급 단어. 3번~5번 단어는 모두 발음이 ult[얼트]로 납니다. [컨술트]가 아니고 [컨썰트]처럼 해야 해요. '상담하는 사람'은 consultant[컨썰턴트]고요. "네 변호사에게 상담받아"는 Consult your lawyer[컨썰트 유얼 러열], "네 의사에게 상담받아"는 Consult your doctor[컨썰트 유얼 닥털]이라고 하면 됩니다.

difficult [디피컬트]

'어려운, 까다로운'이라는 뜻의 중급 단어. 발음은 [디피쿨트]가 아니라 [디피컬트]로 해야 해요. f 발음은 동영상에서 꼭 확인, 연습하고요. '어려운 질문'은 difficult question[디피컬트 퀘스쳔], '어려운 상황'은 difficult situation[디피컬트 시츄에이션], '어려운(까다로운, 까탈스런) 사람'은 difficult person[디피컬트 펄슨]이라고 하면 됩니다.

felt [페엘트]

'느꼈다'라는 뜻의 초·중급 단어. 발음은 [펠트]보다는 [페엘트]가 좋아요. f 발음은 직접 소리를 확인하세요! '그것은 차갑게 느껴졌다'는 It felt cold[잇 페엘트 코울드], '그것은 뜨겁게 느껴졌다'는 It felt hot[잇 페엘트 핫]. 이렇게 예문을 계속 만들어보세요!

belt [베엘트]

'허리띠'라는 뜻의 초·중급 단어. 이미 일상생활에서 익숙한 단어죠. 땅이 벨트처럼 되어 있으면 어떤 '지대'겠죠. 자연을 보호하기 위해 개발을 제한한 구역을 '그린벨트'라고 하죠. 영어로도 똑같이 써요. green belt[그뤼인 베엘트]처럼 발음만 주의하세요.

melt [메엘트]

'녹다' 혹은 '녹이다'라는 뜻의 초·중급 단어. 발음은 [멜트]가 아니라 [메엘트]처럼 하면 됩니다. 끝의 t[트] 소리를 약하게 발음하면 좋아요. "얼음이 녹고 있어"는 The ice is melting[디 아이스 이즈 멜팅 = 디 아이씨즈 메엘팅], "먼저 버터를 녹여"는 Melt the butter first[멜트 더 버터 퍼스트 = 메엘 더 버럴 펄스트]라고 해요.

built [비이을트]

'건설했다'라는 뜻의 초·중급 단어. 발음은 [빌트]보다는 [비이을트]가 좋아요. build[비이을드: 건설하다]의 과거형이죠. "우리는 이 집을 건설했어"는 We built this house[위이 비이을트 디스 하우스], "우리가 이 도시를 건설했어"는 We built this city[위이 비이을트 디스 씨리], Starship[스따알쉽]의 노래 중에 똑같은 제목이 있어요.

guilt [기이을트]

'죄, 죄책감'이라는 뜻의 중급 단어. 발음은 [길트]보다는 [기이을트]로 하거나 [트]를 더 약하게 발음하면 좋아요. 이 단어에 y를 붙인 guilty[기이을티]가 사용 빈도가 높은데요. 뜻은 '유죄의, 죄책감이 드는'이에요. "나는 그것에 대해 죄책감이 들어"를 영어로는? I feel guilty about it[아이 피이을 기이을티 어바우릿]이라고 하면 돼요.

ult는 [울트]가 아니라 [얼트]

u의 기본 소리는 [우]이지만 대개는 [어]에 가까운 소리가 나요. 그래서 ult[얼트]로 발음하면 좋아요.
elt는 예상대로 [엘트]로 발음되고, ilt로 끝나는 단어는 [일트]로 발음되니까 철자와 다른 발음이 없어요.
구체적인 발음은 동영상에서 확인하며 연습하세요~!

 오늘의 미션!
다음 한글 발음과 뜻을 읽고 영어 스펠링을 직접 적어보세요.

lt로
끝나는 말은?

① [싸알트] 소금, 소금에 절이다 _____

② [파알트] 잘못, 결함 _____

③ [어덜트] 성인, 성인의 _____

④ [컨썰트] 상담하다, 협의하다 _____

⑤ [디피컬트] 어려운, 까다로운 _____

⑥ [페엘트] 느꼈다, 압축된 천 _____

⑦ [베엘트] 허리띠, 벨트, 지대 _____

⑧ [메엘트] 녹다, 녹이다 _____

⑨ [비이올트] 건설했다 _____

⑩ [기이올트] 유죄, 죄책감 _____

easy
이이지
['iːzi] 쉬운, 편안한, 쉽게, 살살

clumsy
클럼지
['klʌmzi] 서투른, 어설픈

busy
비지
['bɪzi] 바쁜, 붐비는, 통화 중인

messy
메씨
['mesi] 난장판의, 엉망인

rosy
로우지
['roʊzi] 장밋빛의, 희망적인

classy
클래씨
['klæsi] 격조 있는, 최고급의

cosy/cozy
코우지
['koʊzi] 아늑한, 편안한

fantasy
팬터씨
['fæntəsi] 공상, 환상물(영화, 소설)

noisy
노이지
['nɔɪzi] 시끄러운

jealousy
쥏러씨
['dʒeləsi] 질투, 시샘

236

easy [이이지]

'쉬운' 혹은 '쉽게'라는 뜻의 초급 단어. 발음이 [에아시]가 아니라 [이이지]죠. ea가 긴 [이이] 소리가 나니까 [이이지]입니다. '쉬운 시험'은 easy test[이이지 테스트], '쉬운 길'은 easy way[이이지 웨이], '쉬운 승리'는 easy win[이이지 윈]이 돼요. 쉬우면 편하겠죠? easy day[이이지 데이]는 '편안한 하루', easy life[이이지 라이프]는 '편안한 삶'을 뜻해요. I'm easy[아임 이이지] 하면 "나는 까탈스럽지 않아"라는 뜻이고요.

busy [비지]

'바쁜'이라는 뜻의 초급 단어. 전화기가 바쁘면? The line is busy[더 라인 이즈 비지]처럼 '통화 중인'의 뜻도 있어요. 발음은 [부시]나 [부지]가 아니고 [비지]예요. u가 [이] 소리로 나는 몇 안 되는 예니 알아두세요! '바쁜 날'은 busy day[비지 데이]죠. 사람들이 바삐 움직이는 거리는? busy street[비지 스츄뤼잇], 바로 '붐비는 거리'라는 뜻입니다.

rosy [로우지]

'장미빛의, 희망적인'이라는 뜻의 중급 단어예요. [로시]나 [로지]가 아니라 [로우지]처럼 [오우] 발음을 꼭 살려주세요. '장미빛 미래'는 영어로? rosy future[로지 퓨처=로우지 퓨우취얼]이라고 하면 돼요.

cosy/cozy [코우지]

'아늑한, 편안한'이란 뜻의 중급 단어. 발음이 절대로 [코시]나 [코지]가 아니라 [코우지]예요. 생각보다 이 발음을 많이 틀리니까 꼭 기억하세요. "이 장소는 안락해"를 영어로는? This place is cosy[디스 플레이스 이즈 코우지]라고 하면 돼요. cosy는 영국식이고 미국에서는 s대신 z를 써서 cozy라고 해요. 발음과 뜻은 모두 동일해요. 참고로 같은 뜻의 어려운 단어가 comfortable[컴퍼터블 = 컴퍼러브을]이에요.

noisy [노이지]

'시끄러운'이라는 뜻의 초·중급 단어. 발음이 [노이시]가 아니라 [노이지]예요. 참, [노이쥐]라는 발음이 가끔 들리던데 그냥 [노이지]입니다. "이곳은 정말 시끄러워"를 영어로는? This place is really noisy[디스 플레이스 이즈 륄리 노이지]라고 하면 돼요.

clumsy [클럼지]

'서투른, 어설픈'이라는 뜻의 중급 단어. 발음이 [크룸지]나 [클룸시]가 아니라 [클럼지]예요. '서투른 웨이터'는 clumsy waiter[클럼지 웨이터 = 클럼지 웨이럴], '어설픈 남자아이'는 clumsy boy[클럼지 보이]처럼 쓰면 됩니다.

messy [메씨]

'난장판의, 엉망인'이라는 뜻의 중급 단어. 발음이 축구 선수 Messi[메씨]랑 똑같아요. '축구천재라 다른 선수를 엉망으로 만든다'고 외우면 되겠죠. 원래 '난장판'이라는 뜻의 mess[메쓰]에 y(~인 상태인)가 붙어 만들어진 단어예요. "네 방이 엉망이야"를 영어로는? Your room is messy[유어 룸 이즈 메시 = 유얼 루우미즈 메씨]라고 하면 됩니다.

classy [클래씨]

'격조 있는, 최고급의'라는 뜻의 중급 단어. 발음은 [크래시]가 아니라 [씨] 발음을 살려서 [클래씨]가 좋아요. class는 원래 '수업'이죠. 그런데 수업할 때 반이 나뉘죠? 그래서 class는 '계층'이라는 뜻도 있어요. 여기에 y(~인 상태인)가 붙어 '격조 있는'이 된 것이죠. '격조 있는 호텔'을 영어로는? classy hotel[클래씨 호테엘]이라고 하면 돼요.

fantasy [팬터씨]

'공상' 혹은 '영화, 소설의 환상물(작품)'을 뜻하는 중·상급 단어. 발음이 절대로 [판타지]가 아니죠! 이런 잘못된 표기를 많이 봐서 의외로 판타지라고 하는 사람이 많아요. 정확한 발음은 [팬터씨]이고 f 발음은 실제 소리를 꼭 확인하세요! '환상소설'은 fantasy novel[팬터씨 너블], '환상의 세계'는 fantasy world[팬터씨 워얼드]라고 해요.

jealousy [젤러씨]

'질투, 시샘'이라는 뜻의 중·상급 단어. 발음은 [제알로우시]가 아니라 [줴] 발음을 살려서 [젤러씨]처럼 해야 해요. 영국 락밴드 퀸(Queen)이 부른 똑같은 제목의 노래가 있어요. 더불어 y를 빼면 jealous[젤러스]인데 '질투하는, 시기하는'의 뜻으로 더 빈도가 높아요.

sy는 [지] 아니면 [씨]

y가 단어 끝에 오면 [이] 소리가 나죠. sy로 끝나면 발음이 [지] 아니면 [씨]가 돼요.
비율은 5대5 정도인데 딱히 정해진 발음규칙이 있지는 않아요. 그래서 가장 빈도가 높은 단어가 나올 때마다 입에 붙이는 방법이 제일 좋아요! 1번~6번 단어는 [지], 7번~10번 단어는 [씨]로 묶어놓았어요.

 오늘의 미션!
다음 한글 발음과 뜻을 읽고 영어 스펠링을 직접 적어보세요.

sy로 끝나는 말은?

❶ [이이지] 쉬운, 편안한, 쉽게, 살살 _____

❷ [비지] 바쁜, 붐비는, 통화 중인 _____

❸ [로우지] 장밋빛의, 희망적인 _____

❹ [코우지] 아늑한, 편안한 _____

❺ [노이지] 시끄러운 _____

❻ [클럼지] 서투른, 어설픈 _____

❼ [메씨] 난장판의, 엉망인 _____

❽ [클래씨] 격조 있는, 최고급의 _____

❾ [팬터씨] 공상, 환상물(영화, 소설) _____

❿ [젤러씨] 질투, 시샘 _____

-rry 로 끝나는 단어

worry
워뤼

['wɜːri] 걱정하다, 걱정

carry
캐뤼

['kæri] 나르다, 거리

sorry
싸뤼

['sɑːri] 미안한, 뭐라고요?

curry
커뤼

['kɜːri] 카레

hurry
허뤼

['hɜːri] 서두르다, 서두름

ferry
페뤼

['feri] 연락선, 실어나르다

marry
매뤼

['mæri] 결혼하다

berry
베뤼

['beri] (과일) 베리류

cherry
췌뤼

['tʃeri] 체리

starry
스따뤼

['stɑːri] 별이 많은

worry [워뤼]

'걱정하다' 혹은 '걱정'이라는 뜻의 초급 단어. 발음을 [워리]가 아니고 [뤼] 발음을 살려서 [워뤼]라고 해야 정확해요. "나에 대해서 걱정하지 마"를 영어로는? Don't worry about me[돈트 워리 어바우트 미 = 도운 워뤼 어바웃 미이]라고 하면 돼요.

sorry [싸뤼]

'미안한'이라는 뜻의 초급 단어. 발음을 [쏘리]가 아니라 [싸뤼]처럼 해야 해요. 오늘 정리할 10개 단어 모두 끝은 [뤼]라서 정리하기 쉬워요. "미안하다고 말해"는 Say sorry[쎄이 싸뤼], "늦어서 미안해"는 I'm sorry I'm late[아임 싸뤼 아임 레잇]이라고 간단하게 할 수 있어요. 참고로 누가 한 말을 못 알아들었을 때 "미안한데 뭐라고 했어요?"를 길게 쓰지 않고, 그냥 "Sorry?"라고 억양을 끝만 올려서 말하면 돼요.

hurry [허뤼]

'서두르다'라는 뜻의 초급 단어. 발음은 [허리]가 아니라 [허뤼]가 정확해요. "서두릅시다"를 영어로는? Let's hurry[렛쓰 허뤼]죠. 아이가 서둘러야 한다고 내 '허리'를 잡고 보채는 장면을 떠올리면 쉽게 외워집니다. 반대로 "서둘러서 뭐해?"는 Why the hurry?[와이 더 허뤼]처럼 동사 없이 그냥 정해진 표현으로 쓰니까 슬쩍 보아두세요.

marry [매뤼]

'결혼하다'라는 뜻의 초급 단어. 발음을 [매리]가 아니라 [매뤼]라고 해야 정확해요. '그녀는 톰과 결혼했다'를 영어로는 She married Tom[쉬이 매뤼이드 탐]이 되고요. 이때 She married with(x) Tom처럼 '함께'라는 뜻의 with를 쓰면 틀리니까 주의하세요! '그녀는 일찍 결혼했다'는 She married young[쉬이 매뤼이드 여엉]이라고 하면 돼요. 참고로 Merry Christmas!(즐거운 성탄)의 merry[메뤼]는 '즐거운'이라는 뜻의 단어니까 발음 차이를 알아두세요! marry[매뤼] vs. merry[메뤼].

cherry [췌뤼]

'체리'라는 뜻의 중급 단어. [체리]가 아니라 [췌] 발음까지 살려서 [췌뤼]라고 해야 정확해요! 빨간색의 작은 과일을 뜻하죠.

241

carry [캐뤼]

'나르다'라는 뜻의 초급 단어. 발음은 [캐리]가 아니라 [캐뤼]가 정확해요. 참고로 스티븐 킹의 공포소설 《캐리》는 Carrie이고 발음은 [캐뤼]로 동일해요. "내가 그것을 들어 줄게"를 영어로는? I'll carry that for you[아이을 캐뤼 댓 포얼 유우]라고 하면 돼요. 공이 날아가서 떨어질 때까지 공중에 떠 있는 체공 거리를 carry라고도 해요. "나도 모르게 얼떨결에 이렇게 되었어"는 I got carried away[아이 갓 캐뤼이드 어웨이]라고 하면 돼요. 나의 정신이 멀리(away) 운반되게(carried) 되었어(got)처럼 기억하면 됩니다.

curry [커뤼]

'카레'를 뜻하는 중·상급 단어. 발음이 [카레]가 아니라 [커뤼]가 맞아요. "카레라이스 먹자"를 영어로? Let's have curry and rice[렛쓰 해브 커뤼 앤 롸이스]처럼 중간에 and[앤드 = 앤]이 꼭 있어야 해요!

ferry [페뤼]

'연락선'을 말하는 중급 단어. 발음은 [페리]가 아니라 [페뤼]가 정확해요. f 발음은 꼭 실제 소리를 듣고 확인하세요! 항구에 가면 한글로도 '페리호'라고 눈에 띄죠. 바로 그 단어예요. 참고로 비슷하게 생긴 furry[퍼뤼]는 '털이 많은'이라는 중급 단어예요.

berry [베뤼]

'(과일) 베리류'를 말하는 중급 단어. 발음이 [베리]가 아니고 [베뤼]가 맞아요. '딸기'는 strawberry[스츄뤄베뤼], '블루베리'는 blueberry[블루베뤼], '라스베리'는 raspberry[뢔즈베뤼]. 이때 p가 묵음이죠. '허클베리'는? huckleberry[허끌베뤼]가 됩니다.

starry [스따뤼]

'별이 많은'이라는 뜻의 중급 단어. 발음을 [스타리]가 아니라 [스따뤼]로 해야 해요. '별'이 star[쓰따알]이죠. 여기에 ry(~상태에 있는)가 붙어서 만들어진 단어예요. Don McLean[단 맥끌리인]의 〈Vicent[빈센트]〉라는 노래의 부제가 Starry Starry Night[스따뤼 스따뤼 나잇]으로 '별이 빛나는 밤에'라는 뜻이에요.

한국에서는 r 소리를 따로 구분하지 않죠. 그래서 sorry를 [쏘리]처럼 발음하는 경우가 많아요. 하지만 [r]은 입술을 동그랗게 모은 상태에서 소리를 내야 해요.
그 뒤에 y 는 [이] 소리가 나니까 [리] 처럼 발음하기 쉽지만 반드시 [뤼]처럼 발음해야 영어의 r 소리에 가까워요.

 오늘의 미션!
다음 한글 발음과 뜻을 읽고 영어 스펠링을 직접 적어보세요.

 rry로 끝나는 말은?

❶ [워뤼] 걱정하다, 걱정 _____

❷ [싸뤼] 미안한, 뭐라고요? _____

❸ [허뤼] 서두르다, 서두름 _____

❹ [매뤼] 결혼하다 _____

❺ [췌뤼] 체리 _____

❻ [캐뤼] 나르다, 거리 _____

❼ [커뤼] 카레 _____

❽ [페뤼] 연락선, 실어나르다 _____

❾ [베뤼] (과일) 베리류 _____

❿ [스따뤼] 별이 많은 _____

-den 으로 끝나는 단어

gol**den**
고울든

[ˈɡoʊldən] 황금(색)의, 전성기의

gar**den**
가알든

[ˈɡɑːrdn] 정원, 정원을 가꾸다

hid**den**
히든

[ˈhɪdn] 숨겨진

sud**den**
써든

[ˈsʌdn] 갑작스러운

bur**den**
버얼든

[ˈbɜːrdn] 부담, 부담을 주다

wi**den**
와이든

[ˈwaɪdn] 넓히다, 넓어지다

broa**den**
브롸든

[ˈbrɒːdn] 확장하다

har**den**
하알든

[ˈhɑːrdn] 굳게 하다

woo**den**
우든

[ˈwʊdn] 나무로 된

forbid**den**
폴비든

[fəˈbɪdn] 금지된

golden [고울든]

'황금(색)의'라는 뜻의 초·중급 단어. 발음이 [골든]이 아니고 [고울든]이에요. '금발'은 golden hair[고울든 헤어], '금색 왕관'은 golden crown[고울든 크롸운]이라고 하면 돼요. 한국어에서도 황금기가 전성기라는 뜻이죠. 영어에서는 '황금처럼 멋진 날들'이라고 해서 golden days[고울든 데이즈] 혹은 golden years[고울든 이얼즈]가 됩니다.

garden [가알든]

'정원'이라는 뜻의 초·중급 단어. 발음은 [가든]이 아니라 [가알든]처럼 r 소리를 살려야 해요. 정원이 앞에 있으면 front garden[프론트 가든 = 프런 가알든], 정원이 뒤에 있으면 back garden[백 가알든]이라고 하면 됩니다. 참고로 '에덴동산'은 영어로? The Garden of Eden[더 가알든 오브 이이든]이죠.

hidden [히든]

'숨겨진'이라는 뜻의 초·중급 단어. 발음은 [히든] 혹은 [히른]도 좋아요. '숨겨진 카메라'는 hidden camera[히른 캐머뤄], '숨겨진 의미'는 hidden meaning[히른 미이닝], '숨겨진 재능'은 hidden talents[히른 탤런츠], '숨겨진 보물'은 hidden treasure[히른 츄뤠절]처럼 반복해서 연습하면 기억에 오래 남아요.

sudden [써든]

'갑작스러운'이라는 뜻의 중급 단어. 발음은 [수든]이 아니라 [써든] 혹은 [써른]이 좋아요. '갑작스러운 변화'는 sudden change[써른 췌인쥐], '갑작스러운 죽음'은 sudden death[써든 데스], '갑작스러운 공격'은 sudden attack[써른 어택]입니다.

burden [버얼든]

'부담' 혹은 '부담을 주다'라는 뜻의 중급 단어. 발음은 [버든]이 아니라 r 발음을 살려서 [버얼든]이 좋아요. '엄청난 부담'은 great burden[그뤠잇 버얼든], '불공정한 부담'은 unfair burden[언페얼 버얼든]처럼 하면 돼요. 참고로 "나, 너한테 부담되기 싫어"는 I don't want to be a burden on you[아이 도운 원투 비이 어 버얼든 언 유우]처럼 to you가 아니라 '접촉(영향)'의 뜻인 on이 쓰인다는 것도 슬쩍 보아두세요.

widen [와이튼]

'넓히다, 넓어지다'라는 뜻의 중급 단어. 발음은 [위튼]이 아니고 [와이튼]이에요. '넓은'이라는 뜻의 wide[와이드]에 n이 붙어서 동사(동작)가 된 단어죠. '그의 눈이 더 커졌다'는 His eyes widened[히즈 아이즈 와이튼드], '그 차이가 더 넓어졌다'는 The gap widened[더 갭 와이튼드]라고 하면 됩니다.

broaden [브롸튼]

'확장하다'라는 뜻의 중급 단어. 발음을 [브로튼]이 아니고 [브롸튼] 혹은 [브롸른]처럼 하면 맞아요. '폭넓은'이라는 뜻의 broad[브롸드]에 en이 붙어서 동사(동작)가 된 단어예요. '넓은 도로(대로)'가 broadway[브롸드웨이]죠. "책은 마음의 폭을 넓혀줘"는 Books broaden your mind[부욱스 브롸른 유얼 마인드]라고 하면 돼요.

harden [하알튼]

'굳게 하다'라는 뜻의 중급 단어. 발음은 [하튼]보다는 [하알튼]이 좋아요. '딱딱한'이라는 뜻의 hard[하알드]에 en(만들다)이 붙어 생긴 단어죠. "마음을 굳게 먹어"를 영어로? Harden your heart[하알튼 유얼 하알트]로 하면 돼요.

wooden [우튼]

'나무로 된'이라는 뜻의 중급 단어. 발음은 [우튼] 혹은 [우른]도 좋아요. '목재'라는 뜻의 wood[우드]에 '만들다'라는 뜻의 en이 붙어 생긴 단어예요. '나무로 된 문'은 wooden door[우른 도얼], '나무로 된 집'은 wooden house[우른 하우스]처럼 쓰면 돼요.

forbidden [폴비튼]

'금지된'이라는 뜻의 중·상급 단어. 발음은 [포비튼]이 아니라 [폴비튼] 혹은 [폴비른]이 좋아요. f 발음은 실제 소리를 확인하세요! 원래 '금지하다'라는 뜻의 forbid[폴비드]에 en(만들어진)이 붙어서 생긴 단어예요. '금지된 게임'은 forbidden game[폴비른 게임], '금지된(금단의) 열매'는 forbidden fruit[폴비른 푸루웃]이 됩니다.

den은 [덴]이 아니라 [든]

den은 생긴 모양은 [덴]이지만 실제로는 [든]으로 소리가 나오. 오늘 확인한 단어 10개도 예외 없이 [든], 더 부드럽게 바뀌면 [른]으로 해도 되죠.
예를 들어 '숨겨진'이란 뜻의 hidden은 [히덴]이 아니라 [히든] 혹은 [히른]의 발음이 더 정확해요.

 오늘의 미션!
다음 한글 발음과 뜻을 읽고 영어 스펠링을 직접 적어보세요.

den으로
끝나는 말은?

❶ [고울든] 황금(색)의, 전성기의 _____

❷ [가알든] 정원, 정원을 가꾸다 _____

❸ [히든] 숨겨진 _____

❹ [써든] 갑작스러운 _____

❺ [버얼든] 부담, 부담을 주다 _____

❻ [와이든] 넓히다, 넓어지다 _____

❼ [브롸든] 확장하다 _____

❽ [하알든] 굳게 하다 _____

❾ [우든] 나무로 된 _____

❿ [폴비든] 금지된 _____

try
츄롸이

[traɪ] 시도하다, 시도

fly
플라이

[flaɪ] 날다, 날리다, 파리

cry
크롸이

[kraɪ] 울다, 소리치다

fry
프롸이

[fraɪ] 튀기다, 튀겨지다

dry
쥬롸이

[draɪ] 마른, 말리다

why
와이

[waɪ] 왜, 이유, 이런!

sky
스까이

[skaɪ] 하늘

rely
륄라이

[rɪˈlaɪ] 의존하다

spy
스빠이

[spaɪ] 염탐꾼, 첩자, 염탐하다

apply
어플라이

[əˈplaɪ] 지원하다, 적용하다, 바르다

try [츄롸이]

'시도하다' 혹은 '시도'라는 뜻의 초급 단어. 발음은 [트라이]보다는 [츄롸이]가 정확해요. "이 음식을 한번 먹어봐"는 Try this food[츄롸이 디스 푸웃], "모든 것을 시도해봐"는 Try everything[츄롸이 에브뤼씽]이라고 하면 돼요. 〈Try To Remember[츄롸이 투우 뤼멤벌]〉도 들어보세요. 뜻은 '기억하려고(remember) 노력한다(try to)'죠.

cry [크롸이]

'울다'라는 뜻의 초급 단어. 발음은 [크라이]보다는 [크롸이]가 좋아요. "울지 마"라는 뜻의 Don't cry[도운 크롸이]는 〈아르헨티나여, 나를 위해 울지 마〉라는 뮤지컬, 영화 그리고 팝송 제목이기도 하죠. 울 때는 목소리가 커지죠? 그래서 '소리치다'라는 뜻도 있어요. 늑대가 나타났다는 양치기 소년의 거짓말을 He cried wolf again[히이 크롸이드 워울프 어겐]이라고 해요. 뜻은 '그가(he) 다시(again) 늑대다(wolf)라고 소리쳤다(cried)'죠.

dry [쥬롸이]

'마른, 건조한'이라는 뜻의 초급 단어. 발음은 [드라이]보다는 [쥬롸이]가 정확해요. '건조한 겨울'은 dry winter[쥬롸이 윈털], '건조한 모발'은 dry hair[쥬롸이 헤얼]처럼 쓰면 돼요. 동사로는 '건조시키다'인데 "모발을 말려"는 Dry your hair[쥬롸이 유얼 헤얼]이라고 하면 됩니다.

sky [스까이]

'하늘'이라는 뜻의 초급 단어. 발음은 [스카이]가 아니라 [스까이]가 좋아요. '파란 하늘'은 blue sky[블루 스까이], '어두운 하늘'은 dark sky[다알크 스까이]라고 하면 돼요. "그거 그림의 떡이야"는 It's pie in the sky[잇쓰 파이 인더 스까이]니까 살짝 보아두세요.

spy [스빠이]

'염탐꾼, 첩자'라는 뜻의 초·중급 단어. 발음이 [스파이]가 아니라 [스빠이]가 정확해요. "그는 첩자야"를 영어로는? He's a spy[히즈 어 스빠이]라고 하면 되죠. 동사로는 '염탐하다'라는 뜻이 있어요. "너 나를 염탐(감시)하는 거야?"는 Are you spying on me?[알 유우 스빠이잉 언 미이]라고 해요. 이때 '접촉(붙어서)'이라는 뜻의 on이 쓰여요.

249

fly [플라이]

'날다' 혹은 '날리다'라는 뜻의 초급 단어. 발음은 절대로 [프라이]가 아니라 [플라이]처럼 [플]을 살려줘야 해요. f 는 실제 소리를 확인하세요! "파리까지 비행기 타고 가자"는 Let's fly to Paris[렛쓰 플라이 투우 패뤼스]라고 하면 돼요. 날아 다니는 곤충 '파리'도 fly고요. 텐트나 바지의 지퍼 부분은 날개처럼 보이죠. 그래서 "너 남대문 열렸어"는 Your fly is open[유얼 플라이 이즈 오우쁜]이라고 하면 돼요.

fry [프롸이]

'튀기다'라는 뜻의 초·중급 단어. 발음은 [프라이]보다는 [프롸이]처럼 r 소리를 살려줘야 해요. "생선을 튀겨"는 Fry the fish[프롸이 더 피쉬]가 돼요. 이미 '튀긴 닭고기'라면 fried chicken[프롸이드 취킨], '튀긴 두부'라면 fried tofu[프롸이드 토우푸]가 되죠.

why [와이]

'왜'라는 뜻의 초급 단어. 발음은 절대로 [화이]가 아니라 [와이]입니다. "나한테 왜인지 말해"는 Tell me why[테엘 미이 와이], "왜 그런지 너에게 말 못 하겠어"는 I can't tell you why[아이 캐앤 테엘 유우 와이]라고 하면 돼요.

rely [륄라이]

'의존하다'라는 뜻의 중급 단어. 발음은 [리라이]나 [릴라이]가 아니고 [륄라이]처럼 [륄] 발음을 살려줘야 해요. "나한테 의지해"는 Rely on me[륄라이 언 미이]라고 하면 돼요. 이때 '접촉(붙어서)'을 의미하는 on이 있어야 의지가 가능하겠죠. rely to(x) me처럼 쓰지 않도록 주의하세요.

apply [어플라이]

'지원하다'라는 뜻의 중급 단어. 발음이 [어프라이]가 아니라 [어플라이]예요. "그 일자리에 지원해"는 Apply for the job[어플라이 포얼 더 좌압]처럼 for가 필요하다는 것에 주의하세요! '적용하다'라는 뜻도 있어요. 더불어 연고나 무엇을 피부에 바르는 것에도 이 단어를 써요.

ry는 [뤼]가 아니라 [롸이]

y는 단어 끝에 오면 주로 [이]로 발음이 된다는 것을 정리했어요. 그런데 단어가 세 글자인 경우, 그리고 자음+y가 되는 경우에는 [아이]로 발음돼요.
예를 들어 spy는 세 글자죠. 그래서 [스피]가 아니라 [스빠이]이고, way는 세 글자이지만 y 앞이 모음(a o u e i a)죠. 그래서 [웨아이]가 아니라 [웨이]가 돼요.

 오늘의 미션!
다음 한글 발음과 뜻을 읽고 영어 스펠링을 직접 적어보세요.

y로
끝나는 말은?

❶ [츄롸이] 시도하다, 시도 _____

❷ [크롸이] 울다, 소리치다 _____

❸ [쥬롸이] 마른, 말리다 _____

❹ [스까이] 하늘 _____

❺ [스빠이] 염탐꾼, 첩자, 염탐하다 _____

❻ [플라이] 날다, 날리다, 파리 _____

❼ [프롸이] 튀기다, 튀겨지다 _____

❽ [와이] 왜, 이유, 이런! _____

❾ [륄라이] 의존하다 _____

❿ [어플라이] 지원하다, 적용하다, 바르다 _____

-ie 로 끝나는 단어

lie
라이
[laɪ] 눕다, 거짓말하다, 거짓말

rookie
루키
[ˈroki] 신참

die
다이
[daɪ] 죽다

calorie
캘러뤼
[ˈkæləri] 칼로리, 열량

tie
타이
[taɪ] 묶다, 넥타이, 유대관계, 동점

bye
바이
[baɪ] 안녕(헤어지는 인사)

pie
파이
[paɪ] 파이

eye
아이
[aɪ] 눈, 쳐다보다

movie
무우비
[ˈmuːvi] 영화

rye
롸이
[raɪ] 호밀

lie [라이]

'눕다' 혹은 '거짓말하다'라는 뜻의 초급 단어. 발음이 [리에]가 아니고 [라이]예요. "등을 대고 누워"는 Lie on your back[라이 언 유얼 백]. 등을 접촉(on)해서 눕는다는 뜻이라 on이 쓰였어요. 누워 있으면 일어나기 싫어서 거짓말할 수도 있죠. "나한테 거짓말하지 마"를 영어로? Don't lie to me[도운 라이루우 미이]라고 하면 돼요.

die [다이]

'죽다'라는 뜻의 초급 단어. 발음이 [디에]가 아니라 [다이]죠. "그는 3년 전에 죽었어"는 He died three years ago[히이 다이드 쓰뤼 이얼즈 어고우]. 3년(three years) 전에(ago) 죽었다(died). 중급 단어로 '주사위'라는 뜻이 있어요. '주사위를 잘못 던지면 죽을 만큼 위험하다'로 기억하세요. '염색하다'라는 뜻의 dye도 [다이]로 발음이 동일해요.

tie [타이]

'묶다'라는 뜻의 초급 단어. 발음이 [티에]가 아니고 [타이]죠. 목에 묶는 것이 넥타이인데 영어에서는 '넥'을 빼고 그냥 '타이'로 써요. "너, 넥타이를 매"는 Tie your tie[타이 유얼 타이]가 돼요. 경기에서 서로 점수를 묶어놓으면 동점인 거죠? '그 경기는 동점으로 끝났다'는 영어로 The match ended in a tie[더 매애취 엔딧 인 어 타이]가 됩니다. 참고로 사람까지 잘 묶이면? '유대관계'라는 뜻의 tie는 중급 단어예요.

pie [파이]

'파이'라는 뜻의 중급 단어. 발음이 [피에]가 아니라 [파이]죠. '사과 파이'는 apple pie[애플 파이 = 애쁘을 파이], '체리 파이'는 cherry pie[췌리 파이]처럼 쓰면 돼요. '원주율 파이(π)'는 pi인데 발음이 동일해요.

movie [무우비]

'영화'라는 뜻의 초급 단어. 모양은 [모비에]처럼 생겼죠. 정확한 발음은 [무우비]예요. 윗치아를 아랫입술 안쪽에 대는 v 발음을 꼭 살리고요. "영화 보자"는 영어로 Let's watch a movie[렛쓰 워취 어 무우비]처럼 watch외에도 see[씨이] 혹은 go to[고우 투우]를 watch 자리에 쓰면 돼요.

rookie [루키]

'신참'이라는 뜻의 중급 단어. 발음은 [루키] 혹은 [루]를 살짝 더 길게 강조해서 [루우키]도 좋아요. '신참 선수'는 rookie player[루키 플레이얼], '신참 코치'는 rookie coach[루키 코우취]죠. 참고로 비슷한 철자의 cookie[쿠키]는 '과자'를 말해요.

calorie [캘러뤼]

'칼로리, 열량'이라는 뜻의 중·상급 단어. 발음이 [칼로리]가 아니고 [캘러뤼]니까 정확히 연습하세요. '고칼로리 음식'은 high-calorie food[하이 캘러뤼 푸웃], '저칼로리 식단'은 low-calorie diet[로우 캘러뤼 다이엇]이라고 하면 돼요.

bye [바이]

'안녕'이라는 뜻의 초급 단어. 발음이 [비에]가 아니라 [바이]예요. 헤어질 때 하는 인사인 goodbye[그웃바이]를 줄여 쓴 것이죠. "이제 인사하고 헤어지자고"는 Let's say goodbye[렛쓰 쎄이 그웃바이]라고 하면 됩니다.

eye [아이]

'눈'이라는 뜻의 초급 단어. 발음이 [에예]나 [에이에]가 아니고 [아이]예요. 철자를 이상하게 써놓고 정말 간단하게 읽죠. '왼쪽 눈'은 left eye[레프트 아이], '오른쪽 눈'은 right eye[롸잇 아이], "두 눈을 감아"는 Close your eyes[클로우즈 유얼 아이즈], "두 눈을 모두 떠"는 Open your eyes[오우쁜 유얼 아이즈]라고 하면 됩니다.

rye [롸이]

'호밀'이라는 뜻의 중·상급 단어. 발음은 [리에]나 [라이]가 아니고, [롸] 발음을 살려서 [롸이]가 맞아요. '호밀 빵'을 영어로는 rye bread[롸이 브레드]라고 해요.《호밀 밭의 파수꾼》이라는 유명한 소설이 있죠. 영어로 The Catcher In the Rye[더 캣철 인 더 롸이]니까 슬쩍 봐두기만 하세요.

i는 [이], e는 [에] 발음이 기본이죠. 하지만 ie는 주로 [이]로 소리가 나요. 다만 단어의 글자가 딱 3개인 단어는 [아이]가 돼요. '묶다'라는 뜻의 tie는 세 글자죠. 그래서 [타이]처럼 발음이 돼요.
하지만 세 글자 이상인 경우는 99%가 [이] 발음이 나요. 그래서 movie는 [무바이]가 아니라 [무우비]죠.

 오늘의 미션!
다음 한글 발음과 뜻을 읽고 영어 스펠링을 직접 적어보세요.

ie로 끝나는 말은?

❶ [라이] 눕다, 거짓말하다, 거짓말 _____

❷ [다이] 죽다 _____

❸ [타이] 묶다, 넥타이, 유대관계, 동점 _____

❹ [파이] 파이 _____

❺ [무우비] 영화 _____

❻ [루키] 신참 _____

❼ [캘러뤼] 칼로리, 열량 _____

❽ [바이] 안녕(헤어지는 인사) _____

❾ [아이] 눈, 쳐다보다 _____

❿ [롸이] 호밀 _____

law
러어
[lɒ:] 법률, 법칙

draw
쥬뤄어
[drɒ:] 그리다, 끌다, 뽑다, 뽑기

raw
뤄어
[rɒ:] 날것의

flaw
플러어
[flɒ:] 결함, 흠

saw
써어
[sɒ:] 보았다, 톱

claw
클러어
[klɒ:] (동물) 발톱

jaw
줘어
[dʒɒ:] 턱, 아가리

straw
스츄뤄어
[strɒ:] 밀짚, 빨대

paw
퍼어
[pɒ:] (동물) 발

withdraw
위잇쥬뤄어
[wɪðˈdrɒ:] 후퇴(철회, 인출)하다

law [러어]

'법률'이라는 뜻의 초급 단어. 발음은 [w]가 없는 것처럼 발음해도 돼요. [어]와 [아] 중간 정도의 발음이죠. "네가 법보다 위에 있지는 않아"를 영어로? You're not above the law[유얼 낫 어버브 더 러어]라고 하면 돼요. 참고로 법과대학원, law school은 [로우스쿨]이 아니라 [러어스꾸을]이에요.

raw [뤄어]

'날것의'라는 뜻의 중급 단어. [러어]가 아니고 r 발음을 살려서 [뤄어]처럼 발음해줘야 해요. '회(날 생선)'를 raw fish[뤄어 피쉬], '날고기'를 raw meat[로 미트 = 뤄어 미잇]이라고 하면 됩니다.

saw [써어]

'보았다'라는 뜻의 초·중급 단어. 발음이 절대로 [쏘우]가 아니라 [써어]예요. "내가 톰을 보았어"는 I saw Tom[아이 써어 탐]이라고 하면 돼요. 참고로 시소를 타는 두 사람을 담 너머에서 본다면 시소가 움직일 때마다 "한 사람은 보이네, 앗 보였네(이제 안 보이네)"처럼 반복되죠? 그래서 see(보인다) + saw(보였다) = seesaw[씨이써어]가 된 것이죠. 발음도 [씨소]가 아니라 [씨이써어]입니다.

jaw [쥐어]

'턱, 아가리'라는 뜻의 중·상급 단어. 발음을 [조우]가 아니라 [쥐어]처럼 길게 해줘야 해요. 상어가 주인공으로 나왔던 〈죠스〉라는 영화가 있었어요. 바로 jaws[쥐어즈]를 그렇게 표기한 것이죠. 뜻은 위턱 + 아래턱 = 아가리.

paw [퍼어]

'(동물) 발'을 뜻하는 중·상급 단어. 발음이 [포]나 [포우]가 아니라 [퍼어]예요. 권투나 야구에서 왼손잡이를 부르는 애칭이 있죠. 바로 southpaw[싸우스퍼어]예요. 야구에서 포수가 있는 홈베이스는 주로 서쪽에 있는데 투수의 왼손은 남쪽에 있어서 생긴 단어죠.

draw [쥬뤄어]

'그리다'라는 뜻의 초급 단어. 발음이 절대로 [드로우]가 아니라 [쥬뤄어]예요. 골프에서 '드로우 구질'이라고 하는데 바로 이 draw[쥬뤄어]를 말하는 것이죠. "나한테 지도를 그려줘봐"는 Draw me a map[쥬뤄어 미이 어 맵] 하면 됩니다. 무엇을 그릴 때 붓을 천천히 끌게 되죠. 그래서 '물건을 끌다(끌다)'라는 뜻이 있어요. 또 추첨을 할 때 제비를 천천히 뽑죠? 그래서 '뽑다' 혹은 '뽑기'라는 뜻도 있어요. 이 뜻으로는 중·상급이에요.

flaw [플러어]

'결함' 혹은 '흠'이라는 뜻의 중·상급 단어. 발음이 [플로] 혹은 [플로우]가 아니라 [플러어]예요. '디자인 결함'은 design flaw[디자인 플러어]라고 하면 돼요. 참고로 '~없는'이라는 뜻의 less를 붙이면 '흠이 없는, 결함이 없는'이라는 뜻의 flawless[플러어리스]가 됩니다. 흠결 없는 스케이팅을 flawless skating[플러어리스 스께이링]이라고 하죠.

claw [클러어]

'동물의 발톱'을 뜻하는 중·상급 단어. 발음은 [클로]나 [클로우]가 아니라 [클러어]처럼 해야 맞아요. 동물의 경우 네발 짐승이니 발톱이 많겠죠. 그래서 claws[클러즈]처럼 복수형으로 많이 써요.

straw [스츄뤄어]

'밀짚'이나 '빨대'를 의미하는 중급 단어. 발음이 [스트로]나 [스트로우]가 아니죠. [스츄뤄어]처럼 발음해야 정확해요. 음료수를 먹기 위해 꼽는 빨대는 가운데가 빈 밀짚처럼 생겼죠. 그래서 생겨난 말이에요. 참고로 '밀짚모자'는 straw hat[스츄뤄어 햇].

withdraw [위잇쥬뤄어]

'후퇴하다'라는 뜻의 중·상급 단어. with[위잇: 무엇을 가지고] + draw[쥬뤄어: 끌다] = 무엇을 끌어당기는 것이니, '후퇴하다'이고요. 돈을 인출기에서 당기면? '인출하다'라는 뜻도 이해됩니다. 참고로 aw 다음에 e를 붙인 단어가 하나 있어요. awe[어어]이고 '경외감'이라는 뜻이죠.

aw는 생긴 모양은 [아우]처럼 발음할 것 같은데 사실은 [어어]처럼 입술이 한 번만 움직이게 발음해야 해요.
법대를 흔히 로스쿨이나 [로우 스쿨]이라 하지만 정확한 발음은 law school [러어 스꾸을]에 가까워요.
오늘의 단어 10개 모두 같은 발음이니까 꼭 실제 소리를 듣고 연습하세요!

오늘의 미션!
다음 한글 발음과 뜻을 읽고 영어 스펠링을 직접 적어보세요.

aw로 끝나는 말은?

❶ [러어] 법률, 법칙 _____

❷ [뤄어] 날것의 _____

❸ [써어] 보았다, 톱 _____

❹ [줘어] 턱, 아가리 _____

❺ [퍼어] (동물) 발 _____

❻ [쥬뤄어] 그리다, 끌다, 뽑다, 뽑기 _____

❼ [플러어] 결함, 흠 _____

❽ [클러어] (동물) 발톱 _____

❾ [스츄뤄어] 밀짚, 빨대 _____

❿ [위잇쥬뤄어] 후퇴(철회, 인출)하다 _____

far

파알

[fɑːr] 먼, 멀리

star

스따알

[stɑːr] 별, 유명인

bar

바알

[bɑːr] 술집, 막대기, 창살, 막다

scar

스까알

[skɑːr] 상처, 흉터, 흉터를 남기다

car

카알

[kɑːr] 차량

sugar

슈가알

[ˈʃʊɡər] 설탕, 당분

jar

좌알

[dʒɑːr] 단지, 병

guitar

기타알

[ɡɪˈtɑːr] 기타

war

워얼

[wɔːr] 전쟁

radar

뤠이다알

[ˈreɪdɑːr] 레이다

far [파알]

'먼, 멀리'라는 뜻의 초·중급 단어. 발음을 [파]가 아니라 [파알]처럼 해야 해요. f 발음은 꼭 실제 소리를 확인하세요! "그 호텔은 여기서 멀지 않아요"를 영어로는? The hotel is not far from here[더 호텔 이즈 낫 파알 프럼 히얼]이라고 하면 됩니다.

bar [바알]

'막대기, 술집'이라는 뜻의 초·중급 단어. 발음이 절대 [빠]가 아니라 [바알]이죠. 옛날에는 타고 온 말을 막대기에 묶어놓고 술집 안으로 들어갔기 때문에 '술집'이라는 뜻이 있어요. 또 chocolate bar[초콜릿 바 = 촤껄릿 바알]처럼 막대기 형태의 그 무언가를 뜻하기도 해요. 긴 철제 막대기도 bar라고 하는데 이때는 '창살'이 되고요. 마지막으로 the bar exam은 '바텐더 시험'이 아니라 '변호사 시험'을 말한다는 것! 법정에서 법관이 앉아 있는 기다란 바 형태의 책상에서 나온 말이에요. 이 뜻으로는 상급 단어예요.

car [카알]

'자동차'라는 뜻의 초급 단어. 발음은 [카]보다는 [카알]이 좋아요. "이 근처에 주차를 했어"를 영어로? I parked my car near here[아이 파앍트 마이 카알 니얼 히얼]처럼 하면 돼요. "나는 거기에 차로 갔어"는 I went there by car[아이 웬데얼 바이 카알]. 교통수단을 보여줄 때는 by a car(x)가 아니라 by car처럼 a없이 쓴다는 것을 꼭 기억하세요!

jar [좌알]

'단지' 혹은 '병'이라는 뜻의 중급 단어. 발음이 [자]가 아니라 [좌알]처럼 해야 정확해요. '꿀단지'는? honey jar[허니 좌알], '쿠키를 담아놓는 단지'는? cookie jar[쿠키 좌알]처럼 쓰면 돼요.

war [워얼]

'전쟁'이라는 뜻의 초급 단어. 발음은 [워]가 아니고 [워얼]처럼 해야 해요. "우리는 전쟁에서 이겼어"는 We won the war[위이 원 더 워얼]. won[원]은 '이기다'라는 뜻의 win[윈]의 과거형이에요. "우리는 전쟁에서 졌어"는? We lost the war[위이 라아스트 더 워얼]이죠. 이때 lost[라아스트]는 '지다'라는 뜻의 lose[루우즈]의 과거형이에요.

261

star [스따알]

'별'이라는 뜻의 초급 단어. 발음은 [스타]보다는 [스따알]이 정확해요. 이렇게 들리고, 또 이렇게 발음하면 100% 알아들어요. 유명한 사람을 '스타'라고 하죠. 영어에서도 똑같이 써요. "그는 떠오르는 별(스타)이야"는 He's a rising star[히즈 어 롸이징 스따알]. rise [롸이즈]는 '뜨다, 오르다'라는 뜻이에요. 거기에 '하는 중인'이라는 뜻의 ing[잉]이 붙은 거고요.

scar [스까알]

'상처'나 '흉터'라는 뜻의 중급 단어. 발음은 [스카]가 아니고 [스까알]처럼 해야 정확해요. '작은 흉터'는 small scar[스머얼 스까알], '큰 흉터'는 big scar[비익 스까알]이라고 하면 됩니다.

sugar [슈가알]

'설탕, 당분'이라는 뜻의 초·중급 단어. 발음은 [슈가]보다는 [슈가알]처럼 하는 것이 정확해요. "커피에 설탕을 넣을까?"는 Do you want sugar in your coffee?[두우 유우 원 슈가알 인유얼 커어피]. 이때 want[원트 = 원]은 '원하다'라는 뜻이에요. 혈액 속의 당분 수치를 '혈당수치'라 하죠. 영어로는 blood sugar levels[블러드 슈가알 레블즈]입니다.

guitar [기타알]

'(악기) 기타'를 의미하는 중급 단어. 발음은 절대 [키타]가 아니라 [기타알]처럼 [타]에 강세가 있어요. "너 기타를 연주해?"는 Do you play the guitar?[두우 유우 플레이 더 기타알]이라고 하면 돼요.

radar [뤠이다알]

'레이다'라는 뜻의 상급 단어. 발음을 [레이더]가 아니라 [뤠이다알]처럼 해야 정확해요. "그 비행기가 이제 레이다에 보여"는 We see the plane on the radar now[위이 씨이 더 플레인 언 더 뤠이다알 나우]처럼 하면 됩니다. 고급 단어니까 용법은 나중에 확인하세요.

ar로 끝날 때 발음은 [아알]

a가 [아]로 발음될 때는 단어가 ar 이거나 a로 끝날 때라고 정리했었죠. 오늘은 바로 ar[아알]로 끝나는 단어를 10개 모아놓았어요. 예를 들어 car는 [카]나 [칼]이 아니라 [아] 소리가 길어지는 느낌의 [아알]이 들어가야 해요. 그래서 car[카알]이 좋아요.

 오늘의 미션!
다음 한글 발음과 뜻을 읽고 영어 스펠링을 직접 적어보세요.

ar로
끝나는 말은?

❶ [파알] 먼, 멀리 ＿＿＿＿＿＿＿＿＿

❷ [바알] 술집, 막대기, 창살, 막다 ＿＿＿＿＿＿＿＿＿

❸ [카알] 차량 ＿＿＿＿＿＿＿＿＿

❹ [좌알] 단지, 병 ＿＿＿＿＿＿＿＿＿

❺ [워얼] 전쟁 ＿＿＿＿＿＿＿＿＿

❻ [스따알] 별, 유명인 ＿＿＿＿＿＿＿＿＿

❼ [스까알] 상처, 흉터, 흉터를 남기다 ＿＿＿＿＿＿＿＿＿

❽ [슈가알] 설탕, 당분 ＿＿＿＿＿＿＿＿＿

❾ [기타알] 기타 ＿＿＿＿＿＿＿＿＿

❿ [뤠이다알] 레이다 ＿＿＿＿＿＿＿＿＿

-some 로 끝나는 단어

some
썸
[səm] 몇몇의, 일부의, 어떤, 사람들

tiresome
타이얼썸
[ˈtaɪrsəm] 짜증스러운

twosome
투우썸
[ˈtuːsəm] 두 명

worrisome
워뤼썸
[ˈwɜːrisəm] 걱정시키는

awesome
어어썸
[ˈɒːsəm] 멋진, 경이로운

burdensome
벌든썸
[ˈbɜːrdnsəm] 부담되는

handsome
핸썸
[ˈhænsəm] 잘생긴, 멋진, 양이 꽤 되는

bothersome
바덜썸
[ˈbɑːðərsəm] 괴롭히는, 성가신

lonesome
로운썸
[ˈloonsəm] 외로운, 인적이 드문

wholesome
호울썸
[ˈhoolsəm] 건강에 좋은

some [썸]

'몇몇의, 일부의, 어떤'이라는 뜻의 초·중급 단어. 발음은 [썸]으로 어렵지 않아요. '몇 권의 책'은 영어로? some books[썸 부욱스]. '몇 명의 사람들'은 some people[썸 피쁘을], '얼마 정도의 땅'은 some land[썸 랜드], '약간의 돈'은 some money[썸 머니]처럼 몇 번만 연습하면 기억에 잘 남아요. some people은 종종 people없이 쓰여요. "어떤 사람들은 사랑이 굶주림이라 하죠", Some say love is a hunger[썸 쎄이 러어브 이즈 어 헝걸].

twosome [투우썸]

'두 명'이라는 뜻의 중급 단어. 발음은 [투썸]보다는 [투우썸]이 더 정확해요. some은 숫자 다음에 쓰여 숫자만큼의 사람을 보여줘요. threesome[쓰뤼썸]은 3명, foursome[포얼썸]은 4명, 4명이 동시에 하는 경기는 foursome match[포얼썸 매애취]라고 합니다.

awesome [어어썸]

'멋진, 경이로운'이라는 뜻의 중급 단어. 발음은 [어썸]보다는 [어어썸]이 더 좋아요. 원래 awe[어어: 경외감] + some[썸: 어떤 성질이 있는] = awesome이 된 것이죠. good[그웃: 좋은], great[그뤠잇: 대단한] 말고 다른 표현을 쓰고 싶을 때 이 단어를 쓰면 돼요. "그 영화 진심 최고야", The movie is truly awesome[더 무비 이즈 츄룰리 어어썸].

handsome [핸썸]

'잘생긴'이라는 뜻의 초·중급 단어. 발음이 [핸드썸]이 아니라 [핸썸]으로 d가 철자는 있지만 소리는 나지 않아요. "그는 키가 크고 잘생겼어"는 He's tall and handsome[히즈 터얼 앤 핸썸]이라고 하면 돼요. 원래는 '손으로 다루기 쉬운 → 모난 데가 없는 → 잘생긴'으로 뜻이 바뀐 거예요. 그래서 '꽤 양이 되는(손에 가득 차니까)'의 뜻도 있어요.

lonesome [로운썸]

'외로운, 인적이 드문'이라는 뜻의 중급 단어. 발음이 절대로 [론썸]이 아니라 [로운썸]이에요. 엘비스 프레슬리(Elvis Presley)의 Are You Lonesome Tonight?[알 유우 로운썸 투나잇: 오늘 밤 외로운가요?]라는 곡, 그리고 스팅(Sting, 스띵)의 It's A Lonesome Old Town[잇써 로운썸 오울 타운: 그곳은 한적한 오래된 마을이죠]를 들어보세요.

tiresome [타이얼썸]

'짜증스러운'이라는 뜻의 중·상급 단어. 발음은 [타이어썸]보다는 [타이얼썸]이 더 좋아요. '짜증나는 하루'는 tiresome day[타이얼썸 데이], '짜증나게 하는 일'은 tiresome job[타이얼썸 좌압]이라고 하면 돼요.

worrisome [워뤼썸]

'걱정시키는'이라는 뜻의 중급 단어. '걱정시키다'라는 뜻인 worry [워뤼]에서 y를 i로 바꾸고 거기에 some을 붙인 것이죠. '걱정시키는 문제'는 worrisome problem[워뤼썸 프라블럼]이라고 하면 돼요. 걱정을 넘어서 '골칫거리인' 경우는 troublesome[츄뤄블썸]을 쓰면 되는데요. 예를 들어 '골칫거리인 남자아이'는 troublesome boy[츄뤄블썸 보이]가 됩니다.

burdensome [벌든썸]

'부담되는'이라는 뜻의 중·상급 단어. 발음은 [버든썸]보다는 [벌든썸]이 좋아요. '부담(짐)'이라는 뜻의 burden[벌든] + some(어떤 상태인) = burdensome이 된 것이죠.

bothersome [바덜썸]

'성가신, 괴롭히는'이라는 뜻의 중급 단어. 발음은 [보더썸]보다는 [바덜썸]이 더 정확해요. '성가신 벌레'는 bothersome bug[바덜썸 버어그], '성가신 소음'은 bothersome noise[바덜썸 노이즈]가 돼요. '괴롭히다'라는 뜻의 bother[바덜]이 더 빈도가 높으니까 알아두세요.

wholesome [호울썸]

'건강에 좋은'이라는 뜻의 중·상급 단어. 발음은 절대로 [홀썸]이 아니라 [호울썸]이에요. '전체의'라는 뜻의 단어가 whole[호울]이죠. 빠진 것 없이 전체가 모두 있다는 뜻이니 '건강에 좋은'이라는 뜻이 된 것이고요. '건강에 좋은 음식'은 wholesome food[호울썸 푸웃]이라고 쓰면 됩니다.

끝에 오는 m은 앞 글자의 받침으로

ome의 생긴 모습은 [오메]지만 실제 소리는 끝의 [ㅁ]을 앞 글자의 받침으로 넣는 게 더 발음하기 편해요.
some은 [쏘므]가 아니라 [썸]처럼 발음하면 되죠. 동시에 some은 '얼마 정도'라는 뜻이 있으므로 오늘 정리할 단어 모두 '~상태인'의 뜻이라는 걸 추측할 수 있어요.

 오늘의 미션!
다음 한글 발음과 뜻을 읽고 영어 스펠링을 직접 적어보세요.

some로
끝나는 말은?

❶ [썸] 몇몇의, 일부의, 어떤, 사람들 _____

❷ [투우썸] 두 명 _____

❸ [어어썸] 멋진, 경이로운 _____

❹ [핸썸] 잘생긴, 멋진, 양이 꽤 되는 _____

❺ [로운썸] 외로운, 인적이 드문 _____

❻ [타이얼썸] 짜증스러운 _____

❼ [워뤼썸] 걱정시키는 _____

❽ [벌든썸] 부담되는 _____

❾ [바덜썸] 괴롭히는, 성가신 _____

❿ [호울썸] 건강에 좋은 _____

fight
파잇
[faɪt] 싸우다, 싸움

sight
싸잇
[saɪt] 광경, 볼거리, 시력

right
롸잇
[raɪt] 올바른, 오른쪽, 권리

might
마잇
[maɪt] ~할지도 모른다, 힘

night
나잇
[naɪt] 밤

bright
브롸잇
[braɪt] 밝은, 똑똑한, 좋은

light
라잇
[laɪt] 빛, 가벼운, (색) 밝은, 불붙다

knight
나잇
[naɪt] 기사, (기사) 작위를 수여하다

tight
타잇
[taɪt] 꽉 끼는, 바쁜

delight
딜라잇
[dɪˈlaɪt] (큰) 기쁨, 기쁨을 주다

268

fight [파잇]

'싸우다' 혹은 '싸움'이라는 뜻의 초급 단어. 발음은 [트] 소리를 강하게 내지 말고 [파잇]이 좋아요. f 발음은 동영상으로 확인하세요! "톰과 팀은 티나를 두고 싸웠어"를 영어로는? Tom and Tim fought over Tina[탐앤 팀 퍼엇 오벌 티나]. fought[퍼엇]은 fight의 과거형이에요. 불에 맞서 싸우는 '소방관'은 firefighter[파이얼파이러]라고 합니다.

right [롸잇]

'올바른, 오른쪽'이라는 뜻의 초급 단어. 발음을 [라이트]가 아니라 [롸잇]처럼 하면 좋아요. "네가 맞아"는 You're right[유얼 롸잇], "우회전해"는 Turn right[터언 롸잇], 오른손은 right hand[롸잇 핸드]. '권리'라는 뜻도 있어요. '나는 변호사와 상의할 권리가 있다'는 I have the right to see a lawyer[아이 해브 더 롸잇 투우 씨이 어 러어열]입니다.

night [나잇]

'밤'이라는 뜻의 초급 단어. 발음은 [나이트]가 아니라 [나잇]이 좋아요. '오늘밤'은 tonight[투나잇], '자정'은 mid[미드: 중간] + night[나잇: 밤] = midnight[미드나이트 = 미잇나잇], '갑작스러운' 혹은 '밤사이에'는 over[오우벌: ~위에 걸친] + night[나잇: 밤] = overnight[오우벌나잇]으로 정리하면 됩니다.

light [라잇]

'빛'이라는 뜻의 초급 단어. 발음이 [라이트]가 아니라 [라잇]이죠. '빨간 빛'은? red light[레드 라잇]. '빨간 신호등'이라는 뜻도 있어요. '강한 빛'은 strong light[스츄렁 라잇]이고요. 빛은 무게가 가볍죠? 그래서 light은 '가벼운' 혹은 '밝은'의 뜻도 있어요. '가벼운 신발'은 light shoes[라잇 슈우즈], '밝은 녹색'은 light green[라잇 그뤼인].

tight [타잇]

'꽉 끼는'이라는 뜻의 초·중급 단어. 발음은 [타이트]가 아니고 [타잇]이에요. '꽉 끼는 바지'는 tight pants[타잇 팬츠], '꽉 끼는 신발'은 tight shoes[타잇 슈우즈]가 돼요. 시간이 꽉 낀다면? '촉박한' 이란 뜻이죠. "시간이 촉박해"는 Time is tight[타임 이즈 타잇]. 돈이 꽉 낀다면? '부족하다'는 뜻이겠죠. Money is tight[머니 이즈 타잇]이 돼요.

sight [싸잇]

'광경, 시력'이라는 뜻의 중급 단어. 발음은 [사이트]가 아니라 [싸잇]이죠. '안 보면 마음이 멀어진다'는 뜻의 속담은? Out of sight, out of mind[아우럽 싸잇, 아우럽 마인드]. 이때 out of[아웃 오브]는 '~을 벗어난'이라는 뜻이에요. 참고로 광경을 보려면 시력이 필요하죠. '시력 검사'를 sight test[싸잇 테스트]라고 해요.

might [마잇]

'~일지도 모른다'라는 뜻의 중급 단어. 발음이 [마이트]가 아니라 [마잇]이에요. "내가 거기 갈지도 몰라"는 I might go there[아이 마잇 고우 데얼]이라고 하면 돼요. 이때 might 대신 may[메이]도 가능한데, may가 50% 정도의 가능성이라면 might은 30% 정도의 가능성밖에 안 돼요. '~할 수도 있고 안 할 수도 있다'면 결국 자기 마음대로 하는 거죠? 그래서 might은 '힘(권능)'이라는 뜻도 있어요. 이 뜻으로는 중·상급 단어.

bright [브롸잇]

'밝은, 똑똑한, 좋은'이라는 뜻의 초·중급 단어. 발음이 [브라이트]가 아니고 [브롸잇]이에요. '밝은 색깔'은 bright color[브롸잇 컬럴], '똑똑한 남자'는 bright man[브롸잇 맨], '좋은 생각'은 bright idea[브롸잇 아이디어]라고 하면 돼요.

knight [나잇]

'기사'라는 뜻의 중급 단어. 발음이 [나이트]가 아니라 [나잇]이죠. k가 묵음이라 '밤(night)'이라는 단어와 발음이 똑같아요. 한국어에서 흑기사는 벌을 대신 받는 사람이라는 뜻이지만, 영어에서 black knight[블랙 나잇]은 '강제로 회사를 뺏으려는 사람'이에요. white knight[와잇 나잇]이라고 써야 '선의로 도와주려는 사람'이라는 뜻이 됩니다.

delight [딜라잇]

'커다란 기쁨'이라는 뜻의 중·상급 단어. 발음은 [디라이트]나 [딜라이트]가 아니고 [딜라잇]이 정확해요. de[디: 강조] + light[라잇: 빛] = 빛이 많으면 기분 좋고 기쁘죠. 그래서 delight.

ght로 끝나면 gh는 사라진다!

ght의 생긴 모양은 [그흐트]죠. 하지만 ght로 끝나는 단어의 99%는 gh 소리가 사라져요. 즉 철자는 있지만 없는 것으로 생각하고 발음하면 되는 것이죠.
예를 들어 night는 [나이그흐트]가 아니라 [나이트]이고, [트] 소리를 앞 글자의 받침으로 붙인 [나잇]이 더 정확한 발음이에요.

 오늘의 미션!
다음 한글 발음과 뜻을 읽고 영어 스펠링을 직접 적어보세요.

 ight로 끝나는 말은?

❶ [파잇] 싸우다, 싸움 _____

❷ [롸잇] 올바른, 오른쪽, 권리 _____

❸ [나잇] 밤 _____

❹ [라잇] 빛, 가벼운, (색) 밝은, 불붙다 _____

❺ [타잇] 꽉 끼는, 바쁜 _____

❻ [싸잇] 광경, 볼거리, 시력 _____

❼ [마잇] ~할지도 모른다, 힘 _____

❽ [브롸잇] 밝은, 똑똑한, 좋은 _____

❾ [나잇] 기사, (기사) 작위를 수여하다 _____

❿ [딜라잇] (큰) 기쁨, 기쁨을 주다 _____

ought
아앗
[ˈɒːt] ~해야만 한다

sought
싸앗
[sɒːt] 찾았다, 요청했다

fought
파앗
[fɒːt] 싸웠다

caught
카앗
[kɒːt] 잡았다

bought
바앗
[bɒːt] 샀다

taught
타앗
[tɒːt] 가르쳤다

brought
브롸앗
[brɒːt] 가져왔다

slaughter
슬라털
[ˈslɒːtər] 도살, 학살(하다)

thought
싸앗
[θɒːt] 생각했다, 생각

drought
쥬롸웃
[draʊt] 가뭄

ought [아앗]

'~해야 한다'라는 뜻의 중·상급 단어. 발음을 [오트]가 아니라 [아앗]처럼 하면 좋아요. 이 단어는 표현이 딱 하나밖에 없어요. You ought to come[유우 아앗 투 컴: 너 와야만 해]처럼 'ought to+동사'로밖에 쓰이지 않아요. 이 표현은 규정에 근거해서 '해야 한다'라는 뜻일 때 많이 쓰여요. 예를 들어 "11시 전에 퇴실해야 해요"는 You ought to check out before 11[유우 아앗 투 체까웃 비포얼 일레븐]이라고 해요.

fought [파앗]

'싸웠다'라는 뜻의 초·중급 단어. 발음이 [포우트]나 [포트]가 아니라 [파앗]이죠. f 발음은 실제 소리를 들으며 연습하세요. fight[파잇: 싸우다]의 과거형이고 "그들은 아무것도 아닌 일로 싸웠어"는 They fought over nothing[데이 파앗 오우벌 낫씽]이 됩니다.

bought [바앗]

'샀다'라는 뜻의 초·중급 단어. 발음이 절대로 [보우트]나 [보트]가 아니죠. [바앗]이 정확해요. buy[바이: 사다]의 과거형이죠. "나 차를 샀어"는 I bought a car[아이 바아러 카알], "우리는 동물원을 샀어"는 We bought a zoo[위이 바아러 주우]라고 해요.

brought [브롸앗]

'가져왔다'라는 뜻의 초·중급 단어. 발음은 절대로 [브로우트]나 [브로트]가 아니라 [브롸앗]이에요. bring[브륑: 가져오다]의 과거형이죠. "나 우산을 가져왔어"는 I brought my umbrella[아이 브롸앗 마이 엄브뤨라], "나 친구를 데리고 왔어"는 I brought my friend[아이 브롸앗 마이 프뤤드]라고 하면 됩니다.

thought [싸앗]

'생각했다'라는 뜻의 초·중급 단어. 발음이 절대로 [쏘우트]나 [쏘트]가 아니죠. 실제로 [싸앗]처럼 들려요. 혀끝을 치아 사이에 넣었다가 당기면서 하는 th[θ] 발음은 꼭 실제 소리를 확인하세요! think[씽크: 생각하다]의 과거형이죠. "나는 네가 다르다고 생각했어"는 I thought you were different[아이 싸앗 유얼 디퍼뤈트]. '생각'이라는 뜻도 있는데 이 뜻으로는 중급 단어예요. '내 생각'은 my thoughts[마이 싸앗츠]라고 써요.

sought [싸앗]

'찾았다'라는 뜻의 중급 단어. 발음이 [쏘우트] 혹은 [쏘트]가 아니라 [싸앗]이에요. '구하다'라는 뜻의 seek[씨이크 = 씨익]의 과거형이죠. 구어체에서는 같은 뜻의 look for[루욱 포얼]이 더 많이 쓰여요.

caught [카앗]

'잡았다'라는 뜻의 초·중급 단어. 발음이 절대로 [코우트]나 [코트]가 아니라 [카앗] 처럼 들려요. "내가 볼을 잡았어"는 I caught the ball[아이 카앗 더 보얼], "내가 도둑을 잡았어"는 I caught the thief[아이 카앗 더 씨이프]. '누가 ~하는 장면을 잡다'라는 뜻으로 많이 쓰여요. "톰이 또 담배 피우다 나한테 딱 걸렸어"는 I caught Tom smoking again[아이 카앗 탐 스모우낑 어겐]이 되고요. 참고로 catch[캣취: 잡다]의 과거형이죠.

taught [타앗]

'가르쳤다'라는 뜻의 초·중급 단어. 발음이 [토우트]나 [토트]가 아니라 [타앗]이에요. teach[티이취: 가르치다]의 과거형이죠. "그는 나에게 어떻게 수영하는지 가르쳐주었어"는 He taught me how to swim[히이 타앗 미이 하루 러 스윔]이라고 하면 돼요.

slaughter [슬라털]

'도살' 혹은 '도살하다'라는 뜻의 중·상급 단어. 발음은 [슬로터]보다는 [슬라털=슬라럴]이 정확해요. 동물을 식용으로 '도살하다'라는 뜻이고, 비유적으로 사람이 (전쟁 따위에서) '학살당하다'라는 뜻도 있어요. 어려운 단어니까 발음규칙만 보고 나중에 정리하세요.

drought [쥬롸웃]

'가뭄'이라는 뜻의 중급 단어. 발음은 [드라우트]가 아니라 [쥬롸웃]이 정확해요. 1번 ~9번 단어까지는 ou나 au발음이 모두 [아아]였지만 drought는 예외로 ou[아우]라고 발음해요. '여름 가뭄'은 summer drought[써멀 쥬롸웃], '긴 가뭄'은 long drought[러엉 쥬롸웃]이라고 하면 됩니다.

ought는 [오우그흐트]가 아니라 [아앗트]

영어에서 aw, ou, au 는 [어]와 [아]의 중간 소리로 발음하면
돼요. 64번의 발음규칙대로 ght의 gh는 묵음이라 소
리가 안나요. 그리고 ou와 au는 [아아]로 소리 나죠.
예를 들어 bought는 [보우그흐트] 혹은 [보우트]가
아니라 [바아트]이고, [트]도 앞 글자의 받침으로 넣
어 [바앗]이 되죠.

 오늘의 미션!
다음 한글 발음과 뜻을 읽고 영어 스펠링을 직접 적어보세요.

 ought/aught로 끝나는 말은?

❶ [아앗] ~해야만 한다 _____

❷ [파앗] 싸웠다 _____

❸ [바앗] 샀다 _____

❹ [브롸앗] 가져왔다 _____

❺ [싸앗] 생각했다, 생각 _____

❻ [싸앗] 찾았다, 요청했다 _____

❼ [카앗] 잡았다 _____

❽ [타앗] 가르쳤다 _____

❾ [슬라털] 도살, 학살(하다) _____

❿ [쥬롸웃] 가뭄 _____

sound
싸운드
[saʊnd] 소리, 소리가 나다, 들리다

ground
그롸운드
[graʊnd] 지상, 외출금지하다

round
롸운드
[raʊnd] 둥그런, 몇 번째 판

surround
써롸운드
[səˈraʊnd] 둘러(에워)싸다

found
파운드
[faʊnd] 찾았다, 설립하다

hound
하운드
[haʊnd] 사냥개, 괴롭히다

pound
파운드
[paʊnd] (무게, 화폐) 단위, 두드리다

mound
마운드
[maʊnd] 흙더미, 둔덕

bound
바운드
[baʊnd] 묶었다, 경계선, ~행의

wound
와운드
[waʊnd] 감았다

sound [싸운드]

'소리' 혹은 '소리가 나다'라는 뜻의 초급 단어. 발음은 [사운드]보다는 [싸운드]로 [드] 소리를 약하게 하는 것이 좋아요. '큰 소리'는 loud sound[라우드 싸운드], '이상한 소리'는 strange sound[스트뤠인쥐 싸운드]처럼 쓰면 되죠. "그의 목소리가 이상하게 들리는데", His voice sounds strange[히즈 보이스 싸운즈 스트뤠인쥐]에서는 '~한 소리가 들리다'라는 뜻의 동사예요. '건전한(건강한)'의 뜻도 있어요. A sound mind in a sound body[어 싸운드 마인드 인 어 싸운드 바디]는 '건전한 육체에 건전한 정신'이란 뜻이죠.

round [롸운드]

'둥그런'이란 뜻의 초급 단어. 발음이 [라운드]가 아니라 [롸운드]가 정확해요. [드] 소리는 살짝만 들리게요. '둥그런 테이블'은 round table[롸운드 테이브을]. '주위에, 둘레에'라는 뜻도 있어요. 그 뜻일 때는 around랑 똑같아요. "여기저기 뛰어다녀"는 Run around[륀 어롸운드], "여기저기 걸어다녀"는 Walk around[워억 어롸운드]. '대회'라는 뜻도 있어요. '1차 대회'는 the first round[더 펄스트 롸운드]죠.

found [파운드]

'찾았다'라는 뜻의 초·중급 단어. 발음은 f를 살리고 [드] 발음은 약하게 하면 좋아요. "내 열쇠를 찾았어"는 I found my key[아이 파운드 마이 키이]가 됩니다. find[파인드: 찾다]의 과거형이죠.

pound [파운드]

'(무게, 화폐) 단위'를 뜻하는 중급 단어. 발음은 [파운드]에서 [파]를 강조하면 돼요. 참고로 무게 1 파운드는 450그램 정도, 화폐 1파운드는 1,500원 정도 돼요. '동물이나 차량의 보관소'를 뜻하기도 해요. 이 뜻으로는 중·상급 단어.

bound [바운드]

'묶었다'라는 뜻의 중급 단어. 발음은 [바운드]인데 [드]를 약하게 발음하는 게 좋아요. bind[바인드: 묶다]의 과거형이죠. 묶어두면 거기가 경계선이 되기에 '경계선'이란 뜻도 있어요. 차량의 방향을 정해서 묶어두면? '~행의'라는 뜻이 되죠.

ground [그롸운드]

'땅'이라는 뜻의 초·중급 단어. 발음은 [그라운드]가 아니고 [드]를 약하게 발음한 [그롸운드]가 좋아요. 놀이를 위한 땅은 playground[플레이그롸운드]로 '운동장'이나 '놀이터'를 뜻하죠. 뒤에 있는 땅은 background[백그롸운드]로 '배경'을 뜻하고요. 땅 아래는 underground[언덜그롸운드]로 '지하' 혹은 '지하철(영국)'이란 뜻이죠. 비행기가 땅에만 있다면? '이륙을 못하게 하다'라는 뜻도 있어요. '외출금지하다'라는 뜻일 때는 중급 단어예요. "나 외출금지 당했어"는 I'm grounded[아임 그롸운딛]가 됩니다.

surround [써롸운드]

'둘러싸다'라는 뜻의 중급 단어. 발음은 [서라운드]보다는 [써롸운드]로 [드]를 약하게 발음하는 게 좋아요. '그들이 나를 에워쌌다'는 They surrounded me[데이 써롸운딛 미이], '경찰이 집을 둘러쌌다'는 The police surrounded the house[더 폴리스 써롸운딛 더 하우스]가 돼요.

hound [하운드]

'사냥개'라는 뜻의 중·상급 단어. 발음은 [하운드]인데 [드]를 약하게 발음하는 게 좋아요. greyhound[그뤠이하운드]는 경주견의 이름이자 버스회사 이름이기도 합니다.

mound [마운드]

'흙더미, 둔덕'이란 뜻의 중·상급 단어. 발음은 [마운드]인데 [드]를 약하게 발음하는 게 좋아요. 야구에서 흙더미 위에 서서 공을 던지죠? 그래서 투수가 공을 던지는 (pitching, 핏칭) 곳을 '마운드'라고 부릅니다. 이 뜻은 관심 있는 분만 확인하면 됩니다.

wound [와운드]

'감았다'라는 뜻의 중급 단어. 발음은 [와운드]인데 [드]를 약하게 발음하는 게 좋아요. wind[와인드: 감다]의 과거형이에요. "난 다시 시계의 태엽을 감았어"는 I wound my watch again[아이 와운드 마이 워엇취 어겐]. wound[운드]로 발음이 바뀌면 '부상' 혹은 '부상을 입히다'라는 뜻이 됩니다.

ou는 발음이 50% 정도는 [아우]로 나고 40% 정도가 [어], 나머지 20%가 [오우]나 [우]로 나요. 특히 ound처럼 뒤에 nd가 오면 99% [아운드]처럼 소리가 나니까 예를 보고 눈에 익히세요.
이때 끝의 d[드] 소리를 강하게 발음하지 말고 [ㄷ]처럼 살짝 발음하면 딱 좋습니다.

 오늘의 미션!
다음 한글 발음과 뜻을 읽고 영어 스펠링을 직접 적어보세요.

❶ [싸운드] 소리, 소리가 나다, 들리다 _____

❷ [롸운드] 둥그런, 몇 번째 판 _____

❸ [파운드] 찾았다, 설립하다 _____

❹ [파운드] (무게, 화폐) 단위, 두드리다 _____

❺ [바운드] 묶었다, 경계선, ~행의 _____

❻ [그롸운드] 지상, 외출금지하다 _____

❼ [써롸운드] 둘러(에워)싸다 _____

❽ [하운드] 사냥개, 괴롭히다 _____

❾ [마운드] 흙더미, 둔덕 _____

❿ [와운드] 감았다 _____

can
캔
[kæn] ~할 수 있다, 깡통

than
댄
[ðæn] ~보다

man
맨
[mæn] 남자, 사람

plan
플랜
[plæn] 계획, 계획을 짜다

ran
랜
[ræn] 달렸다, 경영했다

span
스뺀
[spæn] (지속) 기간, 거리, 걸치다

van
밴
[væn] 승합차

scan
스깬
[skæn] 훑어보다, 살피다

pan
팬
[pæn] 냄비

urban
얼번
['ɜːrbən] 도시의

can [캔]

'할 수 있다'라는 뜻의 초급 단어. 발음은 [캔]으로 쉬워요. "여기 주차해도 돼요?"는 Can I park here?[캔 아이 파크 히어 = 캐나이 파알크 히얼], "내가 그것을 도와줄 수 있어"는 I can help you with that[아이 캔 헬프 유 위드 댓 = 아이 캔 헬뷰우 위잇 댓]처럼 쓰세요. 참고로 '깡통'이라는 뜻도 있어요.

man [맨]

'남자' 혹은 '사람'이라는 뜻의 초급 단어. 발음은 [맨]이죠. 다만 단어가 길어지면 편리함 때문에 발음이 [먼]으로 바뀌어요. '남자'는 human[휴우먼], '여자'는 woman[워먼], '사업가'는 businessman[비즈니스먼]처럼 말이죠.

ran [뢘]

'달렸다'라는 뜻의 초·중급 단어. 발음은 [랜]보다는 [뢔앤] 혹은 [뢘]이 좋아요. run[뤈: 달리다]의 과거형이죠. "난 아침에 조깅했어"는 I ran this morning[아이 뢔앤 디스 모올닝]이 돼요. 식당이나 기업, 나라를 달리게, 즉 굴러가게 한다면? '경영하는' 것이죠! I ran a French restaurant[아이 뢔앤 어 프뢴춰 뤠스터뢴트]처럼 run 다음에 경영하는 대상을 쓰면 됩니다. 여기서는 '프랑스 식당을 운영했다'는 뜻이고요.

van [밴]

'승합차'라는 뜻의 중급 단어. 발음은 [밴]이죠. 물론 v 발음을 살려서 실제 소리를 연습해보세요. 만일 ban[밴]처럼 b로 발음하면 '금지하다'라는 뜻의 중·상급 단어가 돼요.

pan [팬]

'냄비'라는 뜻의 초·중급 단어. 발음은 [팬]이죠. 만일 f로 발음하면 fan[패앤]처럼 '부채'라는 다른 단어가 됩니다. 참고로 비교적 넓은 바닥에 한쪽 손잡이가 있으면 pan[팬], 양쪽 손잡이가 있고 냄비의 높이가 높으면 pot[팟: 솥이나 냄비]이라고 하니까 슬쩍 보아두세요.

than [댄]

'~보다'라는 뜻의 초·중급 단어. 발음은 [댄]이지만 치아 사이에 혀끝을 깨물고 시작하는 [ð]는 꼭 실제 소리를 듣고 연습하세요! "제가 톰보다 더 커요"는 I'm taller than Tom[아임 터얼럴 댄 탐]처럼 쓰면 됩니다. 참고로 then[덴: 그때, 그런 후에]과 철자 및 발음을 구분하세요.

plan [플랜]

'계획' 혹은 '계획하다'라는 뜻의 초·중급 단어. 발음은 절대로 [프랜]이 아니고 [플랜]처럼 [플] 소리를 살려야 해요. "내가 여행 계획을 짤게"는 I'll plan the trip[아이을 플랜 더 츄륍]이 됩니다. 이때는 '계획하다'라는 뜻의 동사고요. What's your plan?[왓쓰 유얼 플랜]이라고 할 때는 '계획'이라는 뜻의 명사예요. 뜻은 "너의 계획이 뭐야?"죠. 참고로 plan B 하면 원래 있던 계획 A말고 B, 즉 대안을 의미합니다. 구어체에서 들을 수 있어요.

span [스뺀]

'기간'이나 '거리'라는 뜻의 중급 단어. 발음이 [스팬]이 아니라 [스뺀]이 맞아요. '인간의 수명'은? lifespan[라이프스팬 = 라입스뺀]. '날개의 거리'라는 뜻의 wing span[윙 스뺀]처럼 '거리'나 '폭'을 가리키기도 해요.

scan [스깬]

'훑어보다, 살피다'라는 뜻의 중급 단어. 발음은 절대로 [스캔]이 아니라 [스깬]으로 해야 해요. "의사가 내 뇌를 훑어보았어"는 The doctor scanned my brain[더 닥털 스깬드 마이 브뤠인]. quick scan[퀵 스깬]처럼 '한 번 쓱 훑어봄'이라는 뜻의 명사로도 쓰여요.

urban [얼번]

'도시의'라는 뜻의 중급 단어. 발음이 [어반]이 아니라 [얼번]이 맞아요. '도시 생활'은 urban life[얼번 라이프], '도시 지역'은 urban area[얼번 에뤼어], '도시 문제'는 urban problem[얼번 프롸블럼]처럼 연습하면 됩니다.

an으로 끝나면 [앤]

a는 주로 [애] 아니면 [에이]로 발음한다는 것을 앞서 정리했었죠. 특히 뒤에 n이 오는 네 글자 이하의 짧은 단어는 거의 an[앤]으로 소리가 나요. 좀 강조해서 발음할 때는 [애앤]처럼 해도 되고요. 다섯 글자가 넘어가면 an은 [언]처럼 소리가 더 편해집니다. 세 글자의 man[맨]과 다섯 글자의 urban[얼번]처럼 말이죠.

 오늘의 미션!
다음 한글 발음과 뜻을 읽고 영어 스펠링을 직접 적어보세요.

an으로
끝나는 말은?

❶ [캔] ~할 수 있다, 깡통 _____

❷ [맨] 남자, 사람 _____

❸ [랜] 달렸다, 경영했다 _____

❹ [밴] 승합차 _____

❺ [팬] 냄비 _____

❻ [댄] ~보다 _____

❼ [플랜] 계획, 계획을 짜다 _____

❽ [스뺀] (지속) 기간, 거리, 걸치다 _____

❾ [스깬] 훑어보다, 살피다 _____

❿ [얼번] 도시의 _____

lock
락
[lɑːk] 잠그다, 자물쇠

clock
클락
[klɑːk] 시계

rock
롹
[rɑːk] 바위, 흔들다, (음악) 락

knock
낙
[nɑːk] 부수다, 두드리다, 노크

sock(s)
싹
[sɑːk] 양말

stock
스딱
[stɑːk] 주식, 재고

dock
닥
[dɑːk] 선착장

block
블락
[blɑːk] 사각덩어리, 구역, 막힘, 막다

cock
깍
[kɑːk] 수탉

shock
샤악
[ʃɑːk] 충격, 충격을 주다

lock [락]

'잠그다' 혹은 '자물쇠'라는 뜻의 초급 단어. 발음이 [로크] 나 [록]이 아니고 [락]이 맞아요. [라]를 강조해서 [라악]도 좋아요. "문을 잠궈"는 Lock the door[라악 더 도얼], "창문을 잠궈"는 Lock the window[라악 더 윈도우]라고 하면 돼요. 참고로 '잠금 장치를 풀다'는 앞에 un[언: 반대]만 붙이면 돼요. 그래서 "차 잠근 것 해제해"는 Unlock the car[언라악 더 카알]이라고 하면 됩니다.

rock [롹]

'바위'라는 뜻의 초급 단어. 발음은 [락]이 아니고 [롹] 혹은 [롸악]처럼 [롸] 발음을 살려야 해요. 동사로는 '흔들다'라는 뜻이 있어요. Don't rock the boat[도운 롸악 더 보웃]은 '배를 흔들지 마라. 평지풍파 일으키지 마라'는 뜻이죠. 몸을 흔들게 하는 음악은? 바로 락(rock) 음악이죠. 참고로 얼음이 바위처럼 딱딱하죠. 그래서 얼음에 스카치를 살짝 부어 마시는 것을 scotch on the rocks[스까취 언더롹스]라고 합니다.

sock(s) [싹]

'양말'이라는 뜻의 초급 단어. 발음은 [속]이나 [소크]가 아니라 [싹]처럼 해야 해요. 보통 양말은 양쪽을 신죠. 그래서 s를 붙여서 socks[싹스]라고 해요. '노란 양말'은 yellow socks[옐로우 싹스], '빨간 양말'은 red socks[레엣 싹스]가 됩니다. 미국 보스턴의 야구 팀 이름(Boston Red Sox)이기도 하죠. 이들이 빨간 양말을 신은 것에서 유래했어요. 고유명사로 만들기 위해 socks와 같은 발음의 Sox라는 새로운 표기법을 만들어낸 것이죠.

dock [닥]

'선착장'이라는 뜻의 중급 단어. [도크]가 아니라 [닥]이 맞는 발음이에요. '배가 도크에 있다'고 할 때 바로 그 단어예요. 배를 대는 곳이 dock[닥]이라면, 이를 포함해서 부대시설까지 있는 '부두'가 바로 pier[피어 = 피얼]이니까 살짝 비교해두세요.

cock [칵]

'수탉'이라는 뜻의 중급 단어. 발음이 [콕]이나 [코크]가 아니라 [칵]이에요. 구어체에서는 '남성의 성기'를 말해요. 참고로 공작새(peacock[피이칵])는 수컷만 화려하죠.

clock [클락]

'시계'라는 뜻의 초·중급 단어. 발음은 [크락]이나 [클록]이 아니라 [클락]이 맞아요. 참고로 손에 차는 시계는 주로 watch[워어취]라 하고 커다란 시계를 clock이라고 해요. "이 시계는 10분 느려"는 This clock is 10 minutes slow[디스 클락 이즈 텐미닛츠 슬로우]라고 하면 돼요. 빠를 때는 slow 대신 fast[패애슷트]를 쓰면 되고요.

knock [낙]

'부수다, 두드리다'라는 뜻의 초·중급 단어. 발음은 [노크]나 [나크]가 아니라 [낙] 혹은 [나악]도 좋아요. '부수다'라는 뜻이 아니라 '두드리다'라는 뜻으로 쓰려면 Knock on the door[나악 언 더 도얼]처럼 on(접촉)이 필요해요. on이 없이 Knock the door처럼 쓰면 '문을 부수다'라는 뜻이에요.

stock [스딱]

'재고' 혹은 '주식'이라는 뜻의 중급 단어. 발음이 [스톡]이 아니라 [스딱]이에요. "그건 재고가 떨어졌어요"는 It's out of stock[잇쓰 아우럽 스딱], "그건 재고가 있어요"는 It's in stock[잇쓰 인 스딱]이라고 하면 돼요. 사실 주식은 재고처럼 가지고 있다가 거래할 수 있는 것이죠. 그래서 재고에서 '주식'이라는 뜻이 생겨났어요.

block [블락]

'사각덩어리' 혹은 '막다'라는 뜻의 초·중급 단어. 발음은 [블록]이나 [블럭]이 아니라 [블락]이 정확해요. 원래 '사각덩어리'를 말하는데 땅으로 확장되어 '사각형의 구역'을 말하게 되었죠. "그거 두 블록 떨어져 있어요"는 It's two blocks away[잇쓰 투우 블락스 어웨이]. '막다'라는 뜻도 있어요. 배구에서 상대편의 스파이크를 막는 것을 blocking[블라낑]이라고 하죠. 마지막으로 태양(햇빛)을 막는 크림은 sunblock[썬블락]이고요.

shock [샤악]

'충격, 충격을 주다'는 뜻의 초·중급 단어. 발음은 [쇼크]나 [속]이 아니라 [샤]이나 [샤악]이에요. '문화충격'은 culture shock[컬춰얼 샤악]이에요.

o 발음은 미국에서는 [아]

'문을 두드리다'라는 뜻의 '노크'는 사실 영어 knock의 한글 표기죠. 그런데 이것은 영국식 발음이에요. 미국식으로는 [낙]이라고 해야 해요. 더불어 단어 끝이 k(자음)로 끝나는 경우 앞 글자에 받침으로 들어가면 좋아요! 그래서 [나크] 대신 [낙]인 거예요.

오늘의 미션!
다음 한글 발음과 뜻을 읽고 영어 스펠링을 직접 적어보세요.

ock로
끝나는 말은?

❶ [락] 잠그다, 자물쇠 _____

❷ [롹] 바위, 흔들다, (음악) 락 _____

❸ [싹] 양말 _____

❹ [닥] 선착장 _____

❺ [칵] 수탉 _____

❻ [클락] 시계 _____

❼ [낙] 부수다, 두드리다, 노크 _____

❽ [스딱] 주식, 재고 _____

❾ [블락] 사각덩어리, 구역, 막힘, 막다 _____

❿ [샥] 충격, 충격을 주다 _____

-ign 으로 끝나는 단어

sign
싸인

[saɪn] 표지판, 징조, 서명하다

benign
비나인

[bɪˈnaɪn] 양성의

assign
어싸인

[əˈsaɪn] 배당하다

reign
뤠인

[reɪn] 통치, 통치하다

design
디자인

[dɪˈzaɪn] 디자인, 문양, 디자인하다

feign
페인

[feɪn] ~인 체하다

resign
뤼자인

[rɪˈzaɪn] 사임하다

campaign
캠페인

[kæmˈpeɪn] 캠페인, 운동

align
얼라인

[əˈlaɪn] 일직선으로 정렬하다

foreign
포어륀

[ˈfɔːrɪn] 외국의

sign [싸인]

'서명하다, 표지판'이라는 뜻의 초급 단어. 발음이 [시그느] 혹은 [사인]이 아니라 [싸인]이에요. "여기에 서명하세요"는 Sign here[싸인 히얼]입니다. road sign[로우드 싸인] 하면 '도로 표지판'이에요. 신이 인간에게 써놓은 표지판이라면 '징조'겠죠? 이 뜻으로는 중급 단어예요. '일곱 번째 징조'라는 뜻의 〈The Seventh Sign[더 쎄븐스 싸인]〉이라는 영화가 있어요.

assign [어싸인]

'배당(배정)하다'라는 뜻의 중·상급 단어. 발음이 [어시그느]가 아니고 [어싸인]이에요. [싸]를 강하게 발음하면 강세도 정리돼요. 어려운 단어지만 이것의 명사형, assignment[어싸인먼트]가 '배정'이라는 뜻 외에 '숙제'라는 뜻이 있어서 잘 쓰여요. homework[호움월크]가 더 쉬운 단어이고 많이 쓰이지만, 혹시 누가 assignment라고 말했을 때는 내가 해야 할 일, 즉 '숙제구나!'라고 알아들어야겠죠.

design [디자인]

'문양, 디자인'이라는 뜻의 중급 단어. 발음이 [데시그느]가 아니라 [디자인]이에요. [자]를 강조해서 발음하면 좋아요. '좋은 디자인'은 good design[그웃 디자인], '단순한 디자인'은 simple design [심플 디자인 = 썸쁘을 디자인], '새로운 디자인'은 new design[뉴우 디자인]처럼 연습하면 끝!

resign [뤼자인]

'사임하다'라는 뜻의 중급 단어. 발음이 [리싸인]이 아니라 [뤼자인]처럼 된다는 것에 주의! 일을 그만두겠다고 다시(re[뤼]) + 서명(sign)한 것으로 기억하면 좋아요. "그는 오늘 아침 사임했어"는 He resigned this morning[히이 뤼자인드 디스 모올닝]이에요.

align [얼라인]

'일직선으로 정렬하다'라는 뜻의 상급 단어. 발음이 [얼리그느]가 아니고 [얼라인]이에요. 상급 단어니까 발음규칙만 확인하세요. 참고로 자동차 조향장치(운전대 및 바퀴)의 정렬을 잡는 것을 '얼라인먼트 본다'라고 하죠. 그게 바로 alignment[얼라인먼트]예요.

benign [비나인]

'양성의'라는 뜻의 최상급 단어. 발음이 [베니그느]가 아니라 [비나인]이에요. 단어 모양과 발음이 너무 달라 발음 실수가 많이 나오는 단어죠. 의학드라마에서 '양성종양'이라는 단어가 나오면 benign tumor[비나인 투멀]이 들릴 테니 슬쩍 보고 넘어가세요.

reign [뤠인]

'통치' 혹은 '통치하다'라는 뜻의 상급 단어. 발음이 [레이그느]가 아니고 [뤠인]이에요. rain(비[뤠인])과 발음이 똑같죠. '그녀의 통치 기간 동안'은 during her reign[듀링 헐 뤠인]이라고 해서 역사 관련 다큐에서 등장하곤 해요. 그래도 상급 단어니까 나중에 해도 됩니다.

feign [페인]

'~인 체하다'라는 뜻의 상급 단어. 7번 단어와 철자가 거의 똑같죠. 발음도 [페인]으로 비슷해요. f 발음은 실제 소리를 확인하세요! "나는 두통이 있는 체했어"를 영어로? I feigned a headache[아이 페인드 어 헤드에이크 = 아이 페인더 헤레익]. '~인 체'라는 뜻의 쉬운 단어로 pretend[프뤼텐드]가 있어요. 우리말로 '가장하다'라는 뜻의 단어가 feign이라고 생각하면 맞아요.

campaign [캠페인]

'캠페인, 운동'이라는 뜻의 중·상급 단어. 발음이 [캄파이그느]가 아니라 [캠페인]이죠. 한국어에서도 외래어로 많이 사용되고요. '캠페인 기금'은 campaign money[캠페인 머니], '캠페인 담당자'는 campaign manager[캠페인 매니저]라고 하면 됩니다.

foreign [포어륀]

'외국의'라는 뜻의 중급 단어. 발음이 [포레이그느]가 아니라 [포어륀]이에요. f 발음은 실제 소리를 확인해서 연습하세요! '외국인 학교'는 foreign school[포어륀 스꾸을], '외국어'는 foreign language[포어륀 랭귀쥐], '외국과의 교역'은 foreign trade[포어륀 츄뤠이드]처럼 쓰면 됩니다.

gn의 발음에서 [g]는 사라진다!

gn을 생긴 모습대로 읽으면 g[그] n[느]죠. 하지만 gn으로
끝나거나 시작하는 단어는 99% g 소리가 사라져요.
예를 들어 design은 [데시그느]가 아니라 [디자인]
인 것처럼 말이죠.
오늘의 10개 단어 모두 예외없이 g 발음이 사라지니
까 차근차근 확인하세요.

 오늘의 미션!
다음 한글 발음과 뜻을 읽고 영어 스펠링을 직접 적어보세요.

 ign으로
끝나는 말은?

❶ [싸인] 표지판, 징조, 서명하다 _____

❷ [어싸인] 배당하다 _____

❸ [디자인] 디자인, 문양, 디자인하다 _____

❹ [뤼자인] 사임하다 _____

❺ [얼라인] 일직선으로 정렬하다 _____

❻ [비나인] 양성의 _____

❼ [뤠인] 통치, 통치하다 _____

❽ [페인] ~인 체하다 _____

❾ [캠페인] 캠페인, 운동 _____

❿ [포어륀] 외국의 _____

diary
다이뤼

[ˈdaɪri] 일기

library
라이브뤠뤼

[ˈlaɪbreri] 도서관

scary
스께뤼

[ˈskeri] 겁나게 하는, 무서운

military
밀러테뤼

[ˈmɪləteri] 군대, 군대의

weary
위뤼

[ˈwɪri] 지친

ordinary
올드네뤼

[ˈɔːrdəneri] 평범한

salary
쌜러뤼

[ˈsæləri] 월급

secretary
쎄크뤄테뤼

[ˈsekrəteri] 비서, 장관

rotary
로우터뤼

[ˈroʊtəri] 회전하는, 회전교차로

summary
써머뤼

[ˈsʌməri] 요약

diary [다이뤼]

'일기'라는 뜻의 초·중급 단어. 단어의 생긴 모습은 [디아리]이지만 [다이뤼]가 맞아요. 일부러 [다이어리]처럼 할 필요가 없어요. [다이] 다음에 [뤼] 발음을 하려면 중간에 [어] 소리가 살짝 들어갈 수밖에 없거든요. 하지만 [어]를 일부러 넣어 강조하면 못 알아들어요. 오늘 나오는 발음 모두 동일하니까 꼭 알아두세요! "난 매일 일기를 써"는 I keep a diary every day[아이 키이뻐 다이뤼 에브뤼데이]라고 해요.

scary [스께뤼]

'무서운, 겁나게 하는'이라는 뜻의 초·중급 단어. 발음을 [스케어리]가 아니라 [스께뤼]처럼 해야 정확해요. '무서운 영화'는 scary movie[스께뤼 무이비], '무서운 이야기'는 scary story[스께뤼 스또뤼]라고 하면 돼요.

weary [위뤼]

'지친'이라는 뜻의 중급 단어. 발음이 절대 [위어리]가 아니라 [위뤼]예요. '지친 듯한 한숨'은 weary sigh[위뤼 싸이], '지친 여행객'은 weary traveler[위뤼 츄뢔블럴]이라고 하면 돼요. 참고로 tired[타이얼드]가 더 쉽고 자주 쓰이는 단어예요.

salary [쌜러뤼]

'월급'이라는 뜻의 중급 단어. 발음은 [쌜러리]가 아니라 [쌜러뤼]처럼 [뤼] 발음을 살려줘야 해요. '연봉'은 영어로? annual salary[애뉴얼 쌜러뤼]라고 하면 되죠. 참고로 소금이 귀했던 오래전에는 월급을 소금으로 지불했어요. 그래서 이 단어의 sal 부분이 바로 소금의 salt[쌀트]죠. salad[샐러드 = 쌜럿]도 채소에 소금(sal=salt)을 뿌려 간을 해서 먹은 것에서 시작된 음식이에요. 채소 celery는 [쎌러뤼]로 [쎌] 발음에 유의하세요!

rotary [로우터뤼]

'회전하는' 혹은 '회전교차로'를 의미하는 중급 단어. 회전교차로를 한국에서도 '로타리'라는 말로 많이 쓰죠. 정확한 발음은 [로우터뤼]예요. 하지만 이 단어는 영국에서 쓰고요. 미국에서는 roundabout[롸운더바웃]이라고 해요. 둘레에(round[롸운드]) 관한 (about[어바웃]) 곳이 바로 차가 도는 곳이겠죠.

library [라이브뤠뤼]

'도서관'이라는 뜻의 초·중급 단어. 발음을 [라이브러리]가 아니고 [라이브뤠뤼]처럼 해야 정확해요. '공공 도서관'은 public library[퍼블릭 라이브뤠뤼], '학교 도서관'은 school library[스꾸을 라이브뤠뤼]라고 하면 돼요.

military [밀러테뤼]

'군대의'라는 뜻의 중급 단어. 발음은 [밀리테리]가 아니라 [밀러테뤼]가 돼요. [밀]에 강세가 있어서 뒤의 [리]가 편한 발음인 [러]로 바뀐 거예요. 참고로 군은 육해공이 있죠. '육군'은 the army[디 아알미], '해군'은 the navy[더 네이비], '공군'은 the air force[디 에얼 포얼스]입니다.

ordinary [올드네뤼]

'평범한'이라는 뜻의 중급 단어. 발음은 [오디너리]가 아니라 [올드네뤼]처럼 해야 정확해요. d 다음의 i가 철자는 있지만 발음에는 없는 거예요. '평범한 사람들'은 ordinary people[올드네뤼 피이쁠], '평범한 가족'은 ordinary family[올드네뤼 패멀리], '평범한 삶'은 ordinary life[올드네뤼 라이프]처럼 활용하면 기억에 오래 남습니다.

secretary [쎄크뤄테뤼]

'비서'라는 뜻의 중급 단어. 발음을 [세크레테리]나 [세크러테리]가 아니라 [쎄크뤄테뤼]로 해야 정확해요. 비서는 비밀을 많이 알고 있죠? 그래서 '비밀'을 뜻하는 secret[씨크륏]에서 나온 단어예요. 대통령과 비밀을 공유하는 비서 같은 각료는? '장관'이라는 뜻도 있어요. '국무장관'은 Secretary of State[쎄크뤄테뤼 오브 스떼잇]처럼 대문자로 써요.

summary [써머뤼]

'요약'이라는 뜻의 중급 단어. 발음이 절대로 [썸머리]가 아니라 [써머뤼]예요. 두 번 겹치는 글자(mm)는 한 번만 발음해요. 그래서 summer(여름)도 [썸머]가 아니라 [써멀]이 맞아요. '뉴스 요약'은 영어로? news summary[뉴우즈 써머뤼]라고 하면 됩니다.

ry는 절대로 [리]가 아니라 [뤼]

r은 [루], y는 단어 끝에 올 때 [이] 발음이 되죠. 그래서 발음이 [뤼]가 돼요. 예를 들어 '월급'이라는 뜻의 salary는 [쌜러리]가 아니라 [쌜러뤼]처럼 [뤼] 발음을 명확하게 해야 원어민이 알아들어요! 오늘 단어 모두 [뤼] 발음으로 예외가 없으니까 10번 연습하세요.

 오늘의 미션!
다음 한글 발음과 뜻을 읽고 영어 스펠링을 직접 적어보세요.

ary로 끝나는 말은?

❶ [다이뤼] 일기 _____

❷ [스께뤼] 겁나게 하는, 무서운 _____

❸ [위뤼] 지친 _____

❹ [쌜러뤼] 월급 _____

❺ [로우터뤼] 회전하는, 회전교차로 _____

❻ [라이브뤠뤼] 도서관 _____

❼ [밀러테뤼] 군대, 군대의 _____

❽ [올드네뤼] 평범한 _____

❾ [쎄크뤄테뤼] 비서, 장관 _____

❿ [써머뤼] 요약 _____

serious
씨뤼어스

[ˈsɪriəs] 심각한, 진지한

anxious
앵크셔스

[ˈæŋkʃəs] 초조해하는

curious
큐뤼어스

[ˈkjʊriəs] 호기심 어린

precious
프뤠셔스

[ˈpreʃəs] 귀한

various
베뤼어스

[ˈveriəs] 다양한

ambitious
앰비셔스

[æmˈbɪʃəs] 야심찬

delicious
딜리셔스

[dɪˈlɪʃəs] 맛있는

previous
프뤼비어스

[ˈpriːviəs] 이전의

mysterious
미스띠뤼어스

[mɪˈstɪriəs] 신비한

religious
륄리져스

[rɪˈlɪdʒəs] 종교적인

serious [씨뤼어스]

'심각한' 혹은 '진지한'이라는 뜻의 초·중급 단어. 발음은 [시어리어스]가 아니고 [씨뤼어스]처럼 해야 정확해요. '심각한 문제'는 serious problem[씨뤼어스 프라블럼], '심각한 사고'는 serious accident[씨뤼어스 액씨던트], "너 진심이야?"는 Are you serious?[알 유우 씨뤼어스]라고 하면 됩니다.

curious [큐뤼어스]

'호기심 어린'이란 뜻의 초·중급 단어. 발음은 [큐어리어스]가 아니라 [큐뤼어스]가 맞아요. '호기심 가득한 남자'는 curious man[큐뤼어스 맨], '호기심 어린 표정'은 curious look[큐뤼어스 루욱], '호기심 가득한 이웃'은 curious neighbor[큐뤼어스 네이벌], "난 그것에 호기심이 있어"는 I'm curious about it[아임 큐뤼어스 어바우릿]이죠.

various [베뤼어스]

'다양한'이란 뜻의 중급 단어. 발음은 [베어리어스]가 아니라 [베뤼어스]가 맞아요. '다양한 이유'를 various reasons[베뤼어스 뤼이즌즈], '다양한 방법'은 various ways[베뤼어스 웨이즈]. 다양한 자체가 '여러 개'라는 뜻이니까 various 뒤에는 복수형(s가 붙은 단어)만 와요.

delicious [딜리셔스]

'맛있는'이란 뜻의 초·중급 단어. 발음은 [딜리셔스]로 어렵지 않아요. 강세가 [리]에 있으니까 그 부분을 크게 발음하면 돼요. '맛있는 달걀'은 delicious egg[딜리셔스 에에그], '맛있는 저녁'은 delicious dinner[딜리셔스 디널]이라고 하면 돼요. 참고로 yummy[여미]나 tasty[테이스티]가 구어체에서는 더 자주 쓰여요.

mysterious [미스띠뤼어스]

'신비한'이라는 뜻의 중급 단어. 발음은 [미스티어리어스]보다는 [미스띠뤼어스]가 맞아요. '신비로운 여인'은 mysterious woman[미스띠뤼어스 워먼], '신비한 책'은 mysterious book[미스띠뤼어스 부욱], '신비한 정원'은 mysterious garden[미스띠뤼어스 가알든]이 됩니다. mystery[미스떠뤼]는 '신비, 수수께끼'라는 뜻의 명사형이에요.

anxious [앵크셔스]

'초조해하는'이라는 뜻의 중급 단어. 발음은 [앵크셔스]로 표기했지만 [크] 소리가 살짝만 들리는 게 좋아요. '초조해하는 표정'은 anxious look[앵크셔스 루욱], '초조한 순간'은 anxious moment[앵크셔스 모우먼트]라고 하면 돼요.

precious [프뤠셔스]

'귀한, 소중한'이라는 뜻의 중급 단어. 생긴 것은 [프레시오우스]이지만 실제 발음은 [프뤠셔스]예요. [뤠] 발음을 꼭 살려야 해요. '나의 귀중한 시간'은 my precious time[마이 프뤠셔스 타임], '나의 귀중한 선물'은 my precious gift[마이 프뤠셔스 기프트], '나의 소중한 딸(여자아이)'은 my precious girl[마이 프뤠셔스 거얼]이라고 하면 됩니다.

ambitious [앰비셔스]

'야망 있는, 야심찬'이라는 뜻의 중급 단어. 단어의 생긴 모습은 [암비티오우스]지만 정확한 발음은 [앰비셔스], [비]를 강조하면 돼요. 영어에서 tious로 끝나는 단어는 99% [셔스]이니까 알아두세요! "그는 너무 야심에 차 있어"는 He's too ambitious[히즈 투우 앰비셔스]라고 하면 됩니다.

previous [프뤼비어스]

'이전의'라는 뜻의 중·상급 단어. 발음이 [프레비오우스] 혹은 [프리비어스]가 아니라 [프뤼비어스]죠. v 발음은 실제 발음을 듣고 연습하세요! '이전 주인'은 previous owner[프뤼비어스 오우너], '이전 장'은 previous chapter[프뤼비어스 챕털], '이전 직업'은 previous job[프뤼비어스 좌압]이라고 하면 됩니다.

religious [륄리져스]

'종교적인'이라는 뜻의 중급 단어. 발음이 [렐리기오우스]가 아니라 [륄리져스]죠. g 발음 다음에 i가 오면 발음이 [ㄱ]이 아니라 [ㅈ]이 됩니다. '종교적인 자유'는 religious freedom[륄리져스 프뤼이덤], '종교적인 사람'은 religious person[륄리져스 퍼얼슨], '종교적인 지도자'는 religious leader[륄리져스 리이덜].

ous는 [오우스]가 아니라 [어스]

영어에는 ous로 끝나는 형용사(~인, ~하는)가 꽤 많아요. 이때 발음이 [오우스]가 아니라 [어스]로 바뀌죠. 예를 들어 famous(유명한)는 [파모우스]가 아니라 [페이머스]처럼 [어스]로 발음이 끝나요.
이런 형용사의 99%는 [어스]로 발음되니까 이 규칙은 꼭 10개 단어를 연습하면서 익혀두세요.

 오늘의 미션!
다음 한글 발음과 뜻을 읽고 영어 스펠링을 직접 적어보세요.

ious로
끝나는 말은?

❶ [씨뤼어스] 심각한, 진지한 _____

❷ [큐뤼어스] 호기심 어린 _____

❸ [베뤼어스] 다양한 _____

❹ [딜리셔스] 맛있는 _____

❺ [미스띠뤼어스] 신비한 _____

❻ [앵크셔스] 초조해하는 _____

❼ [프뤠셔스] 귀한 _____

❽ [앰비셔스] 야심찬 _____

❾ [프뤼비어스] 이전의 _____

❿ [륄리져스] 종교적인 _____

hand
해앤드

[hænd] 손, 도움, 건네다

brand
브뢔앤드

[brænd] 상표, 낙인 찍다

land
래앤드

[lænd] 땅, 착륙하다

grand
그뢔앤드

[grænd] 웅장한, 대단한, 1천 달러

band
배앤드

[bænd] (음악) 밴드, 모임

demand
디매앤드

[drˈmænd] 수요, 요구하다

sand
쌔앤드

[sænd] 모래

understand
언덜스때앤드

[ʌndərˈstænd] 이해하다

stand
스때앤드

[stænd] 서다, 참다, 가판대

thousand
싸우전드

[ˈθaʊzənd] 1,000

hand [해앤드]

'손'이라는 뜻의 초급 단어. [핸드]보다는 [해앤드]처럼 [드]가 살짝 들리거나 [해앤] 처럼 발음하면 오히려 더 잘 알아들어요. '왼손'은 left hand[레프트 해앤드], '오른손' 은 right hand[롸잇 해앤드]. "손을 씻어"는 Wash your hands[워어쉬 유얼 해앤즈]라 고 하면 돼요. 보통 도울 때 손을 내밀죠. 그래서 '도움' 혹은 '일손'이라는 뜻도 있어요. "짐 싸는 데 도움이 필요해?"는 Do you need a hand packing?[두우 유우 니이러 해앤 패킹]처럼 쓰이죠. 손으로 '건네주다'라는 뜻의 동사도 있고, 이때는 중급 단어예요.

land [래앤드]

'땅'이라는 뜻의 초급 단어. 발음은 [랜드]보다는 [래앤드]가 좋아요. a가 원래 긴 소리 (장모음)는 아니지만 '애'를 강조하듯 길게 발음해주면 100% 알아들어요. 농사가 잘되 는 '풍요로운 땅'은? rich land[뤼취 래앤드]. 건물이 없는 '빈 땅'은 open land[오우쁜 래앤드]라고 하면 돼요. 참고로 비행기가 땅에 닿는다면? '착륙하다'라는 뜻으로 많이 쓰여요. "곧 착륙하겠습니다"는 We'll be landing shortly[위을 비이 래앤딩 숄틀리].

band [배앤드]

'(음악)밴드'를 말하는 초·중급 단어. 발음은 [밴드]보다는 [배앤드]가 좋아요. 밴드는 사실 같은 목적을 가진 사람들이 모인 곳이죠? 그래서 band는 '연대, 연합'이라는 뜻도 있죠. 참고로 husband(남편)는 [후즈밴드]가 아니라 [허즈번드]예요. [허]에 강세가 있 어서 [밴드]가 [번드]로 발음하기 쉽도록 바뀐 거예요.

sand [쌔앤드]

'모래'라는 뜻의 초급 단어. 발음은 [쌘드]보다는 [쌔앤드]가 좋아요. 금빛 모래사장은 golden sands[고울든 샌즈]가 돼요. 모래가 많아야 백사장이 되니까 s가 붙은 거죠.

stand [스때앤드]

'서다'라는 뜻의 초급 단어. 발음은 [스탠드]가 아니라 [스때앤드]가 좋아요. "저쪽에 서 있어"는 Stand there[스때앤 데얼]처럼 쓰면 돼요. '참다'라는 뜻도 있어요. "그것을 더 이상 못 참겠어"는 I can't stand it anymore[아이 깨앤 스때앤 딧 애니모얼]이 돼요.

brand [브뢔앤드]

'상표' 혹은 '낙인을 찍다'라는 뜻의 중급 단어. 발음은 [브랜드]보다는 [브뢔앤드]가 정확해요. 이렇게 발음하면 100% 알아들어요. '최고의 상표'는 top brand[탑 브뢔앤드], '인기 좋은 상표'는 popular brand[파퓰럴 브뢔앤드]라고 하면 됩니다.

grand [그뢔앤드]

'커다란'이라는 뜻의 초·중급 단어. 발음은 [그랜드]가 아니라 [그뢔앤드]가 좋아요. '커다란 피아노'는 grand piano[그뢔앤드 피애노우], '대저택'은 grand house[그뢔앤드 하우스]가 되겠죠. 참고로 돈을 세는 단위로 천 달러면 정말 크죠. 그래서 구어체에서 '천 달러(혹은 파운드)'를 말해요. two grand[투우 그뢔앤드] 하면 2천 달러가 돼요. 이 뜻으로는 중·상급이예요. 더불어 grand는 복수형태(grands) 없이 그냥 grand만 씁니다.

demand [디매앤드]

'요구하다' 혹은 '수요'라는 뜻의 중급 단어. 발음은 [디맨드]보다는 [디매앤드]가 좋아요. '수요와 공급'이라는 경제용어를 영어로는 supply and demand[써플라이 애앤 디매앤드]처럼 써요. 영어에서는 수요(demand)보다 공급(supply)을 먼저 쓰는 게 습관이에요.

understand [언덜스때앤드]

'이해하다'라는 뜻의 초·중급 단어. 발음은 [언더스탠드]보다는 [언덜스때앤드]가 좋아요. "그거 이해가 안 돼"는 I can't understand it[아이 캐앤 언덜스때앤 딧]이라고 하면 돼요. 참고로 withstand[위잇스때앤드]는 '견디다'라는 뜻의 중·상급 단어예요.

thousand [싸우전드]

'1,000'이란 뜻의 초·중급 단어. 모습이 [싸우샌드]처럼 생겼지만, 발음은 [싸우전드]예요. [싸]에 강세가 있기 때문에 뒤는 편한 발음으로 바뀌어요. 그래서 [쌘드]가 아니라 [전드]처럼 소리가 바뀐 것이죠. '5천 달러'는 five thousand dollars[파입 싸운전 달럴즈]. 앞에 숫자가 있으면 (1, 2, 3, 4…)thousand에는 s를 붙이지 않고 달러에 s가 붙죠(dollars). 백(hundred), 백만(million) 모두 동일해요.

and는 [앤드]가 아니라 [애앤]

and의 a는 ar이나 a로 끝나는 단어는 아니니 발음이 [아]는 아니죠. 이때 a는 [애]가 돼요.
그런데 끝에 오는 d를 절대로 [으] 소리를 넣어서 [드]처럼 발음하면 안 돼요. 오히려 d 발음 없이 [애]를 길게 [애앤]처럼 발음하면 원어민이 잘 알아들어요.

 오늘의 미션!
다음 한글 발음과 뜻을 읽고 영어 스펠링을 직접 적어보세요.

and로 끝나는 말은?

❶ [해앤드] 손, 도움, 건네다 ＿＿＿＿＿＿＿＿＿＿

❷ [래앤드] 땅, 착륙하다 ＿＿＿＿＿＿＿＿＿＿

❸ [배앤드] (음악) 밴드, 모임 ＿＿＿＿＿＿＿＿＿＿

❹ [쌔앤드] 모래 ＿＿＿＿＿＿＿＿＿＿

❺ [스때앤드] 서다, 참다, 가판대 ＿＿＿＿＿＿＿＿＿＿

❻ [브래앤드] 상표, 낙인 찍다 ＿＿＿＿＿＿＿＿＿＿

❼ [그래앤드] 웅장한, 대단한, 1천 달러 ＿＿＿＿＿＿＿＿＿＿

❽ [디매앤드] 수요, 요구하다 ＿＿＿＿＿＿＿＿＿＿

❾ [언덜스때앤드] 이해하다 ＿＿＿＿＿＿＿＿＿＿

❿ [싸우전드] 1,000 ＿＿＿＿＿＿＿＿＿＿

-nge 로 끝나는 단어

change
췌인쥐
[tʃeɪndʒ] 바꾸다, 변하다, 변화

sponge
스뻔쥐
[spʌndʒ] 스폰지, 해면

strange
스트뤠인쥐
[streɪndʒ] 이상한

lounge
라운쥐
[laʊndʒ] 라운지, 휴게실

orange
아뤈쥐
[ˈɑːrəndʒ] 오렌지

fringe
프륀쥐
[frɪndʒ] 앞머리, 술, 주변의

range
뤠인쥐
[reɪndʒ] 범위, 범위가 되다

binge
빈쥐
[bɪndʒ] 폭식, 폭식하다

challenge
촬런쥐
[ˈtʃæləndʒ] 도전, 도전하다

revenge
뤼벤쥐
[rɪˈvendʒ] (사적인) 복수, 복수하다

change [췌인쥐]

'바꾸다, 변하다' 혹은 '변화'라는 뜻의 초급 단어. 발음은 [체인지]가 아니라 [췌인쥐] 가 맞아요. "습관을 바꿔"는 Change your habit[췌인쥐 유얼 해빗], "마음을 바꿔"는 Change your mind[췌인쥐 유얼 마인드], "쌤은 변했어"는 Sam changed[쌤 췌인쥐드] 라고 쓰면 됩니다. "우리 계획에 변경이 있어"라는 뜻의 There's a change in our plan [데얼즈 어 췌인쥐 인 아우얼 플랜]처럼 '변경(변화)'이라는 뜻의 명사로도 자주 쓰입니다.

strange [스트뤠인쥐]

'이상한'이라는 뜻의 초급 단어. 발음은 [스트레인지]보다는 [스트뤠인쥐]가 좋아 요. '이상한 문자'는 strange message[스트뤠인쥐 메시쥐], '이상한 느낌'은 strange feeling[스트뤠인쥐 피일링], '이상한 방법'은 strange way[스트뤠인쥐 웨이], '이상한 소음'은 strange noise[스트뤠인쥐 노이즈]로 반복해서 보면 기억에 오래 남아요.

orange[아륀쥐]

'오렌지'라는 뜻의 중급 단어. 발음은 [오렌지]가 아니라 [아륀쥐]처럼 들려요. 이미 잘 알고 있는 단어니까 철자와 발음만 챙기면 돼요. '오렌지 주스'는 orange juice[아륀지 쥬우스]라고 하는 것처럼 말이죠.

range [뤠인쥐]

'범위'라는 뜻의 중급 단어. 발음이 [레인지]가 아니라 [뤠인쥐]가 맞아요. '넓은 범위' 는 wide range[와이드 뤠인쥐], '좁은 범위'는 narrow range[내로우 뤠인쥐], '전체 범 위'는 full range[풀 뤠인쥐]. 참고로 ar(~쪽으로) + range(범위) = arrange[어뤠인쥐: 마련 하다], 그 범위 내에서 준비한다고 보면 '마련하다'라는 뜻이 이해됩니다.

challenge [챌런쥐]

'도전' 혹은 '도전하다'라는 뜻의 중급 단어. 발음은 [챌린지]가 아니라 [췔런쥐] 혹은 [췔런쥐]가 맞아요. '커다란 도전'은 big challenge[비익 췔런쥐], '힘든 도전'은 tough challenge[터프 췔런쥐], '새로운 도전'은 new challenge[뉴우 췔런쥐]. 동사로는 "너 나한테 도전하는 거야?"라고 할 때 Are you challenging me? [알 유우 췔런쥐잉 미이]라고 합니다.

sponge [스뻔쥐]

'스폰지, 해면'이라는 뜻의 중급 단어. 발음은 [스폰지]가 아니라 [스뻔쥐]가 맞아요. "여기 스폰지를 이용해"는 Use a sponge here[유우즈 어 스뻔쥐 히얼], "그녀는 스폰지처럼 다 흡수해"는 She's like a sponge[쉬즈 라이꺼 스뻔쥐]라고 비유적으로도 쓰여요.

lounge [라운쥐]

'라운지, 휴게실'이라는 뜻의 중급 단어. 발음은 [라운지]가 아니라 [라운쥐]가 맞아요. 공항의 대기실 공간 혹은 비즈니스석을 위한 휴게실을 주로 가리킵니다. 영어로는 business lounge[비즈니스 라운쥐]로 그대로 쓰면 되고요.

fringe [프륀쥐]

'앞머리'나 '술(장식용)'을 뜻하는 중·상급 단어. 발음은 [프린지]가 아니라 [프륀쥐]가 맞아요. '앞머리'라는 뜻으로는 영국에서 많이 쓰이고 미국에서는 bangs[뱅즈]라고 해요. 장식용 술은 중심이 아니라 끝에 있죠. 그래서 '주변의'라는 뜻도 있어요. 영국 에딘버러의 프린지 페스티벌(The Fringe Festival)은 중심가가 아닌 주변의, 주목받지 못하는 극단이나 연기자들을 위한 행사예요. 그래서 fringe라는 단어를 행사 이름에 넣은 것이죠.

binge [빈쥐]

'폭식' 혹은 '폭식하다'라는 뜻의 상급 단어. 발음은 [빈게]나 [빈지]가 아니고 [빈쥐]가 맞아요. '폭음'은 binge drinking[빈쥐 쥬링킹], '폭식'은 binge eating[빈쥐 이이팅], '열폭시청(한꺼번에 몰아 보기)'은 binge watching[빈쥐 워어칭]이라고 해요.

revenge [뤼벤쥐]

'(사적인) 복수' 혹은 '복수하다'라는 뜻의 중·상급 단어. 발음은 [리벤지]가 아니라 [뤼벤쥐]가 맞아요. '달콤한 복수'는 sweet revenge[스위잇 뤼벤쥐], "나는 케인한테 복수할 거야"는 I'll take revenge on Kane[아이를 테익 뤼벤쥐 언 케인]이라고 합니다. 참고로 avenge는 정의를 위한 복수고요. 그래서 영화 제목도 〈avengers[어벤져스=어벤쥐얼즈]〉가 된 것이죠.

ge는 [지]가 아니라 [쥐]

g의 기본 소리는 [ㄱ]이죠. 하지만 g 다음에 [e] [i] 두 개의 소리가 오면 발음이 [ㅈ]이 되죠. 이때 주의할 것은 발음을 [지]가 아니라 [쥐]처럼 해야 해요.
예를 들어 '바꾸다'라는 뜻의 change는 [체인지]가 아니라 [췌인쥐]로 해야 합니다. 10개 단어 모두 똑같은 발음이니까 확인하세요.

 오늘의 미션!
다음 한글 발음과 뜻을 읽고 영어 스펠링을 직접 적어보세요.

nge로
끝나는 말은?

❶ [췌인쥐] 바꾸다, 변하다, 변화 _____

❷ [스트뤠인쥐] 이상한 _____

❸ [아륀쥐] 오렌지 _____

❹ [뤠인쥐] 범위, 범위가 되다 _____

❺ [챌런쥐] 도전, 도전하다 _____

❻ [스뻔쥐] 스폰지, 해면 _____

❼ [라운쥐] 라운지, 휴게실 _____

❽ [프륀쥐] 앞머리, 술, 주변의 _____

❾ [빈쥐] 폭식, 폭식하다 _____

❿ [뤼벤쥐] (사적인) 복수, 복수하다 _____

-ose 로 끝나는 단어

rose
로우즈

[rouz] 장미

nose
노우즈

[nouz] 코

pose
포우즈

[pouz] 자세, 자세를 취하다

hose
호우즈

[houz] 호스

dose
도우스

[dous] 복용량

close
클로우즈

[klouz] 닫다 / [klous] 가까운

those
도우즈

[ðouz] 저것들

chose
초우즈

[tʃouz] 선택했다

lose
루우즈

[luːz] 잃다, 지다

whose
후우즈

[huːz] 누구의

rose [로우즈]

'장미'라는 뜻의 초·중급 단어. 발음이 절대로 [로즈]가 아니라 [로우즈]예요. '빨간 장미'는 red rose[뤠에드 로우즈], '흰 장미'는 white rose[와잇 로우즈], '분홍 장미'는 pink rose[핑크 로우즈]처럼 쓰면 돼요. 우리말의 '꽃길'을 영어로는 a bed of roses[베에드 어브 로우지즈], '예쁜 장미가 침대에 깔려 있다'라고 하니까 슬쩍 보아두세요.

nose [노우즈]

'코'라는 뜻의 초급 단어. 발음은 절대로 [노즈]가 아니라 [노우즈]가 맞아요. "난 코를 풀었어"는 I blew my nose[아이 블루우 마이 노우즈], "코가 부려졌어"는 I broke my nose[아이 브로욱 마이 노우즈], "코가 막혔어"는 I have a blocked nose[아이 해브 어 블락트 노우즈], "콧물이 나"는 I have a runny nose[아이 해브 어 뤄니 노우즈]예요.

pose [포우즈]

'자세' 혹은 '자세를 취하다'라는 뜻의 초·중급 단어. 발음이 절대로 [포즈]가 아니라 [포우즈]예요. "카메라를 보고 포즈를 취하세요"는 Pose for the camera[포우즈 포얼 더 캐머뤄]라고 하면 돼요. 참고로 pro[프러 : 앞에] + pose[포우즈 : 자세] = propose[프러포우즈 : 제안하다]가 됩니다. 마지막으로 purpose(목적)는 발음이 [펄포우즈]가 아니라 [펄뻐스]인 유일한 단어이고 필수 단어니까 나중에라도 꼭 알아두세요.

hose [호우즈]

'호스'라는 뜻의 중급 단어. 이 발음이 절대로 [호스]처럼 나는 경우는 없어요! [호우즈]가 100% 맞아요. 물이 나오는 고무관을 말하죠. 하지만 미국에서는 스타킹이나 타이즈 같은 하의을 통틀어 말해요. 예를 들어 허리까지 오는 타이즈를 외국에서 사고 싶다면 pantyhose[팬티호우즈 = 패니호우즈]라고 해야 알아들어요.

dose [도우스]

'복용량'이라는 뜻의 중·상급 단어. 발음이 [오우즈]가 아니라 [오우스]인 예외예요. '적은 복용량'은 small dose[스머얼 도우스], '많은 복용량'은 large dose[라알쥐 도우스]라고 하면 됩니다.

close [클로우즈]

'닫다'라는 뜻의 초급 단어. 발음이 절대로 [클로즈]가 아니라 [클로우즈]가 맞아요. "문을 닫아"는 Close the door[클로우즈 더 도얼], "눈을 감아"는 Close your eyes[클로우즈 유얼 아이즈], "거래를 마무리해"는 Close the deal[클로우즈 더 디이을]로 다양하게 쓰여요. 참고로 '가까운'이라는 뜻일 때의 close[클로우스]는 발음에 주의하세요!

those [도우즈]

'저것들'이라는 뜻의 초·중급 단어. 발음이 [도즈]나 [도우스]가 아니라 [도우즈]가 맞아요. '저런 사람들'은 those people[도우즈 피이쁘을], '저런 책들'은 those books[도우즈 북스]예요. 참고로 those(저것들)는 that[댓: 저것]이라는 단어의 복수형(여러 개)이죠.

chose [초우즈]

'골랐다'라는 뜻의 초·중급 단어. 발음이 [초즈]가 아니라 [초우즈]예요. choose[추우즈: 선택하다]의 과거형이 chose(초우즈)죠. 참고로 "골라"라고 할 때는 choice[초이스: 선택]가 아니라 "Choose![추우즈]"라고 해야 맞는 표현이에요.

lose [루우즈]

'지다' 혹은 '잃다'라는 뜻의 초급 단어. 단어 모양은 [로스]나 [로세]처럼 보이지만 정확한 발음은 [루우즈]예요. 짧게 발음하는 [루즈]도 안 됩니다! "희망을 잃지 마"는 Don't lose hope[도운 루우즈 호웁], "경기에서 지지 마"는 Don't lose the game[도운 루우즈 더 게임]이라고 하면 돼요. 참고로 Don't lose your head[도운 루우즈 유얼 헤에드] 하면 무슨 뜻일까요? "이성을 잃지 마, 냉정을 잃지 마"라는 뜻이에요. 바로 이해되죠?

whose [후우즈]

'누구의'라는 뜻의 초·중급 단어. 발음이 [후즈]가 아니라 [후우즈]가 맞아요. "누구 책이야?"는 Whose book is it?[후우즈 부욱 이짓], "누구 가방이야?"는 Whose bag is it?[후우즈 백 이짓]이라고 하면 됩니다. who(후우, 누구)라는 단어의 소유격(~의 것)이죠.

발음규칙 74 ose는 [오스]가 아니라 [오우즈]

영어에서 o의 기본 소리는 [오]가 아니라 [오우]라고 앞서 정리했죠. 그래서 ose도 [오세]나 [오스] 아니라 [오우즈]가 돼요. s 는 [ㅅ] 소리지만 모음(a o u e i) 사이에 끼면 [ㅈ]으로 바뀌고요.
하지만 예외는 얼마 되지 않아요. 오늘의 10개 단어 중에는 5번이 유일한 예외예요.

 오늘의 미션!
다음 한글 발음과 뜻을 읽고 영어 스펠링을 직접 적어보세요.

 ose로 끝나는 말은?

❶ [로우즈] 장미 _____

❷ [노우즈] 코 _____

❸ [포우즈] 자세, 자세를 취하다 _____

❹ [호우즈] 호스 _____

❺ [도우스] 복용량 _____

❻ [클로우즈/클로우스] 닫다/가까운 _____

❼ [도우즈] 저것들 _____

❽ [초우즈] 선택했다 _____

❾ [루우즈] 잃다, 지다 _____

❿ [후우즈] 누구의 _____

head

헤에드

[hed] 머리, ~로 향하다

tread

츄뤠에드

[tred] 디디다, 밟다

dead

데에드

[ded] 죽은, 진짜로

thread

쓰뤠에드

[θred] 실

bread

브뤠에드

[bred] 빵

lead

리이드

[liːd] 이끌다, 선두

spread

스쁘뤠에드

[spred] 퍼뜨리다, 퍼지다, 확산

read

뤼이드

[riːd] 읽다, 읽을거리

instead

인스떼에드

[ɪnˈsted] ~ 대신에

bead

비이드

[biːd] 염주, 구슬

head [헤에드]

'머리'라는 뜻의 초급 단어. 발음은 [해드]가 아니라 [헤에드]라고 하거나 [드] 소리를 더 약하게 내면 좋아요. "머리를 써"는 Use your head[유우즈 유얼 헤에드], '주방장'을 head chef[헤에드 쉐프], '웨이터 장'을 head waiter[헤에드 웨이터]라고 해요. 또 "어느 쪽으로 향하는 중이야?"라고 할 때는 Where are you heading?[웨얼 알 유우 헤에딩] 이 됩니다. 참고로 fore(앞) + head(머리) = forehead[포얼헤에드: 이마]고요.

dead [데에드]

'죽은'이라는 뜻의 초급 단어. 발음이 [대드]가 아니라 [데에드]예요. [드]를 약하게 발음하면 딱 맞아요. "그가 죽었어"는 He is dead[히이 이즈 데에드], "내 전화기가 고장났어"는 My phone is dead[마이 포운 이즈 데에드], "그 장소는 인기 없어"는 That place is dead[댓 플레이스 이즈 데에드]처럼 다양한 상황에 사용 가능해요.

bread [브뤠에드]

'빵'이라는 뜻의 초·중급 단어. 발음이 [브레드]가 아니고 [브뤠에드]가 맞아요. '신선한 빵'은 fresh bread[후뤠쉬 브뤠에드], "빵을 길게 잘라줄래요?"는 Can you slice the bread?[캔 유우 슬라이스 더 브뤠에드]. 생강쿠키는 gingerbread[쥔절브뤠에드]라고 해요.

spread [스쁘뤠에드]

'퍼뜨리다'라는 뜻의 초·중급 단어. 발음이 [스프레드]가 아니라 [스쁘뤠에드]가 맞아요. "누가 소문을 퍼뜨렸어?"는 Who spread the rumor?[후우 스쁘뤠에더 루우머얼]. spread는 현재와 과거의 형태가 똑같아요. 참고로 widespread[와이드스쁘뤠에드]는 '널리 퍼진'이란 뜻의 중급 단어예요.

instead [인스떼에드]

'~대신에'라는 뜻의 초·중급 단어. 발음이 [인스테드]가 아니라 [인스떼에드]가 맞아요. '나 대신'은 instead of me[인스떼에드 어브 미이], '샐러드 대신'은 instead of salad[인스떼에드 어브 쌔앨럿], '소고기 대신'은 instead of beef[인스떼에드 어브 비이프]라고 하면 됩니다.

tread [츄뤠에드]

'디디다, 밟다'라는 뜻의 중·상급 단어. 발음은 [트레드]가 아니라 [츄뤠에드]가 맞아요. tread + mill[밀: 제분소] = treadmill[츄뤠에드밀], 바로 제자리 달리기를 할 수 있는 러닝머신을 말해요. 영국에서는 running machine[러닝 머쉰]도 쓰이지만 미국에서는 treadmill이라고 해야만 알아들어요.

thread [쓰뤠에드]

'실'이라는 뜻의 중급 단어. 발음은 [쓰레드]보다는 [쓰뤠에드]가 좋아요. 물론 [θ] 발음은 살려야 하고요. "나 바늘과 실이 필요해"를 영어로? I need a needle and thread[아이 니드 어 니들 앤드 쓰레드 = 아이 니이러 니이를 앤 쓰뤠에드]가 됩니다.

lead [리이드]

'이끌다' 혹은 '선두'라는 뜻의 초급 단어. 발음이 절대로 [리드]가 아니라 [리이드]가 맞아요. 8번~10번의 세 단어만 ead가 [에에드]가 아니라 [이이드]로 나는 예외예요. "내가 너를 이끌어줄게"는 I'll lead you[아이을 리이쥬우], "그의 사무실까지 안내해줄게요."는 I'll lead you to his office[아이을 리이쥬우 투우 히즈 아피스]처럼 쓰면 됩니다.

read [뤼이드]

'읽다'라는 뜻의 초급 단어. 발음은 [리드]가 아니라 [뤼이드]가 맞아요. "난 매일 독서를 해"는 I read every day[아이 뤼이드 에브뤼데이], "편지를 읽어봐"는 Read the letter[뤼이더 레럴], "네가 내 마음을 딱 읽었네"는 You read my mind[유우 뤠에드 마이 마인드]가 됩니다. '읽었다'라는 뜻의 과거형은 [레에드]가 되고 철자에는 변함이 없어요!

bead [비이드]

'염주, 구슬'이라는 뜻의 중·상급 단어. 발음은 [비드]가 아니고 [비이드]가 좋아요. '유리로 된 염주'는 glass beads[글래스 비이즈], '나무로 된 염주'는 wooden beads[우든 비이즈]. 염주는 여러 개를 이어서 쓰죠. 그래서 beads처럼 s(복수형)가 끝에 붙어요.

ead로 끝나면 발음은 [에에드]

ead는 발음이 [에아드]처럼 보여요. 하지만 실제 소리는 두 가지죠. 70% 정도는 [에에드]로, 나머지 30% 정도는 [이이드]로 나요. 빈도 높은 단어는 오늘 정리한 10개 정도가 거의 다예요. 1번~7번까지는 [에에드], 8번~10번까지는 [이이드]의 단어로 묶어놓았어요.

 오늘의 미션!
다음 한글 발음과 뜻을 읽고 영어 스펠링을 직접 적어보세요.

 ead로
끝나는 말은?

❶ [헤에드] 머리, ~로 향하다 _____

❷ [데에드] 죽은, 진짜로 _____

❸ [브뤠에드] 빵 _____

❹ [스쁘뤠에드] 퍼트리다, 퍼지다, 확산 _____

❺ [인스떼에드] ~ 대신에 _____

❻ [츄뤠에드] 디디다, 밟다 _____

❼ [쓰뤠에드] 실 _____

❽ [리이드] 이끌다, 선두 _____

❾ [뤼이드] 읽다, 읽을거리 _____

❿ [비이드] 염주, 구슬 _____

오늘의 단어
Day 76

-dge 로 끝나는 단어

edge
엣쥐

[edʒ] 가장자리, 날, 우위

judge
줘엇쥐

[dʒʌdʒ] 판단하다, 판사, 심판

badge
배애쥐

[bædʒ] 배지, 징표

wedge
웨에쥐

[wedʒ] 쐐기

fridge
프뤼쥐

[frɪdʒ] 냉장고

ridge
뤼잇쥐

[rɪdʒ] 산등성이, 산마루

lodge
라앗쥐

[lɑːdʒ] 작은 숙소

dodge
다앗쥐

[dɑːdʒ] 재빨리 피하다

bridge
브뤼잇쥐

[brɪdʒ] 다리, 연결하다

knowledge
나알리쥐

[ˈnɑːlɪdʒ] 지식

edge [엣쥐]

'가장자리' 혹은 '날'이라는 뜻의 초·중급 단어. 발음은 [에지]도 [엣지]도 아니고 [엣쥐]가 정확합니다. '책상 가장자리'는 edge of the desk[엣쥐 어브 더 데스크], '침대 가장자리'는 edge of the bed[엣쥐 어브 더 베에드]라고 하면 돼요. '날카로운 날'은 sharp edge[샤알프 엣쥐]라고 해서 '날'이라는 뜻도 있어요. 칼날이 상대쪽을 향해 있다면 나한테 유리하죠? 그래서 구어체에서 '우위, 이점'이란 뜻으로도 쓰여요.

judge [쥐엇쥐]

'판단하다, 판사, 심판'이란 뜻의 초·중급 단어. 발음은 [저지]가 아니고 [쥐엇쥐]처럼 하면 딱 맞아요. "나를 섣부르게 판단하지 마"는 Don't judge me[도운 쥐엇쥐 미이]로 많이 쓰여요. '연방판사'는 federal judge[풰쥬뤌 저엇쥐]로 '판사'라는 뜻도 있어요. 영국에서는 judge를 '심판'이라는 뜻으로 쓰고, 미국에서는 referee[뤠퍼뤼]라고 합니다.

badge [배애쥐]

'배지, 징표'라는 뜻의 중급 단어. 발음은 [배지]나 [뺏지]가 아니라 [배애쥐]가 더 좋아요. '경찰관 배지(징표)'는 police badge[폴리스 배앳쥐]처럼 쓰이죠. 주의할 점은 '옷깃에 다는 배지'라는 뜻으로는 영국에서만 쓰인다는 것. 미국에서는 이것을 pin이라고 하고, 경찰 배지처럼 보여주는 것만을 badge라고 불러요.

wedge [웨에쥐]

'쐐기'라는 뜻의 중·상급 단어. 발음은 [웨지]보다는 [웨에쥐]가 더 좋아요. 골프에서 가까운 거리에서 쓰는 '아이언'을 wedge라고 하죠. 참고로 쐐기 모양으로 썰어놓은 것은 과일, 치즈 등 그 무엇이든 다 wedge[웨에쥐]라고 합니다.

fridge [프뤼쥐]

'냉장고'라는 뜻의 중급 단어. 발음은 [프리지]가 아니고 [프뤼쥐]처럼 하면 돼요. '냉장고'는 refrigerator[뤼프뤼줘뤠이털]이 원래 단어지만 길고 발음이 복잡해서 fridge[프뤼쥐]로 줄여 씁니다. "그거 냉장고에 넣어"는 Put it in the fridge[푸릿 인더 프뤼쥐]. 냉동실은 freeze(얼리다) + er(사람, 물건) = freezer[프뤼이절: 냉동고]라고 해요.

ridge [뤼잇쥐]

'산등성이, 산마루'라는 뜻의 중·상급 단어. 발음은 [리지]가 아니고 [뤼잇쥐]가 좋아요. 산 말고도 무엇이든 꼭대기가 긴 부분(등성이)이면 다 ridge라고 하면 됩니다. '산등성이'는 mountain ridge[마운튼 뤼잇쥐 = 마운은 뤼잇쥐]가 되고요.

lodge [라앗쥐]

'작은 숙소'를 뜻하는 중·상급 단어. 발음은 [로지]가 아니고 [라앗쥐]처럼 하면 좋아요. '스키장에 있는 숙소'는 ski lodge[스끼이 라앗쥐]라고 하죠. 이 단어에 ing를 붙이면 lodging[라앗쥥: 숙소]이 되는데 외국 숙박 사이트에서 보여요.

dodge [다앗쥐]

'재빨리 피하다'라는 뜻의 중·상급 단어. 발음은 [다지]가 아니고 [다앗쥐]가 맞아요. 영화 〈매트릭스〉, The Matrix[더 메이츄뤽스]를 보면 악당의 머리에 총을 겨누며 여주인공이 말합니다. "이 총알을 피해보시지", Dodge this bullet[다앗쥐 디스 불릿]. 동시에 LA의 야구팀 '다저스'라고 있죠? Dodgers[다줘얼즈]가 맞는데요. 원래 뉴욕의 브룩클린에서 창단했을 때 전차를 빠르게 피해다니던 사람들(dodgers)의 모습을 따서 지어진 이름입니다. 이후 LA로 이전을 했고요.

bridge [브뤼잇쥐]

'다리' 혹은 '연결하다'라는 뜻의 초급 단어. 발음은 [브리지]가 아니라 [브뤼잇쥐]가 좋아요. '돌로 만든 다리'는 stone bridge[스또운 브뤼잇쥐], '오래된 다리'는 old bridge[오울드 브뤼잇쥐], "다리를 건너자"는 Let's cross the bridge[렛쓰 크롸스 더 브뤼잇쥐]처럼 쓰면 됩니다.

knowledge [나알리쥐]

'지식'이라는 뜻의 중급 단어. 발음이 [노리지]나 [널리지] 아니라 [나알리쥐]가 맞아요. '알다'라는 뜻의 know[노우]에서 나온 단어죠. '아는 것이 힘이다'는 Knowledge is power[나알리쥐 이즈 파월]이라고 해요.

dge는 [지]가 아니라 [쥐]

dge로 끝나는 오늘의 10개 단어 모두 [쥐]처럼 발음하면 돼
요. 그냥 보면 dge[드게]처럼 보이지만 g다음에 e가
오면 발음이 [ㄱ]이 아니라 [ㅈ]으로 바뀌어요.
더불어 d 소리도 함께 묻혀 사라져요.
'가장자리'라는 뜻의 edge는 [에지]나 [엣지]가 아니
라 [엣쥐]입니다.

 오늘의 미션!
다음 한글 발음과 뜻을 읽고 영어 스펠링을 직접 적어보세요.

dge로
끝나는 말은?

❶ [엣쥐] 가장자리, 날, 우위 _____

❷ [쥐엇쥐] 판단하다, 판사, 심판 _____

❸ [배애쥐] 배지, 징표 _____

❹ [웨에쥐] 쐐기 _____

❺ [프뤼쥐] 냉장고 _____

❻ [뤼잇쥐] 산등성이, 산마루 _____

❼ [라앗쥐] 작은 숙소 _____

❽ [다앗쥐] 재빨리 피하다 _____

❾ [브뤼잇쥐] 다리, 연결하다 _____

❿ [나알리쥐] 지식 _____

-lar 로 끝나는 단어

dollar

달럴

[ˈdɑːlər] 달러(화폐단위)

similar

씨밀럴

[ˈsɪmɪlər] 비슷한

solar

쏘울럴

[ˈsoʊlər] 태양의

popular

파퓰럴

[ˈpɒpjələr] 인기 있는, 유행하는

cellar

쎌럴

[ˈselər] 지하창고, 와인저장고

scholar

스깔럴

[ˈskɑːlər] 학자

polar

포울럴

[ˈpoʊlər] (남, 북) 극지방의

regular

뤠귤럴

[ˈregjələr] 규칙적인, 단골

color

컬럴

[ˈkʌlər] 색깔, 물들이다

particular

팔티큘럴

[pərˈtɪkjələr] 특정한, 특별한

dollar [달럴]

'화폐단위'라는 뜻의 초·중급 단어. 발음은 [딸러]나 [달러]보다는 [달럴]이 좋아요. '20달러'는 twenty dollars[트웨니 달럴즈]라고 하듯 달러는 복수형(s가 붙는 것)이 돼요. one dollar[원 달럴], 1달러보다 큰 모든 금액은 다 dollars가 된다는 말이죠. 구어체에서는 dollar가 길고 발음할 때 에너지가 많이 들어가니까 주로 buck[벅]이 많이 쓰여요. 참고로 20 bucks[트웨니 벅스]처럼 쓰면 20달러가 되죠.

solar [쏘울럴]

'태양의'라는 뜻의 중급 단어. 발음은 [쏠라]가 아니라 [쏘울럴]이 맞아요. '태양 에너지'는 solar energy[쏘울럴 에널쥐], '태양열판'은 solar panel[쏘울럴 패널]이 돼요. 참고로 태양을 기반으로 한 '양력'은 solar calendar[쏘울럴 캘런더]이고, 달을 기반으로 한 '음력'은 lunar calendar[루널 캘런덜]이에요.

cellar [쎌럴]

'지하창고'를 뜻하는 중급 단어. 발음이 [셀라]가 아니고 [쎌럴]이 맞아요. '와인 저장고'는 wine cellar[와인 쎌럴], '맥주 저장고(혹은 맥주 집)'는 beer cellar이라고 해요. 참고로 '별'이라는 뜻의 여자 이름이 Stella[스뗄라]고, '별의'라는 중·상급 단어가 stellar[스뗄럴]이죠. '행성 간의'라는 뜻의 최상급 단어는 interstellar[인터스뗄럴]이에요.

polar [포울럴]

'(남, 북) 극지방의'라는 뜻의 중·상급 단어. 발음이 절대로 [폴라]가 아니라 [포울럴]이죠. '북극곰'은 polar bear[포울럴 베얼], '극지방의 얼음'은 polar ice[포울럴 아이스]처럼 쓰면 됩니다.

color [컬럴]

'색깔'이라는 뜻의 초급 단어. 발음이 [칼라]가 아니라 [컬럴]이 맞아요. o 발음이 어[ʌ]가 되는 몇 안 되는 단어죠. '피부색'은 skin color[스낀 컬럴], '모발 색'은 hair color[헤얼 컬럴], '어두운 색'은 dark color[다알크 컬럴]처럼 쓰면 돼요. 색깔을 입히다, 즉 '염색하다'라는 뜻도 있어요.

similar [씨밀럴]

'비슷한'이란 뜻의 중급 단어. 발음이 [시밀러]가 아니라 [씨밀럴]이 맞아요. '비슷한 방법'은 similar way[씨밀럴 웨이], '비슷한 결과'는 similar result[씨밀럴 뤼저얼트], '비슷한 문제'는 similar problem[씨밀럴 프롸블럼]처럼 쓰면 돼요. "네 책이 내 책과 비슷해"는 Your book is similar to mine[유얼 부욱 이즈 씨밀럴 투우 마인]인데 with가 아니라 to를 써요. mine[마인: 나의 것]은 my book을 반복하기 싫어서 쓴 단어예요.

popular [파퓰럴]

'인기 있는' 혹은 '유행하는'이란 뜻의 초·중급 단어. 발음이 [포퓰러]가 아니라 [파퓰럴] 혹은 [파쁄럴]이 맞아요. '인기 있는 영화'는 popular movie[파쁄럴 무우비], '인기 있는 노래'는 popular song[파쁄럴 썽], '대중적인 의견'은 popular opinion[파쁄럴 어피니언].

scholar [스깔럴]

'학자'라는 뜻의 중급 단어. 발음이 절대로 [스콜라]가 아니라 [스깔럴]이 맞아요. '프랑스 학자'는 French scholar[프뤤취 스깔럴], '유명한 학자'는 famous scholar[페이머스 스깔럴]처럼 쓰면 돼요. school[스꾸울, 학교]에서 나온 단어라 철자도 비슷해요.

regular [뤠귤럴]

'규칙적인'이라는 뜻의 초·중급 단어. 발음은 [레귤러]가 아니라 [뤠귤럴]이 정확해요. '규칙적인 회의'는 regular meeting[뤠귤럴 미이팅], '규칙적인 패턴'은 regular pattern[뤠귤럴 패런]처럼 쓰면 돼요. 규칙 앞에 '불'만 붙여서 '불규칙적인'이라고 쓰죠? 영어도 ir + regular = irregular[이뤠귤럴: 불규칙적인]이 돼요.

particular [팔티큘럴]

'특정한, 특별한'이라는 뜻의 중급 단어. 발음은 [파티큘러]가 아니라 [팔티큘럴] 혹은 [팔티꿀럴]이 좋아요. '특별한 경우'는 particular case[팔티꿀럴 케이스], '특정 지역'은 particular area[팔티꿀럴 에뤼어], '특별한 이유'는 particular reason[팔티꿀럴 뤼이즌]처럼 반복해서 보세요.

ar로 끝나면 a의 발음은 [아] 가 된다고 정리했었죠.
그런데 글자 수가 다섯 글자를 넘어가면 대부분 강세가
ar에 없기 때문에 ar[알]의 발음이 편하게 [얼]처럼 바
뀌어요.
예를 들어 dollar는 [달랄] 처럼 보이지만 정확한 발음은
[달럴]처럼 [얼] 소리로 변해요. 10개 단어 모두 똑같죠.

오늘의 미션!
다음 한글 발음과 뜻을 읽고 영어 스펠링을 직접 적어보세요.

lar로
끝나는 말은?

❶ [달럴] 달러(화폐단위) _____

❷ [쏘울럴] 태양의 _____

❸ [쎌럴] 지하창고, 와인저장고 _____

❹ [포울럴] (남, 북) 극지방의 _____

❺ [컬럴] 색깔, 물들이다 _____

❻ [씨밀럴] 비슷한 _____

❼ [파퓰럴] 인기 있는, 유행하는 _____

❽ [스깔럴] 학자 _____

❾ [뤠귤럴] 규칙적인, 단골 _____

❿ [팔티큘럴] 특정한, 특별한 _____

grow
그로우

[groʊ] 자라다, 키우다

crow
크로우

[kroʊ] 까마귀

arrow
애로우

[ˈæroʊ] 화살

throw
쓰로우

[θroʊ] 던지다, 투척

narrow
내로우

[ˈnæroʊ] 좁은, 편협한

borrow
바로우

[ˈbɑːroʊ] 빌리다

sorrow
싸로우

[ˈsɑːroʊ] 슬픔

sparrow
스빼로우

[ˈspæroʊ] 참새

tomorrow
터마로우

[təˈmɑːroʊ] 내일

eyebrow(s)
아이브롸우

[ˈaɪbraʊ] 눈썹

grow [그로우]

'자라다' 혹은 '키우다'라는 뜻의 초급 단어. 발음은 [그로]가 아니라 [그로우]죠. 오늘 단어 ow는 모두 [오우]이고 딱 하나의 예외가 10번 단어입니다. "톰은 빨리 자라고 있어"는 Tom is growing fast[탐 이즈 그로우잉 패애스트], "그 도시는 빨리 성장하고 있어"는 The city is growing fast[더 씨리 이즈 그로우잉 패애스트]. "난 머리를 길게 기르고 있어"는 I'm growing my hair long[아임 그로우잉 마이 헤열 러엉]. '키우다'라는 뜻도 있어요. 참고로 Grow up![그로우 업]은 "성장해", 즉 "철 좀 들어!"입니다.

crow [크로우]

'까마귀'를 뜻하는 중급 단어. 발음이 [크로]가 아니라 [크로우]예요. 농사 짓는 곡물을 보호하기 위해 까마귀(crow)를 겁주려고(scare[스케얼]) 세워둔 것은? 바로 '허수아비'죠. 영어로는 scarecrow[스케얼크로우]라고 해요.

arrow [애로우]

'화살'이라는 뜻의 중급 단어. 발음은 [애로]가 아니라 [애로우]가 맞아요. '활과 화살'은? bow and arrow[보우 앤 애로우]죠. 화살처럼 생긴 모양을 화살표라고 하죠? "이 화살표들을 따라가세요"는 Follow the arrows[팔로우 디 애로우즈]라고 하면 됩니다.

throw [쓰로우]

'던지다'라는 뜻의 초급 단어. 발음은 [쓰로]가 아니라 [쓰로우]가 맞아요. 물론 치아 사이에 혀끝을 물고 당기면서 내는 소리인 [θ]는 실제로 들어보고 연습하세요. "내게 공을 던져"는 Throw me the ball[쓰로우 미이 더 보얼], "타월을 내게 던져줘"는 Throw me the towel[쓰로우 미 더 타우얼]이라고 하면 돼요.

narrow [내로우]

'좁은, 편협한'이라는 뜻의 초·중급 단어. 발음은 [내로]가 아니라 [내로우]가 맞아요. '좁은 길'은 narrow road[내로우 로우드], '좁은 침대'는 narrow bed[내로우 베에드], '좁은 어깨'는 narrow shoulders[내로우 쇼울덜즈]라고 해요. 더불어 마음이 좁으면? 그래서 '편협한'이라는 뜻도 있고 이 뜻으로는 중급 단어예요.

borrow [바로우]

'빌리다'라는 뜻의 초·중급 단어. 발음은 [바로]나 [발로우]가 아니라 [바로우]가 맞아요. "네 책을 빌려줄 수 있어?"는 Can I borrow your book?[캐나이 바로우 유얼부욱], "돈 좀 빌릴 수 있을까?"는 Can I borrow some money? [캐나이 바로우 썸 머니]라고 해요.

sorrow [싸로우]

'슬픔'이라는 뜻의 중급 단어. 발음은 [싸로]나 [쌀로우]가 아니라 [싸로우]가 맞아요. '슬픔의 눈물'은 tears of sorrow[티얼즈 어브 싸로우], '슬픔과 분노'는 sorrow and anger[싸로우 앤 앵걸]이라고 하면 돼요. sad[쌔애드: 슬픈] + ness[니스: 상태] = sadness[쌔애드니스: 슬픔]가 더 쉬운 단어죠.

tomorrow [터마로우]

'내일'이라는 뜻의 초급 단어. 발음이 절대로 [투마로]가 아니라 [터마로우]예요. "내일 봐"는 See you tomorrow[씨유우 터마로우], "내일 아침에 전화할게"는 I'll call you tomorrow morning[아이을 커얼 유우 터마로우 모올닝]이라고 하면 됩니다.

sparrow [스빼로우]

'참새'라는 뜻의 중급 단어. 발음은 절대로 [스패로]가 아니라 [스빼로우]가 맞아요. "나는 달팽이보다는 차라리 참새가 되겠어"는 I'd rather be a sparrow than a snail[아잇드 래덜 비이 어 스빼로우 댄 어 스네이을]. 나는 달팽이(snail)보다는(than) 차라리(rather) 참새가(sparrow) 되겠어(be)라는 어려운 문장이죠. 유명한 팝송의 첫 소절이에요.

eyebrow(s) [아이브롸우]

'눈썹'이라는 뜻의 초·중급 단어. 오늘 발음규칙의 유일한 예외죠. 발음은 [아이브로우]가 아니라 [아이브롸우]가 맞아요. 눈썹이 하나만 있는 경우는 없죠 그래서 eyebrows[아이브롸우즈]처럼 s가 붙은 채로 많이 쓰여요. 참고로 '속눈썹'은 eyelash[아이래애쉬]인데 속눈썹도 많으니까 eyelashes[아이래쉬이즈]처럼 es(s만 쓰면 shs로 발음이 힘들어서)가 붙어요.

row의 발음은 99% [오우]

영어에서 ow는 발음이 두 가지죠. 하나는 [오우], 다른 하나는 [아우]예요. 그런데 그 앞에 r이 붙으면 거의 99% [오우]로 소리가 나니까 꼭 예를 통해 연습해두세요. 예를 들어 '자라다'라는 뜻의 grow는 [그라우]나 [그로]가 아니라 [그로우]처럼 [오우] 발음이 나요!

 오늘의 미션!
다음 한글 발음과 뜻을 읽고 영어 스펠링을 직접 적어보세요.

row로
끝나는 말은?

❶ [그로우] 자라다, 키우다 _____

❷ [크로우] 까마귀 _____

❸ [애로우] 화살 _____

❹ [쓰로우] 던지다, 투척 _____

❺ [내로우] 좁은, 편협한 _____

❻ [바로우] 빌리다 _____

❼ [싸로우] 슬픔 _____

❽ [터마로우] 내일 _____

❾ [스빼로우] 참새 _____

❿ [아이브롸우] 눈썹 _____

picture

픽춰얼

[ˈpɪktʃər] 그림, 사진, 상상하다

amateur

애머춰얼

[ˈæmətʃər] 아마추어, 비전문가

nature

네이춰얼

[ˈneɪtʃər] 자연, 본성

structure

스트뤅춰얼

[ˈstrʌktʃər] 구조, 구조를 짜다

future

퓨우춰얼

[ˈfjuːtʃər] 미래의, 미래

lecture

렉춰얼

[ˈlektʃər] 강연(하다), 훈계하다

culture

컬춰얼

[ˈkʌltʃər] 문화, 배양하다

departure

디파알춰얼

[dɪˈpɑːrtʃər] 출발

furniture

펄니춰얼

[ˈfɜːrnɪtʃər] 가구

adventure

어드벤춰얼

[ədˈventʃər] 모험

picture [픽춰얼]

'그림, 사진'이라는 뜻의 초급 단어. 발음은 [픽쳐]가 아니고 [픽춰얼]이 맞아요. "사진 속에 톰은 어디 있어?"는 Where's Tom in the picture?[웨얼즈 탐 인더 픽춰얼], "그림을 벽에 걸어"는 Put the picture on the wall[풋 더 픽춰얼 언더월]이라고 하면 돼요. 머릿속에 그림이 있으면 상상하는 것이겠죠. "네가 뛰고 있다고 상상해봐"는 Picture yourself running[픽춰얼 유얼셀프 뤄닝]. '상상하다'의 뜻으로는 초·중급 단어예요.

nature [네이춰얼]

'자연' 혹은 '본성'이라는 뜻의 초·중급 단어. 발음이 [나투레]나 [네이쳐]가 아니라 [네이춰얼]이 맞아요. "나는 자연을 사랑해"는 I love nature[아이 러어브 네이춰얼]. 인간의 원래 자연이 바로 본성이겠죠? '인간의 본성'은 human nature[휴먼 네이춰얼].

future [퓨우춰얼]

'미래' 혹은 '미래의'라는 뜻의 초·중급 단어. 발음이 [퓨쳐]가 아니라 [퓨우춰얼]이 좋아요. f 발음은 실제 소리로 꼭 확인하세요! "너의 미래에 대해 생각해"는 Think about your future[씽크 어바웃 유얼 퓨우춰얼], '미래에서 온 사람'은 the man from the future[더 맨 프럼 더 퓨우춰얼]처럼 쓰면 돼요. 2011년 개봉한 영화 제목이에요.

culture [컬춰얼]

'문화'라는 뜻의 초·중급 단어. 발음은 [컬쳐]가 아니라 [컬춰얼]이 맞아요. '한국 문화'는 Korean culture[커뤼언 컬춰얼], '미국 문화'는 American culture[어메뤼컨 컬춰얼], '회사 문화'는 company culture[컴퍼니 컬춰얼]처럼 응용해서 쓰면 돼요. 균을 문화적으로 가꾸어준다면? '배양하다'라는 뜻의 동사로는 상급 단어예요.

furniture [펄니춰얼]

'가구'라는 뜻의 초·중급 단어. 발음은 [퍼니쳐]가 아니라 [펄니춰얼]이 맞아요. f와 r 발음 모두 실제 소리를 확인해주세요! '사무실 가구'는 office furniture[아피스 펄니춰얼], '옛날 가구'는 old furniture[오울드 퍼니춰얼]처럼 쓰면 돼요. 주의할 것은 furnitures는 없다는 것. 그 어떤 경우에도 끝에 s가 붙지 않아요.

amateur [애머춰얼]

'애호가, 아마추어'라는 뜻의 중급 단어. 발음은 [아마추어]가 아니고 [애머춰얼]이 맞아요. 그런데 철자가 다르죠? 영어에서 teur로 끝나는데 ture처럼 [춰얼] 발음인 것은 이 단어 딱 하나예요. am이라는 단어는 '사랑'이란 뜻이예요. 돈을 받지 않고 사랑으로(ama) + 하는 사람(teur) = amateur[애머춰얼]이 된 거죠. 반대말인 '전문가'는 professional[프로페셔널]이에요.

structure [스트뤅춰얼]

'구조'라는 뜻의 중급 단어. 발음은 [스트럭쳐]가 아니라 [스트뤅춰얼]이 정확해요. '기본 구조'는 basic structure[베이씩 스트뤅춰얼], '사회의 구조'는 social structure[쏘우셜 스트뤅춰얼]처럼 어려운 표현도 가능하니까 생각을 바꾸면 영어가 더 쉬워집니다!

lecture [렉춰얼]

'강연' 혹은 '훈계하다'라는 뜻의 중급 단어. 발음은 [렉쳐]가 아니라 [렉춰얼]이 맞아요. '대중 강연'은 public lecture[퍼블릭 렉춰얼], '강연장'은 lecture hall[렉춰얼 허얼]. "서니는 강연을 했다"는 Sunny gave a lecture[써니 게이브 어 렉춰얼]처럼 쓰면 돼요. "나를 그만 훈계해"는 Stop lecturing me[스땁 렉춰어륑 미이]라고 해요.

departure [디파알춰얼]

'출발'이라는 뜻의 중급 단어. 발음은 [디파쳐]가 아니라 [디파알춰얼]이 맞아요. depart[디파알트: 떠나다]의 명사형이죠. 공항처럼 교통수단 관련해서 많이 쓰여요. "우리 탑승구는 27번이야"는 Our departure gate is 27(twenty seven)[아우얼 디파알춰얼 게잇 이즈 투웨니 세븐]이라고 하면 돼요.

adventure [어드벤춰얼]

'모험'이라는 뜻의 중급 단어. 발음은 [어드벤쳐]가 아니라 [어드벤춰얼]이 정확해요. 오늘 단어는 ture[춰얼]만 눈에 익히면 쉬워요! '신밧드의 모험'은? adventures of Sinbad[어드벤춰얼즈 어브 씬배앳]이 됩니다.

ture는 [투레]가 아니라 [춰얼]

ture는 글자의 모양이 [투레]처럼 보이죠. 하지만 실제 발음은 [춰얼]처럼 돼요. 이 발음규칙은 예외없이 적용되니까 꼭 기억하세요.
예를 들어 nature[나투레]가 아니라 [네이춰얼]처럼 해야 해요. 참고로 [네이쳐]처럼 [쳐] 발음이 아니라 [춰얼]이라는 걸 기억하세요!

 오늘의 미션!
다음 한글 발음과 뜻을 읽고 영어 스펠링을 직접 적어보세요.

ture/teur로
끝나는 말은?

❶ [픽춰얼] 그림, 사진, 상상하다 _____

❷ [네이춰얼] 자연, 본성 _____

❸ [퓨우춰얼] 미래의, 미래 _____

❹ [컬춰얼] 문화, 배양하다 _____

❺ [펄니춰얼] 가구 _____

❻ [애머춰얼] 아마추어, 비전문가 _____

❼ [스트뤽춰얼] 구조, 구조를 짜다 _____

❽ [렉춰얼] 강연(하다), 훈계하다 _____

❾ [디파알춰얼] 출발 _____

❿ [어드벤춰얼] 모험 _____

-ick 로 끝나는 단어

pick
픽

[pɪk] 줍다, 고르다, 따다, 선택

thick
씩

[θɪk] 두꺼운, (액체, 기체가) 진한

kick
킥

[kɪk] 차다, 발차기, (즐거운) 자극

trick
츄뤽

[trɪk] 속임수, 속이다

sick
씩

[sɪk] 병든, 병적인

brick
브뤽

[brɪk] 벽돌

quick
퀵

[kwɪk] 빠른, 두뇌회전이 빠른

chick
췩

[tʃɪk] 병아리, (주의) 여자애

stick
스띡

[stɪk] 지팡이, 찌르다, 달라붙다

click
클릭

[klɪk] 클릭, 찰칵 소리내다

pick [픽]

'줍다, 고르다' 혹은 '선택'이라는 뜻의 초급 단어. 발음은 [피크]보다는 [픽]이 맞아요. "색깔을 골라"는 Pick the color[픽 더 칼럴], "팀을 골라"는 Pick the team[픽 더 티임]. '줍다'라는 뜻일 때는 up과 함께 쓰여요. "난 책을 집어 들었다"는 I picked up the book[아이 픽트업 더 부욱]. "포도를 수확하자", Let's pick grapes[렛쓰 픽 그뤠입스]처럼 pick 다음에 농작물이 오면 '수확한다', 꽃이 오면 '꽃을 꺾는다'라는 뜻이 됩니다.

kick [킥]

'차다' 혹은 '발차기'를 뜻하는 초급 단어. 발음은 [킥]으로 쉬워요. '나는 볼을 세게 찼다'는 I kicked the ball hard[아이 킥 더 보얼 하알드]라고 하면 돼요. 참고로 무엇인가 톡 쏘면(차면) 자극(흥분감)이 되겠죠. '자극'이란 뜻으로는 중급 단어예요.

sick [씩]

'아픈, 병적인'이라는 뜻의 초급 단어. 발음은 [식]이나 [씨크]보다는 [씩]이 좋아요. "나 아파"는 I'm sick[아임 씩], "너 아파?"는 Are you sick?[알 유우 씩]이라고 하면 돼요. 참고로 정신이 병든 것도 sick이라고 하죠. This is a sick idea[디스 이즈 어 씩 아이디어]는 "이것은 병적인(말도 안 되는) 생각이야"라는 뜻이죠.

quick [퀵]

'빠른'이란 뜻의 초급 단어. 발음은 [킥]이 아니라 [퀵]으로 해야 맞아요. '빠른 대답'은 quick answer[퀵 앤썰], '빠른 결정'은 quick decision[퀵 디씨줜], '빠른 샤워'는 quick shower[퀵 샤월]이 돼요. 생각이 빠르다면? '두뇌회전이 빠른'이란 뜻도 있어요.

stick [스띡]

'나뭇가지, 지팡이'라는 뜻의 초급 단어. 발음이 [스틱]이 아니라 [스띡]처럼 [띡]이 맞아요. "톰은 지팡이를 짚고 걸어"는 Tom walks with a stick[탐 워억스 윗더 스띡]처럼 쓰면 돼요. '나무젓가락'은 chopsticks[촵스띡스], '립스틱'은 lipstick[립스띡], '드럼의 채'는 drum sticks[쥬럼 스띡스]처럼 긴 형태의 물건에는 다 쓰여요. 나뭇가지로 무언가를 찔러서 고정할 수 있죠? 그래서 '찌르다'와 '고정하다'라는 뜻도 있어요.

thick [씩]

'두꺼운'이란 뜻의 초·중급 단어. 발음은 [씩]이지만 th[θ]의 실제 소리를 듣고 연습해야 합니다. '두꺼운 책'은 thick book[씩 부욱], '두꺼운 유리'는 thick glass[씩 글래스], '두꺼운 안경'은 thick glasses[씩 글래씨즈], '두꺼운 담요'는 thick blanket[씩 블랭킷]이라고 하면 돼요. 만일 액체나 기체가 두껍다면 진한 것이겠죠. '진한 커피'는 thick coffee[씩 커어피], '진한 안개'는 thick fog[씩 파아그]처럼 연결하면 되죠.

trick [츄뤽]

'속임수' 혹은 '속이다'라는 뜻의 초·중급 단어. 발음은 [트릭]보다는 [츄뤽]이 좋아요. '야비한 속임수'는 mean trick[미인 츄뤽], '새로운 속임수'는 new trick[뉴우 츄뤽]이 되죠. 동사로 "너 나를 속였어!"는 You tricked me![유우 츄뤽트 미이]라고 하면 돼요.

brick [브뤽]

'벽돌'이라는 뜻의 초·중급 단어. 발음이 절대로 [브릭]이 아니라 [브뤽]이에요. '빨간 벽돌'은 red brick[뤠에드 브뤽], '노란 벽돌'은 yellow brick[옐로우 브뤽]이 되죠. 엘튼 존(Elton John[엘은 좌안])의 〈Goodbye Yellow Brick Road[그웃바이 옐로우 브뤽 로우드]〉는 꼭 들어보세요. 〈오즈의 마법사〉에 나오는 노란 벽돌길을 비유해서 쓴 곡이에요.

chick [췩]

'병아리, 아기 새'라는 뜻의 중급 단어. 발음은 [칙]이 아니라 [췩]이에요. [취익]처럼 길게 발음하면 cheek(뺨, 볼)이 돼요. '병아리들과 어미 닭'은 chicks and their hen[췍스 앤 데열 헨]. 이때 '암탉'이 바로 hen[헨]이에요. 구어체에서 chick은 '젊은 여자(영계)'를 말해요. 상대방이 기분 상할 수 있으니 조심해야 하는 단어예요.

click [클릭]

'찰칵 소리를 내다'라는 뜻의 중급 단어. 발음은 [크릭]이 아니라 [클릭]이에요. "제니가 혀를 찼어"는 Jenny clicked her tongue[제니 클릭트 헐 터엉]. 컴퓨터의 마우스를 딸깍 누르는 것도 '클릭'이라고 하죠.

ck의 c는 없는 소리

c의 기본 소리는 두 가지죠. [ㅅ] 아니면 [ㅋ]. c+k=ck의
경우 [ㅋ] 소리가 두 번 연달아 나오니까 발음은 한 번
만 하면 됩니다. c 소리가 그냥 사라진다고 봐도 무방
해요. 예를 들어 kick의 발음은 그냥 [킥]이 되죠.
어렵지 않으니까 10개의 단어를 통해 연습하세요.

 오늘의 미션!
다음 한글 발음과 뜻을 읽고 영어 스펠링을 직접 적어보세요.

❶ [픽] 줍다, 고르다, 따다, 선택 _____

❷ [킥] 차다, 발차기, (즐거운) 자극 _____

❸ [씩] 병든, 병적인 _____

❹ [퀵] 빠른, 두뇌회전이 빠른 _____

❺ [스띡] 지팡이, 찌르다, 달라붙다 _____

❻ [씩] 두꺼운, (액체, 기체가) 진한 _____

❼ [츄뤽] 속임수, 속이다 _____

❽ [브뤽] 벽돌 _____

❾ [췩] 병아리, (주의) 여자애 _____

❿ [클릭] 클릭, 찰칵 소리내다 _____

발음과 스펠링을 한 번에 잡는
하루 딱! 영단어

초판 1쇄 발행일   2020년 11월 15일
초판 18쇄 발행일   2024년 10월 30일

지은이   이근철
펴낸이   유성권

편집장   윤경선
편집   김효선 조아윤   디자인 박정실   일러스트   서수지
홍보   윤소담 박채원
미디어 제작총괄   이찬형(이근철언어문화연구소)
마케팅   김선우 강성 최성환 박혜민 심예찬 김현지
제작   장재균   물류   김성훈 강동훈

펴낸곳   ㈜이퍼블릭
출판등록   1970년 7월 28일, 제1-170호
주소   서울시 양천구 목동서로 211 범문빌딩 (07995)
대표전화   02-2653-5131 | 팩스 02-2653-2455
메일   loginbook@epublic.co.kr
인스타그램   www.instagram.com/book_login
포스트   post.naver.com/epubliclogin
홈페이지   www.loginbook.com

로그인은 ㈜이퍼블릭의 어학·자녀교육·실용 브랜드입니다.

이 도서의 국립중앙도서관 출판예정도서목록(CIP)은 서지정보유통지원시스템 홈페이지(http://seoji.nl.go.kr)와
국가자료공동목록시스템(http://www.nl.go.kr/kolisnet)에서 이용하실 수 있습니다. (CIP제어번호: CIP2020043538)